MARSHA BOULTON

O MUNDO DE WALLY
O CÃO QUE MUDOU MINHA VIDA

Tradução
Alexandre Rosas
Isabella Pacheco

CIP-BRASIL. CATALOGAÇÃO NA FONTE
SINDICATO NACIONAL DOS EDITORES DE LIVROS, RJ.

B777m Boulton, Marsha
O mundo de Wally / Marsha Boulton; tradução: Alexandre Rosas e Isabella Pacheco. — Rio de Janeiro: Best*Seller*, 2010.

Tradução de: Wally's world
ISBN 978-85-7684-262-0

1. Boulton, Marsha. 2. Cão. 3. Relação homem-animal. I. Título.

09-2663   CDD: 636.7
             CDU: 636.7

Texto revisado segundo o novo Acordo Ortográfico da Língua Portuguesa.

Título original norte-americano
WALLY'S WORLD
Copyright © Marsha Boulton 2006, 2008
Copyright da tradução © 2008, 2009 by Editora Best Seller Ltda.

Capa: Sense Design
Imagem de capa: StockXpert
Editoração eletrônica: **editoriârte**

Todos os direitos reservados. Proibida a reprodução, no todo ou em parte, sem autorização prévia por escrito da editora, sejam quais forem os meios empregados.

Direitos exclusivos de publicação em língua portuguesa para o Brasil adquiridos pela
EDITORA BEST SELLER LTDA.
Rua Argentina, 171, São Cristóvão
Rio de Janeiro, RJ — 20921-380
que se reserva a propriedade literária desta tradução.

Impresso no Brasil

ISBN 978-85-7684-262-0

Seja um leitor preferencial Record.
Cadastre-se e receba informações sobre nossos lançamentos e nossas promoções.

Atendimento e venda direta ao leitor:
mdireto@record.com.br ou (21) 2585-2002

Agradecimentos

Por ter escrito um livro sobre um cachorro, parece apropriado agradecer o papel que os cachorros tiveram durante esta publicação. Devo gratidão especial a Winston e Floyd, dois bull terriers que inspiraram e preencheram a vida de Jeffrey Capshew, o vice-presidente de vendas da Macmillan Publishing Group.

Conheci Jeff em um site de bull terriers, no qual ele ocasionalmente fornecia informações de literatura sobre cães, tais como o fantástico e único *The Land of Laughs* (A ilha das risadas), de Jonathan Carroll, e o salvador *The Dog Who Spoke with Gods* (O cachorro que falava com os deuses), de Diane Jessup. Portanto, quando pensei que tinha uma ideia para um livro, ousadamente entrei em contato com ele para pedir conselhos. Como ele próprio tem a personalidade de um terrier, Jeff insistiu que o livro acharia um lar no labirinto de editores da Macmillan. Entrou em cena Thomas Dunne, cujo selo na St. Martin's Press tem um bassê no colofão, feita em homenagem à sua amada Sparky. Amantes de cachorro criam laços com as raças. *O mundo de Wally* achara um editor apropriado.

Muito obrigada a Lorrie Grace McCann, por acompanhar todo o processo de edição do livro com a confiança delicada e a inteligência esperta de um collie e a sensibilidade natural de um Spinone Italiano.

O mundo de Wally foi um presente em forma de palavras para mim. Ele fluiu do âmago de meu ser de um jeito que nenhum outro livro fluiu. Eu ia dormir com a última frase que havia escrito na cabeça e acordava com a frase seguinte já pronta. Meu companheiro e melhor amigo, Stephen Williams, viu a catarse acontecer e fez tudo o que pôde para me ajudar a desfrutar do processo, desde formatar o manuscrito até fazer seu próprio almoço. Stephen também me ajudou a achar minha agente, Christy Fletcher, da Fletcher & Parry LLC, que acreditou no livro antes mesmo de eu terminar de escrevê-lo e o guiou pelo mundo com um entusiasmo contagiante.

Obrigada a todos os amigos que leram trechos enquanto eu escrevia o livro, oferecendo suas ideias e corrigindo os lapsos. Marlene Markle, Shari Mann, Victoria Corse e John Kincaid estão entre os que supervisionaram minha prosa com a devoção leal de um bloodhound e os olhos atentos de um griffon de Bruxelas. Minha irmandade de sobreviventes ao câncer ficou ao meu lado em peso — verdadeira como foxhounds e protetora como komondores.

Precisa-se da coragem de um cão de ursos da Carélia para enfrentar desafios com nossos companheiros animais nos dias de hoje — desde a tortura das lutas de cães à eutanásia de inocentes simplesmente devido a sua aparência. Eu saúdo àqueles que se importam, que escrevem cartas, que assinam petições e que colocam uma mordida figurativa em suas convicções. O movimento contra a matança de animais em abrigos cresce graças aos esforços de trabalhadores e voluntários generosos que procuram soluções criativas e compassivas, e as levam às suas comunidades. Um "obrigado" não é suficiente para aqueles que resgatam, adotam e cuidam de animais com necessidades. Eles nos dão de volta muito mais do que esperamos.

Eu já tive todos os tipos de cachorros, mas tem um que nunca tive e sempre quis. Fico pensando se ele ainda existe. Era um bull terrier inglês branco. Ele era troncudo, mas veloz. O focinho era pontudo e os olhos triangulares, e isso fazia com que sua expressão fosse de uma risada cínica. Era amigável e não se mostrava briguento, mas, se precisasse entrar numa briga, ele se saía muito bem. Tinha um ótimo senso de si e nunca era covarde. Era um cão pensativo e íntimo, e também muito curioso. Pesava nos ossos e ombros. Tinha o pescoço arqueado. As orelhas eram cortadas, às vezes, mas o rabo, jamais. Ele era um bom cão para passear. Um excelente cachorro para dormir ao lado da cama. Mostrava delicadeza nos sentimentos. Sempre quis ter um desses.

> John Steinbeck, de "Random Thoughts on Random Dogs"
> (Pensamentos aleatórios sobre cachorros aleatórios).
> *Saturday Review*, 8 de outubro de 1955

Sumário

1. Os cães sempre existiram   11
2. Mudamos para a fazenda   27
3. Ventos passageiros do sul   39
4. Todos bons cães   49
5. Encontramos Wally   63
6. Chegando em casa   71
7. Regras da casa   79
8. Filhote a caminho   87
9. Cão, gato e sapato   97
10. Um presente de Natal excêntrico   105
11. "O homem da neve"   113
12. Quebrando as regras   119
13. Um estranho no ninho   125
14. Depressão   131
15. A lógica dos filhotes   139
16. Esses cachorros caçam   147
17. Anonimato na outra ponta da coleira   151
18. Percorrendo o caminho   161
19. Instinto natural   167
20. Nada muito estranho   175
21. "Vi você na tevê"   183
22. Golpes baixos   191

23. Faça a dança do *hucklebutt* 201
24. Intestino sacana 209
25. Para a prisão 215
26. A bondade de estranhos 221
27. "Deixem as rugas da velhice aparecerem" 233
28. Direcionando o osso 241
29. Sinônimos de confusão 247
30. Pelo livro 251
31. A visão do túnel 257
32. Wally no Metropolitan 263
33. Uma busca de madrugada 271
34. Quando a casa não é mais lar 275
35. O fugitivo 281
36. Sobrevivendo em Nova York 289
37. Chacoalhando gaiolas 295
38. Se você for exagerado, vai se dar mal 301
39. Ainda ali 307
40. Um "terrierista" no escritório 313
41. Os problemas estavam se desfazendo 319
42. Faça esse dia durar para sempre 325
43. Sempre confie na sua capa 331
44. Um brinde à vida 337

1
Os cães sempre existiram

Leva cerca de 63 dias para que uma ninhada de cãezinhos se desenvolva, mas, 63 anos depois, as pessoas que amaram esses filhotes ainda se lembram dos cães que eles se tornaram.

Sei que me lembro de Lady, a boxer castanho-clara que veio morar no bangalô dos Boulton em Sprucedale Circle quando eu tinha apenas 3 anos. As pessoas dizem: "Como é possível que se lembre de algo tão remoto?" Mas lembro, e não é uma lembrança que venha somente quando vejo fotos antigas. Lembro-me de meu berço rosa, de meu cavalinho de balanço com molas e da textura do tapete cinza onde dei meu primeiro passo. Por isso, jamais conseguiria esquecer uma alma tão livre quanto Lady. Tudo isso foi antes que eu aprendesse a pensar e a tramar, portanto, nada interferia em minhas conversas com ela, que eram frequentes.

Os fundos da casa de tijolos cinza de Sprucedale davam para um barranco íngreme, que se precipitava logo após a cerca de ripas do quintal e mergulhava num bosque lá embaixo. Lady saía correndo o tempo todo para essa mata fabulosa e voltava para me contar suas aventuras. Encontrava outros cães, perseguia coelhos e cheirava todo tipo de coisa malcheirosa.

Seu focinho era macio como veludo e seus olhos brilhavam. Um diabinho sobre quatro patas. Não havia nada que Lady amasse mais do que sair correndo feito uma louca passando pela porta de tela e se meter pelos montes e buracos do barranco enquanto minha mãe, aflita, ficava ali gritando, de avental.

Minha mãe tinha servido na Força Aérea como secretária de um general-brigadeiro durante a Segunda Guerra Mundial, mas eu já lhe dava trabalho suficiente, que dirá uma boxer rebelde. Fui adotada quando estava com duas semanas, depois de um planejamento tão longo quanto a invasão da Normandia — longo, mas não muito prático. Ninguém se lembrara de arranjar um carrinho de bebê.

Estávamos na década de 1950, e um físico chamado Murray Gell-Mann tinha demonstrado que certas partículas subatômicas possuíam uma propriedade a que ele deu o nome de "estranheza". Estranheza, componente fundamental da vida humana — acho que eu já sabia disso instintivamente quando via minha mãe no alpendre dos fundos chamando Lady aos gritos.

Naqueles dias, parecia que tudo podia acontecer. A peça de Arthur Miller, *As bruxas de Salem*, sobre a caça às bruxas ocorrida na cidade de Salem, Massachusetts, em 1692, representava a perseguição do senador Joseph McCarthy aos comunistas infiltrados em Hollywood e no governo. Dezenove habitantes da cidade e dois cães foram executados em Gallows Hill, colina perto de Salem. Milhares de vidas foram destruídas antes que o repórter investigativo Edward R. Murrow expusesse publicamente as vísceras do bêbado e desagradável McCarthy.

A incerteza levou a grandes conquistas, como James Watson e Francis Crick mostrando que a molécula do DNA era uma hélice dupla, um código genético exclusivo para cada pessoa — e para cada cão. Coisas como a hélice dupla do DNA fizeram os grandes intelectuais vibrarem de entusiasmo, enquanto outros proclamaram o início do fim do beisebol quando um árbitro, Bill Klein, foi eleito para integrar o Hall da Fama. J. D. Salinger captou a angústia adolescente em *O apanhador no campo de centeio*, enquanto um "barulho" chamado rock and roll despontou pela primeira vez nas paradas de sucesso com *Crazy Man, Crazy*, de Bill Haley and the Comets. Malcolm Little se tornou Malcolm "X". A guerra que se seguiu à guerra para pôr um fim a todas as guerras terminou, e as possibilidades eram infinitas.

Nos anos 1950, pais adotivos podiam escolher o bebê que queriam ter — a cor do cabelo e dos olhos, esse tipo de coisa. Não havia dúvida de que brancos escolheriam um filho branco. Era a ordem natural das coisas. Assim que atingi idade suficiente para entender, percebi que tinha sido "escolhida". Meu pai, que era dentista, me disse que um dia ele e sua mulher foram a uma loja de bebês. Percorreram a loja inteira com um carrinho de compras por entre as gôndolas repletas de bebês. Ele viu um menininho lindo e estava quase o colocando no carrinho quando a esposa insistiu que fossem olhar as menininhas. Que saco! Ele a acompanhou. Encontraram uma linda menininha de cabelos vermelhos e bochechas rosadas como pêssego. Em seguida, viram uma lindinha com longos cabelos negros e boquinha vermelha. Não conseguiam decidir qual das duas escolher e estavam quase fazendo adedanha quando ouviram um choro estridente vindo do fundo do corredor. Foram ver o que era e encontraram a menininha mais esquisita do mundo. Não tinha cabelo, tinha olhinhos azuis e quando abria a boca fazia um som que parecia um papagaio doente.

"Sua mãe disse: 'Se não a levarmos, ninguém mais o fará'", arrematou meu pai, com alarde.

Minha mãe, a única que conheci na vida, era a mais nova de seis filhos franco-irlandeses da pá-virada. Tinha sido "o bebê" da família, e por isso não tivera quase nenhuma experiência com bebês. Mas as mulheres daquela época tinham de saber intuitivamente como formar uma família, assim como precisavam saber que seu chapéu tinha de ser tão largo quanto a parte mais larga do rosto. Família e amigos davam conselhos, mas a realidade do terror que minha mãe sentia está nos diários que escreveu durante meus primeiros seis meses como membro da família Boulton, onde se lia com frequência anotações do tipo "Alimentei".

Eu sabia que tinha vindo, na verdade, do abrigo de tia Jean Gray para mães solteiras. Visitamos tia Jean Gray algumas vezes, quando eu era pequena. Era uma mulher de seios volumosos, que mantinha seu longo cabelo grisalho cuidadosamente preso em coque no alto da cabeça. Serviam chá e sanduíches de pepino na sala de estar, que cheirava a lavanda. Então, uma "enfermeira" entrava empurrando um carrinho de bebê e levávamos para casa uma nova irmã ou irmão para mim.

Nunca soube de onde Lady viera. Ela simplesmente entrou pela porta com meu pai um dia, e pronto, tínhamos um cachorro. Nos meus livros de história, os cães sabiam falar. Não me surpreendeu que Lady tivesse histórias para contar, exatamente como sua xará, a spaniel cor de mel do desenho da Disney *A dama e o vagabundo*. A minha Lady não se expressava em tons doces; estava mais para uma malandrinha de rua. Por intermédio dos olhos dela, do seu cheiro, do seu toque, eu corria pelas margens lodosas dos rios, sentindo o sol atravessar a copa das árvores enquanto as folhas secas do outono eram arrastadas pela brisa. Quando jogava um graveto para que ela pegasse, no quintal, não importava que só conseguisse lançá-lo alguns poucos metros. Para Lady e para mim eram lançamentos extraordinários, que partiam do topo de montanhas e eram recuperados por um cão alado que percorria todo um reino para devolvê-lo à sua poderosa ama.

Não sei se Lady entendia as histórias que eu inventava como nossas aventuras, mas sei que era minha amiga, e na minha cabeça conversávamos o tempo inteiro.

"Vocês podem parar de latir, por favor?", minha mãe costumava pedir — para nós duas.

Um dia, Lady chegou ao fim do barranco e descobriu uma estrada. Nunca mais a vi, mas até hoje lembro-me daquele cão travesso e esperto com um cotoco inquieto no lugar do rabo. Ela terá para sempre um lugar no meu coração.

Outros cães vieram depois de Lady. A família cresceu. Nós nos mudamos para uma casa maior e mais elegante, parecida com a que havia do outro lado da rua, e com a do início da rua, e a do final da rua. Não havia barranco atrás da casa na avenida Penworth. Em vez disso, o quintal terminava num espaço verde, parecido com um parque, com um majestoso olmo bem no centro. Do outro lado, a escola onde me sentiria ora maravilhada, ora entediada, ora humilhada, ora divertida pelos oito anos que se seguiram.

Meu primeiro filhote foi morar conosco na Penworth. Era um vira-lata magrinho que peguei em uma caixa cheia de filhotes num posto de gasolina próximo. A essa altura eu já tinha aprendido a pensar e a tramar, e dedicava boa parte de meu tempo a manipular meus pais e a deixar bem claro para meus irmãos que eu tinha sido a primeira a ser escolhida. Quando chegou o momento de me matricularem no jardim de infância, meu pai me levou para a escola. Eu era, sem a menor sombra de dúvida, a "menininha do papai", e tirava proveito sem dó nem piedade de suas emoções para conseguir o que quisesse.

— Esse é o seu pai? — a funcionária da escola perguntou, graciosamente.

— Esse é o dr. Boulton — informei a ela.

— Então você deve ser Marsha — ela disse.

— Bem, meu nome é Marsha Boulton, mas meu pai me chama de Shortinho Fru-fru — respondi, em referência ao apelido que ganhei por usar uma calcinha especialmente extravagante, coberta de babados.

Depois da matrícula, papai e eu fomos tomar sorvete, o que era proibido em nossa família altamente preocupada com a saúde dos dentes. Era apenas um dos segredos que mantínhamos entre nós.

Eu era uma "daquelas" crianças — o tipo precoce que gosta de cantar e dançar em cima da mesa. Os diários de minha mãe estão repletos de anotações como: "No banco com papai — tão silencioso — até que M. começa a cantar a plenos pulmões e todos viram para olhar." Esse comportamento deixava radiante meu tímido e conservador pai, e eu me aproveitava disso nele, suscitando anotações como: "Carrega todo tipo de coisa. Está levando a cerveja para o pai numa só mão agora." E era motivo de piada: "Enquanto a mãe saía para comprar manteiga para as panquecas do almoço, papai ensinava Marsha: 'Mamãe é o quê? Lelé?'" Meu melhor truque era decorar livros e fingir que estava "lendo" para os visitantes: "Quando digo 'Marsha, seu livro está de cabeça para baixo', ela o vira imediatamente."

Chamei meu filhote de Bingo, e ele chegou com uma musiquinha de acompanhar batendo palmas, musiquinha que surgiu não sabemos de onde, exatamente como o próprio cachorro.

Havia um fazendeiro e um cão,
Seu nome era Bingo – Oh.
B-I-N-G-O!
B-I-N-G-O!
B-I-N-G-O!
Seu nome era Bingo – Oh!

Esta letra era repetida e repetida com cada letra do nome sendo substituída por uma palma a cada vez que se cantava. Crianças pequenas adoram isso. Os pais aprendem a odiar em pouco tempo. Pelo menos, meus pais odiavam.

O que começou como um filhotinho que cabia numa caixa de sapatos se transformou numa criatura desajeitada com pernas de greyhound, corpo de labrador e cabeça de pastor alemão. Eu fantasiava que era uma espécie de pônei, já que também era apaixonada por cavalos.

Bingo era um ótimo cachorro — grandalhão e meio abobalhado. Acho que nunca se deu conta de que tinha ficado maior que a caixa de sapatos e ficava o tempo todo esbarrando nas coisas.

Como sempre, o fardo dos cuidados recaía sobre os ombros de minha mãe, cuja prioridade era cuidar dos bebês. Bingo não ligava. Havia muitas outras casas, garagens e quintais para ele investigar. Foi quando comecei a segui-lo que os passeios de Bingo se tornaram motivo de apreensão.

Naquele tempo, havia um departamento do governo que acompanhava com todo rigor a nova casa e o tratamento dispensado a crianças adotadas. Como passamos, aos poucos, a ser uma família de três filhos, uma assistente social nos visitava duas vezes por ano, sobretudo quando havia crianças com menos de 2 anos na casa.

Essas visitas infundiam terror no coração de minha mãe. Normalmente, não havia uma data e hora exatas, só se estipulava que a senhora Fulana ou Beltrana passaria pela nossa região nesta ou naquela semana e nos faria uma visita. No início da semana dessas visitas minha mãe chamava a faxineira holandesa e mandava fazer uma limpeza geral na casa, com esfregão, que a deixava cheirando a produtos de limpeza. Bonecas com as quais eu nunca brincava eram postas sobre uma montanha de almofadas no meu quarto, onde o papel de parede exibia bailarinas exuberantes em seus tutus.

No dia da visita, tudo tinha de estar um brinco. Fui ao cabeleireiro para aparar minha franja até o meio da testa e o resto de meus cachos louros na altura da orelha. O cheiro do salão era estranho, com seus aventais de plástico e cestas cheias de rolos de cabelo. Minha mãe fez um "corte com permanente", e saiu da fileira de secadores de cabelo tão tosquiada e encaracolada quanto um poodle. Fiquei horrorizada. A mãe que eu conhecia tinha cabelo cheio, escuríssimo, que ondulava sobre os ombros em lindas mechas. Parecia uma encantadora Branca de Neve, e era assim que eu a via — pura e inocente, mesmo quando lidava com anãezinhas espevitadas ou reprováveis como eu. Agora, tinha ficado tão encaracolada quanto todas as outras mulheres de nossa rua.

Um irmãozinho de cabelos castanhos e cílios incrivelmente compridos ocupava minha mãe recém-modernizada, por isso fui brincar com Bingo. Depois de tê-lo ensinado a rolar, mostrar a patinha e latir quando eu erguia um dedo, decidi que estava na hora de botar nosso espetáculo na rua, literalmente. Não mais que de repente, lá estava eu batendo na porta dos vizinhos, perguntando se pagariam uns centavos para ver uma apresentação canina. Isso terminou abruptamente quando a mãe de Jimmy Soliskie chamou minha mãe e pediu que ela fosse buscar sua filha, que estava ali latindo.

Mamãe ficou possessa. Se chegasse aos ouvidos do serviço social que eu estava andando por aí com um cachorro, batendo à porta de estranhos, as consequências poderiam ser sérias. Ficou a cargo de meu pai me convencer da importância de ser uma "boa menina" quando a encarregada do nosso caso batesse à porta. Bons modos eram importantes em nossa casa. Coisas como pedir licença para sair da mesa ou dizer "perdão, não entendi o que você disse?" quando perdíamos algo no meio da conversa vinham com naturalidade, por pura repetição. Agora, era hora de eu entender que latir não era um comportamento aceitável.

Bingo foi relegado ao porão quando a senhora de tailleur azul apareceu para inspecionar meu irmãozinho ainda bebê e "avaliar" meu progresso. Depois de muito brincar com o pequerrucho impecavelmente limpinho e embrulhado numa manta, todos se sentaram para tomar chá à mesa de jantar. Durante a semana inteira meu pai tinha ficado de sobreaviso para sair do consultório dentário e vir para casa assim que a inquisidora aparecesse. Eu o imaginei debruçado sobre um paciente no meio de uma obturação, recebendo a chamada, pondo a amálgama no pobre dente e saindo em disparada do consultório, deixando o paciente sem entender nada. O que sei é que o Pontiac de meu pai não demorou a aparecer na entrada da garagem.

A avaliação correu bem, embora eu saiba que meus pais a consideravam invasiva. Não havia nada que eles gostassem mais do que sair com os filhos e ouvir das pessoas que parecíamos muito com eles. Eu achava isso divertido, mas para eles era infinitamente agradável. Depois de mais ou menos uma hora de um bate-papo simpático, deixaram que eu cantasse a musiquinha do Bingo, e ouvimos o latido do pobre cãozinho vindo do porão. Isso despertou o interesse do visitante, que se perguntou como um cachorro com aquele latido poderoso poderia conviver na mesma casa com crianças tão pequenas. Os lábios de minha mãe começaram a tremer.

"Ele faz uns truques", eu disse. Meu pai me fuzilou com o olhar.

Livre do porão, Bingo subiu as escadas desabalado como se o monstro que eu sei que morava lá estivesse correndo atrás dele. Queria cheirar e lamber aquela desconhecida. Em seu entusiasmo, conseguiu puxar a toalha de mesa, obrigando minha mãe a se esticar para segurar um copo d'água antes que ele virasse em cima de nossa visita. Papai recuou, mantendo a pose, tentando escapar da baba canina, enquanto Bingo se esforçava ao máximo para ganhar um colo.

Acabei mostrando os truques que Bingo sabia fazer sem dar, eu mesma, nenhum latido. Como eu sempre imaginara, a moça do serviço social ficou muito satisfeita ao ver crianças abrigadas no lar de um "profissional liberal" que tinha uma esposa cheia de energia e gozava de todos os privilégios da classe média. Nós nos despedimos dela pelos seis meses seguintes.

Até que o desastre aconteceu. Aconteceu por causa de uma novidade chamada televisão, que dominara nossa sala de estar nos últimos dois anos. Eu gostava bastante de assistir à tevê. Ver Roy Rogers galopando por aí e perseguindo vilões em seu cavalo dourado, Trigger, era meu passatempo favorito. Chegava a usar uma roupa especial de vaqueira quando assistia ao programa. Isso não era incomum nos primórdios da televisão. Tínhamos uma vizinha que pedia licença a Groucho Marx toda vez que saía da sala — algo que iria agradar os irmãos Marx. Eu fazia Bingo assistir a *Rin Tin Tin* e *Lassie* na tevê, mas a inteligência deles não passava para o meu cachorro, e ele acabava dormindo com alguma parte de seu corpo castanho em cima de mim.

O problema é que eu havia ficado obcecada com a história de Peter Pan. Eu tinha um livro ilustrado com a famosa história infantil de J. M. Barrie, e já o lera tantas vezes que estava despencando. Eu amava a Terra do Nunca — o lugar onde nascem os sonhos que se tornam realidade e onde, para voar, basta "ter fé e usar um pouco de pó de fada". Quando montaram uma versão ao vivo na tevê, nada foi capaz de me tirar da frente do aparelho. Foi mágico ver Peter Pan voando com as crianças. Eu queria ser igualzinha a ele — montar nas costas do vento e seguir a segunda estrela à direita "sem parar, até de manhã".

Num lindo dia de domingo, decidi treinar meu voo enquanto meu amigo Gregory observava e Bingo corria pelo quintal. Tínhamos um balanço de ferro, e eu trepava na barra horizontal que separava as correntes, usando-a para ficar pendurada de cabeça para baixo, fazendo som de macaco. Dessa vez, fiquei de pé na barra, de frente para o olmo, no campo aberto. Era um dia quente, e imaginei que voar até a sombra proporcionada pelo galho mais forte daria um bom primeiro voo. Eu me balancei com muito cuidado, o tempo inteiro cantando "eu acredito em fadas, eu acredito em fadas". Então, pus a mão no bolso do meu short e peguei um punhadinho de pó perfumado surrupiado dos cosméticos de minha mãe. Esfreguei o pó de fada improvisado no meu rosto.

Meus braços estavam esticados para o alto e eu sentia meu diafragma leve. Quando me lancei na direção da árvore, batendo os braços, Gregory e Bingo correram junto comigo e olhei para baixo. Foi um erro. Para mim, pareceu que caí muito longe. Quando aterrissei no chão duro e seco, ouvi um som horrível de algo se esmigalhando.

Bingo me alcançou num instante, lambendo minhas orelhas enquanto eu tentava entender por que não tinha funcionado. Gregory veio correndo do quintal aos berros. Quando minha mãe chegou, apavorada, eu estava em pé com o braço direito pendurado num ângulo impossível. Aquilo me assustou. Não tinha dado certo.

Graças a Deus meu pai tinha feito questão de trocar seu Pontiac por uma picape. Ele me pôs rapidamente dentro dela e dirigiu feito um louco até o hospital, e ainda conseguiu arrumar um carro da polícia como batedor para abrir caminho no trânsito. Foi empolgante, mas minha mãe não parava de chorar. Lembro-me de Peter Pan dizendo ao Capitão Gancho: "Eu sou a juventude. Sou a alegria. Sou um jovem pássaro que acaba de sair do ovo." A palavra de ordem era *quebrado*, e eu a ouvi muitas vezes aquele dia.

Mamãe ficou cantando para mim enquanto eu esperava no corredor do hospital em cima de uma maca. "You are my sunshine, my only sunshine." [Você é meu raio de sol, meu único raio de sol.] Só me deixou sozinha uma vez, quando ela e meu pai tiveram de assinar uns papéis autorizando os médicos a fazer uma amputação se não houvesse alternativa. Eu tinha caído com todo o meu peso sobre o braço, dobrando-o ao contrário, provocando uma fratura gravíssima e comprometendo muitos nervos.

Então, numa daquelas felizes coincidências que sempre marcaram minha vida, um jovem cirurgião sugeriu que tentássemos um procedimento ousado que utilizaria alguns materiais novos para religar nervos e veias lesionados. A cirurgia levou horas, e saí com um gesso enorme no braço direito. Cobria todo o meu tórax, e a mão repousava sobre o coração.

Fiquei cercada de muita agitação nos dias que se seguiram. Brinquedos e lágrimas se revezavam em abundância ao meu redor, sobretudo, quando eu conseguia mexer os dedos. Depois de uma semana de atenta observação e uma interminável visita de médicos que vinham observar os movimentos de meus dedos, pude ir para casa, mas com sérias restrições à liberdade de movimento. Qualquer coisa que batesse no gesso ou fizesse o braço se mover podia arruinar o que estava sendo visto ora como uma façanha da medicina, ora como um milagre.

Bingo desaparecera. Meus pais me disseram que ele havia ido morar numa fazenda. As únicas fazendas que eu conhecia eram as dos meus tios, mas Bingo não fora para nenhuma delas. Tinha ido para algum lugar desconhecido, e eu jamais tornaria a vê-lo. Não podia fazer nada. Senti a dor e a impotência de uma criança, e não conseguia ver de que modo mandar meu melhor amigo embora podia ser "para o meu bem".

O braço se curou aos poucos no decorrer daquele verão, que passei sem a companhia de um cachorro, sempre sentada e quietinha. Minha mãe, meus amigos e nossos vizinhos liam para mim com frequência. Decorei tantos livros que até acreditei que sabia ler.

O gesso coçava e cheirava mal. Quando chegou o dia de tirá-lo, fui levada para um setor bem escondido no hospital, até uma sala que parecia mais a oficina de meu pai do que um local de atendimento médico. O gesso branco-acinzentado coberto de assinaturas de todo mundo que encontrei durante meses foi submetido à serra elétrica, enquanto meu pai ajudava a me manter firme e eu virava o rosto, apoiando a testa na barriga fofinha de minha mãe.

Depois de liberto, meu braço continuou na mesma posição, congelado, como tinha estado no gesso. Minha madrinha mignon, conhecida como tia Doris, me deu uma tipoia com o desenho de um basset hound, que se transformou em meu acessório fashion preferido. Meses de reabilitação se seguiram, usando sacos de areia para fortalecer o braço gradualmente. Doía, e eu fiquei com uma cicatriz longa, feia e vermelha no cotovelo. A única promessa no final de todos aqueles penosos exercícios era ganhar outro cachorro.

Catorze anos depois, quando deixei a casa de minha família para descobrir o mundo, encontrei a coleira do Bingo filhote numa de minhas caixinhas de preciosidades. Ainda trazia o cheiro de couro e de cachorro. Às vezes, tenho a impressão de que fui crescendo de cachorro em cachorro, não de ano em ano. Entre o jardim de infância e o fim do ensino médio, minha vida girou em torno de três dachshunds e um labrador retriever.

Princesa, Duquesa e Winston — os dachshunds — eram adoráveis figurinhas castanho-avermelhadas, cujas unhas faziam clique-clique no linóleo verde da velha casa de pedra para onde nos mudáramos. Eles estiveram conosco um após o outro, visto que os problemas inevitáveis de coluna encerravam o tempo deles junto a nós. Minha irmã, certa vez, deixou que Princesa saltasse pela janela de um carro. Acho que nunca foi perdoada.

Aqueles cãezinhos de olhos brilhantes gostavam de dançar nas patas traseiras para nos agradar e cavavam buracos mais fundos que o próprio corpo. Tinham uma grande área para proteger e manter livre de visitantes indesejados e dedicavam-se ao máximo a essa tarefa. A mera possibilidade de haver um camundongo escondido embaixo de um monte de folhas secas cuidadosamente recolhidas com ancinho era suficiente para agitar aqueles torpedos com patas, de focinho pontudo e peito baixo, e fazê-los espalhar as folhas ao vento. Quando já estavam com o focinho cinza e o interesse tinha diminuído, cada um deles revelava para nós que possuía a coragem de um leão.

Charme, a labradora preta, nasceu para viver na água desde pequena. Havia um rio do outro lado da fazenda e da mata que ficava atrás de nossa casa. Eu ia até lá montada no Playboy, um cavalo Morgan baio que meus pais compraram para mim quando eu tinha 12 anos. Charme seguia atrás, e juntos nadávamos num trecho de rio fundo e de águas rápidas, eu me agarrando à crina do cavalo e Charme toda feliz ao nosso lado. Depois, desabávamos, exaustos, na margem, Playboy pastava calmamente enquanto Charme procurava gravetos para que eu ficasse jogando até meu braço ficar dolorido.

Os cães iam para todo lado conosco. Às vezes, meu pai fechava o consultório por seis semanas no verão. Com o trailer preso à picape, íamos para o lugar que nos parecesse mais agradável. Charme se banhou nos dois oceanos, e os dachshunds visitaram desertos, escalaram as encostas das Montanhas Rochosas e perseguiram tatus. Seus latidos e o cheiro e a textura de seu pelo são as melhores lembranças de uma infância privilegiada na qual o lado bom das coisas venceu com ampla margem o lado ruim.

Estudo, carreira profissional e a simples necessidade de encontrar um lugar no mundo onde eu pudesse ter meu cão de forma responsável me distanciaram deles por quase uma década. Então, me mudei para a fazenda, e todo um mundo de possibilidades no reino animal se abriu para mim. Foram cães e gatos, ovelhas e cavalos, vacas, galinhas e patos, e bodes esquisitos, que desmaiavam.

Permeando todas as aventuras, havia também um homem, Stephen Williams. Juntos, encontraríamos Wally, o Cão Fantástico, que mudou nossas vidas e nos salvou de um modo que só um cão pode fazer.

2
Mudamos para a fazenda

Foi no ano em que Ronald Reagan foi eleito presidente dos Estados Unidos e o embaixador canadense Ken Taylor resgatou seis diplomatas americanos mantidos como reféns no Irã.

Conheci Stephen Williams na beira da rua em frente a um restaurante que estava festejando sua inauguração, em 1º de maio em 1980. Como editora da seção "Gente" da revista *Maclean's*, concorrente canadense da *Time*, recebia muitos convites, e minha vida aos 20 e poucos anos girava em torno da perseguição às celebridades e às fofocas. Minha escolha naquele fatídico dia de primavera era ir para casa e descongelar algo para comer ou ir para um restaurante comer de graça. Chamei um táxi em frente ao trabalho e Stephen abriu a porta quando saltei em frente ao café iluminado de neon. Era alto, moreno e bonito — cuidadosamente despenteado, óculos escuros e sorridente.

— Nossa, mas você é linda — ele disse. Desde então, somos um casal.

Ele me fez rir com a cantada clássica: "Ei, gata, que tal uma voltinha no meu Pontiac novo?" Desde meu pai, nunca mais tinha conhecido alguém que tivesse um Pontiac. O carro em questão acabou se revelando um Trans Am preto incrementado com detalhes dourados e um decalque do firebird no capô, igualzinho àquele que Burt Reynolds dirigia nos filmes de *Agarre-me se puderes* e *Desta vez te agarro*. Desde o início, eu sabia que nossa vida juntos não seria monótona.

Naquela época, Stephen era escritor freelancer, uma das jovens promessas da cena literária. Enquanto eu escrevia amenidades, a prosa dele era mais provocadora, e podia variar de um perfil do poeta Leonard Cohen até uma análise profunda de um tenebroso assassino pedófilo. Eu o arrastava para festivais de cinema e festas em Embaixadas, e ele me apresentava para a comunidade artística e literária.

Em pouco tempo nossos lares se fundiram. Deixei meu típico apartamento de solteirona de um quarto e me mudei com meu gato branco, Johnny, para o apartamento de Stephen, um duplex entulhado de livros, que já vinha completo com duas crianças pequenas e uma babá irlandesa. Ele estava no meio de um divórcio conturbado, negociado a distância, pois a esposa tinha fugido para a Costa Oeste com um promotor de esportes. A maioria dos homens que eu tinha conhecido até esse momento mal conseguia dinheiro para comer, que dirá sustentar uma família. Fiquei impressionada.

Filhos e relacionamentos nunca tinham me preocupado, mas agora era diferente. Andrew, de 11 anos, estava cauteloso com uma nova mulher na casa que antes dividia com a mãe, mas chegou a dizer ao pai que tinha me achado bonita. Adrienne, de 4 anos, exigia atenção, queria que lêssemos livros para ela e penteássemos seus longos cabelos castanho-avermelhados. A babá Betty, dublinense de 22 anos, tinha seus horários já definidos e temia que eu roubasse seu emprego. Enquanto isso, eu tinha uma agenda lotada de entrevistas para fazer, respostas a dar para profissionais de relações públicas e estreias de filmes para ir. Stephen e eu começamos a procurar uma casa grande para comprar. Eu estava perdidamente apaixonada e não era nem um pouco prudente.

Pouco tempo depois que nos juntamos, e completamente sem aviso, a indiferente mãe das crianças veio da Califórnia e as levou embora, enquanto estávamos fora de casa, conversando com um corretor de imóveis. Foi o suficiente para fazer nossa babá de cabelos ruivos ir procurar uma Guinness no pub irlandês mais próximo. Chegamos em casa e vimos um bilhete preso na porta. Stephen ficou desnorteado. A polícia veio e foi embora, sem poder interferir naquilo que foi considerado "um incidente doméstico". As roupas e os brinquedos foram levados. Todas as peças de arte da casa tinham sido levadas. O gato, Johnny, tinha fugido.

No dia seguinte, estávamos no escritório do advogado. Foram precisos cinco dias, uma decisão judicial e milhares de dólares para ter as crianças de volta. Embora a futura ex-esposa tivesse ficado fora de casa durante anos, estava claro que minha situação de "a outra mulher" não era bem-vinda. No meio de toda a exaltação e da guerra de versões, aprendi que a razão perde a vez. O processo teve seu peso nas crianças, que já eram frágeis. A babá, definitivamente, era chegada ao álcool. Porém, tudo que eu tinha de fazer era segurar a mão de Stephen para saber que, fosse como fosse, eu estava no lugar certo. O gato voltou.

Nessa época, me ocorreu a ideia de ter um ritmo de vida mais calmo. Stephen ganhou a custódia das crianças e a mãe delas voltou para sua nova vida na Califórnia. Levou algum tempo para a poeira assentar. Os gatos da vizinhança deram para atacar Johnny. A babá Betty começou a namorar. Chegavam avisos da escola das crianças sobre tudo, desde piolho até "os sete sinais de consumo de maconha". Devia haver uma forma melhor de viver.

Compramos uma fazenda de cem acres naquele verão. Foi o maior impulso de consumo que já tive na vida, e, muito provavelmente, o mais sábio. Visitamos a casa, olhamos a terra e assinamos na linha pontilhada. E foi isso. Não cheguei sequer a abrir uma torneira para saber se tinha água.

Localizada bem longe da estrada e da floresta, a casa de fazenda vitoriana de dois andares ficava sobre uma suave elevação. Há mais de um século, seus tijolos amarelos foram cozidos em alguma antiga olaria perto da estrada. Havia, no círculo no qual terminava a estradinha de acesso, um bordo enorme que vira gerações de proprietários entrar e sair. Alguma coisa na casa me tocara. Tinha quatro quartos, praticamente nenhum armário e um enorme alpendre na frente. A cozinha era gigantesca, muito iluminada, cheia de janelas que davam para meu futuro jardim.

Aos poucos, no decorrer do ano seguinte, começamos a nos mudar para a fazenda. Todo fim de semana enchíamos o Trans Am de coisas úteis. Conhecemos alguns vizinhos e passamos um inverno no campo. A antiga sala de visitas, onde os convidados eram recebidos aos domingos e os antigos moradores costumavam pôr o caixão de seus mortos para o velório, foi transformada numa sala de pingue-pongue para uso da família. Esquiávamos, escorregávamos e caíamos bastante na neve, sempre juntos.

Convencer a nós mesmos de que seria possível morar no campo e trabalhar em projetos literários que nasciam na cidade foi mais fácil do que imaginei. Existia uma coisa chamada máquina de fac-símile para facilitar a comunicação. Nós nos sentíamos na crista da onda da tecnologia.

Stephen tinha ideias para os livros que queria escrever. Eu sonhava em combinar a vida na fazenda com jornalismo, talvez escrevendo uma coluna. Quanto mais crianças criadas em fazenda nós conhecíamos, mais atraente ficava a ideia de afastar Andrew e Adrienne da cidade. Eram jovens cuja vida tinha uma estrutura, com tarefas que eles realizavam sem pestanejar. Tinham responsabilidades, como cuidar de seu próprio bezerrinho. Como não havia shopping para passar o tempo, a pele mostrava o tempo que passavam ao ar livre fazendo outras coisas. As escolas eram pequenas, e os professores, próximos e dedicados. Desisti da minha ideia de educá-los em casa.

Era o tipo de ambiente para passar a infância que teria escolhido para mim mesma. E, secretamente, meu coração exultava em pensar que podíamos ter um cavalo e um cachorro, e qualquer outro animal que quiséssemos. De certa forma, estava revisitando o local onde passei os momentos mais profundamente felizes da minha infância, e queria dividir isso com as pessoas que tinham se tornado as mais importantes de minha vida.

O primeiro cão chegou à fazenda numa noite de veranico em outubro. Nós o ouvimos uivando para a lua num descampado próximo. Respondendo a nossos assobios e chamados, surgiu no alpendre um coonhound preto balançando uma poderosa cauda, as orelhas enormes emoldurando a cabeça oval. Era um cão bem grande, peito fundo e focinho curioso. A ausência de coleira não permitia sequer imaginar de onde tinha vindo. Demos hambúrguer e leite para ele no alpendre e estendemos um cobertor para servir de cama. De manhã, uma vira-lata fêmea de pelagem marrom-acobreada e pernas curtas que lembrava um pouco uma collie tinha se juntado a ele. Era uma jovenzinha inquieta comparada com a majestade do coonhound.

Os vizinhos não reconheceram a descrição que fizemos dos dois, e nenhum ofereceu refúgio para eles. Não podíamos levá-los para nossa casa, por isso botamos cobertores e um saco de ração para cães no alpendre, e torcemos para que encontrassem o caminho de volta a seus donos. As crianças já os haviam batizado. Andrew chamou o hound de Og e Adrienne chamou a cadelinha assustada de Flora. Penduramos cartazes de CÃES ENCONTRADOS no supermercado e na agência de correio, mas ninguém entrou em contato.

Og e Flora vieram nos visitar vários outros finais de semana, sempre alegrinhos e esperando outro saco de ração. Dois cães tão diferentes quanto água e vinho, mas tinham criado laços. Jogávamos gravetos para pegarem e coçávamos atrás da orelha deles. Durante um passeio no bosque, o imponente Og vasculhava a floresta como se fosse seu território. Se não tivéssemos um graveto para lançar, ele simplesmente arrancava um de uma árvore. Flora corria atrás dele como que o venerando.

Até que, num fim de semana, Og e Flora sumiram, sem deixar vestígio. Chamamos, assobiamos e esperamos. Perguntamos aos vizinhos, mas ninguém sabia de nada. As crianças ficaram sem entender o que tinha acontecido. Os cães adoravam elas. Adrienne abria a janela de seu quarto à noite e latia para tentar atraí-los. Talvez o dono os tivesse encontrado. Talvez estivessem visitando outra fazenda naquele fim de semana. Era difícil entender por que eles haviam nos deixado.

Todo fim de semana procurávamos a estranha dupla, mas "Sua Majestade" Og e sua sombra, Flora, tinham desaparecido.

Apenas anos mais tarde, num momento de confissão entre fazendeiros, é que eu ficaria sabendo que eles tinham sido enterrados a duas fazendas de nós — mortos a bala por correr atrás de ovelhas e bodes. A solução rural é uma bala e uma cova, o que inclui a coleira, se ela existir. O fazendeiro pode saber que o cão é o animal de estimação do filho de um vizinho. Pode até mesmo conhecer o cão, e gostar dele. Porém, quando um cão ameaça o gado, não existe aviso nem chance, apenas a eficiente solução dada em segredo.

Mesmo que eu tivesse ficado sabendo desse tipo de atitude e comportamento antes, teria me mudado para a fazenda. Adorava as grandes extensões de flores silvestres que eram, na verdade, ervas daninhas, e a ideia de que eram minha responsabilidade me causava vertigem. Minha biblioteca foi enriquecida com títulos como: *Criação moderna de ovelhas* e *Galinhas no quintal*, lado a lado com romances e clássicos contemporâneos. Além das assinaturas de revistas como *Variety* e *Billboard*, que eu usava para me manter em contato com as notícias do setor de entretenimento, o carteiro agora tinha de trazer exemplares de *Notícias da mãe terra* e *Correio rural*. Assinei newsletters governamentais sobre fazendeiros e passei a receber uma montanha de envelopes enormes contendo folhas repletas de dados.

Nenhum de meus amigos jamais teria me imaginado numa fazenda. Meus pés se equilibravam naturalmente no mais alto dos saltos altos, que eram minha marca registrada. Eu gostava de fazer declarações sobre moda, e a revista me ajudava oferecendo uma ajuda de custo para roupas. Aliás, eu sempre mantinha uma coleção de roupas para noite no escritório para o caso de receber um convite de última hora para algum evento.

Todos esses sapatos e roupas chamativos acabaram empacotados quando decidi me tornar pastora. Apresentei minha demissão na revista entre olhares descrentes. Algumas mulheres não conseguiam acreditar que eu deixaria um emprego que pagava minhas roupas. Outras, ainda, não acreditavam que eu assumiria a responsabilidade pelos filhos de outra mulher e dispensaria a babá. Não sentia nenhuma necessidade de explicar. Estava ocupada demais tentando encontrar um filhote para nós.

Decidimos que queríamos um cão grande para ocupar o vazio deixado por Og e Flora. Queríamos que fosse amigo e inteligente o suficiente para aprender truques, mas que também impusesse respeito para que estranhos não invadissem a propriedade. Olhamos em revistas especializadas, compramos alguns livros sobre cães e vimos até os cães de rua. Fomos de weimaraners até wolfhounds.

Certo dia, a turma de Andrew fez uma excursão e ele viu um bullmastiff, que, segundo ele, era do tamanho de um pônei das ilhas Shetland e do tipo superamigo. Decidimos investigar mais a fundo essa raça cuja origem era descrita como sessenta por cento mastim e quarenta por cento buldogue. Foram criados na Inglaterra no final do século XIX como cães de caça. Aparentemente, caçadores ilegais estavam causando problemas nas propriedades de aristocratas, e como a pena para esse crime era a morte, cães de caça foram usados para assustar tais criminosos. A solução encontrada foi o bullmastiff, cão rápido e obediente, capaz de derrubar um caçador e mantê-lo no chão, sem machucar ou morder. Imaginei um cão enorme, parrudo, esmagando um caçador de veados. Achamos uma criadora e conseguimos uma entrevista.

Digo "conseguimos uma entrevista" porque tive de me desdobrar para convencê-la de que estávamos verdadeiramente comprometidos com a raça e éramos capazes de oferecer ao nosso cão uma estrutura e regalias que nem uma banda de rock de sucesso conseguiria pôr num contrato. Sem dúvida, havia muito mais exigências do que o simples "amar, respeitar, dar carinho", envolvendo tudo, de tipos de coleiras até castração. Quando finalmente entramos no carro para a viagem de duas horas até o local da "entrevista com a criadora", me dei conta de que tinha vestido e orientado as crianças com a mesma atenção que minha mãe dispensava a mim quando a funcionária do departamento de adoção ia nos visitar.

Era um simpático canil/abrigo num terreno arborizado, e não tinha a típica trilha sonora de latidos e o cheiro característico que associamos a lojas de animais, onde filhotes recém-desmamados choram compulsivamente e disputam o direito a receber qualquer gesto de carinho. Na verdade, mal vimos um cachorro. Ficavam numa construção separada da casa, com uma grande área de exercícios ao ar livre, onde era possível ver alguns passando o tempo. Na sala de estar da criadora, recebi uma prancheta com perguntas que tínhamos de responder em voz alta.

Disse que minha origem era anglo-irlandesa, como a de meus pais adotivos, embora tenham me dito que minha origem verdadeira era norueguesa. Acho que a criadora desconfiou da mentirinha. Era óbvio que aquelas crianças de cabelos e olhos pretos não eram minhas. O tipo físico deles era totalmente diferente, e não tinham nem um pouco de minhas maçãs do rosto salientes, nem da minha pele mais clara. Confessamos que éramos uma família que já tinha passado por uma divisão, e o semblante da criadora se anuviou. O questionário prosseguiu, com muitas perguntas que me lembravam um gerente de banco na hora de liberar uma hipoteca — local de trabalho, há quantos anos trabalha lá, renda anual. Assumiríamos o compromisso de treinar o animal? Haveria alguém em casa com o cão o tempo todo? Se saíssemos, o cão iria conosco ou ficaria preso num canil? Que canil? Havia uma área cercada só para ele? Descreva a cerca. Tínhamos um container para transporte? Nome do veterinário? Proprietários do imóvel ou inquilinos?

Não sei como, mas fomos aprovados. Quando a criadora disse que achava que tinha o filhote certo para nossa família, as crianças deram pulos e comemoraram, e em seguida se sentaram novamente. Preenchemos uma papelada e passamos um cheque polpudo para o marido da criadora enquanto ela ia buscar o filhote no berçário.

Ele tinha a cor da areia do Mediterrâneo. Era preto em volta do focinho curto, emoldurando os olhos num formato de diamante e dando a impressão de que estava sempre prestes a fazer uma pergunta inteligente. Correu por todos os cantos da sala, passando por entre as crianças, que não paravam de rir, até se esconder atrás de uma poltrona. A criadora o pegou, e ele se aninhou no colo dela como se fosse um brinquedo de pelúcia, com muitas dobrinhas de pele no ombro e nos quadris esperando que ele crescesse para caber melhor nelas.

A pergunta seguinte da criadora foi uma completa surpresa. Que nome daríamos ao filhote? Ela sempre registrava seus cães com nomes associados a gêneros musicais. Essa ninhada era de "cantores de música country". Naturalmente, o filhote foi batizado de "Hank Williams". Cada um de nós o pegou, maravilhados que estávamos com suas grandes narinas, enormes patas de filhote e testa enrugada. O hálito dos filhotes não varia de raça para raça. Fechei os olhos e senti. O filhote Hank poderia muito bem ser o filhote Bingo. Se pudesse ser engarrafado, o hálito dos filhotes, provavelmente, seria capaz de pôr um fim às guerras.

Pegamos Hank Williams duas semanas depois. Sua nova casa seria a fazenda, para onde nos mudamos assim que terminou o semestre letivo, em junho de 1981.

3
Ventos passageiros do sul

Em algum momento entre o dia em que plantei minha primeira semente de pepino e o dia em que a primeira ovelha fêmea pôs o pé num pasto, Stephen se afastou da fazenda. Uma lucrativa oferta de trabalho no ramo da propaganda o levou para longe da natureza. Enquanto eu trocava meu salto alto por galochas, ele corria pela Madison Avenue, viajando pelo mundo inteiro em nome de clientes de alta tecnologia. As crianças alternavam as noites em que Hank dormia na cama delas, e descobri que romance a distância é exatamente isso.

Minha decisão de criar ovelhas foi simples questão de lógica e logística. Pelo que todo mundo dizia, ovelhas eram criaturas dóceis, de hábitos que faziam jus à fama dos cordeirinhos. Só têm dentes na mandíbula inferior, por isso não podiam me morder com força.

Ter um rebanho significava construir um lugar para abrigá-las, bem como um cercado para contê-las. Se tivéssemos as duas coisas, poderíamos ter um cavalo também. Planejei tudo para conseguir as respostas que queria. Lady, a saddlebred palomino americana dos meus sonhos, foi o ápice desse planejamento. Recuperei a antiga sela inglesa e o bridão que tive quando era criança da garagem de meus pais, onde mantinham um acervo de "todas as coisas de Marsha".

Começamos com 13 ovelhas fêmeas da raça Hampshire, uma das quais veio com dois cordeirinhos, prontamente batizados de Fred e Flicka. Chegaram quando a última porteira foi instalada no cercado. Todos aqueles jornais do governo sobre agricultura tinham valido a pena. Embora eu tivesse menos ovelhas do que os membros adolescentes do Clube das Ovelhas 4H da região, consegui um desconto governamental de cinquenta por cento no custo da cerca. Estava começando a entender como funcionava o mundo da pecuária. Decidi cultivar picles de pepino porque li num anúncio que poderia render 2 mil dólares por acre. Para não ser gananciosa, mandei semear dois acres.

As crianças me ajudavam a plantar as sementes de pepino enquanto o filhotinho de pernas bambas saltava de sulco em sulco, nos desafiando a persegui-lo. Comprei uma velha picape Ford azul-turquesa; entrávamos todos na cabine e percorríamos as estradinhas do interior que não conhecíamos direito, cantando as músicas country e de faroeste que tocavam no radinho vagabundo. Aquele verão, nossa favorita foi Don Williams cantando *Good Ole Boys Like Me*, canção dolente que fala sobre a brisa do sul que passa pelos carvalhos e percorre toda a literatura, desde tio Remus até Thomas Wolfe. Cantávamos juntos a parte: "And those Williams boys, they still mean a lot to me — Hank e Tennessee." [E os meninos da família Williams ainda significam muito para mim — Hank e Tennessee.]

Foi um verão quente, poeirento e produtivo. As crianças foram visitar a mãe delas assim que os pepinos atingiram o tamanho de picles. Ficamos apenas Hank, eu e os dois acres de terras.

Uma vez, quando estava ocupada tentando encher um saco com pepinos de tamanho médio, Hank agarrou um saco cheio que eu tinha encostado numa cerca. Ele o arrastou segurando pelo fundo do saco e espalhou o precioso conteúdo pelo chão antes que eu percebesse o que estava acontecendo. Correndo em minha direção por entre a plantação, vinha com o saco esvoaçando, e parecia extasiado de felicidade. Por um momento, pensei em largar o que estava comigo e sair eu própria correndo com um saco, se fosse capaz de chegar perto da alegria encapetada que Hank trazia estampada em si. Pensei melhor na situação, porém, uma vez que os vizinhos já estavam chocados ao verem uma mulher colhendo picles de biquíni.

Hank e eu passamos agosto juntos e, basicamente, só tivemos um ao outro. Levávamos sacos de pepino para o silo de picles na caminhonete turquesa com as janelas abertas. Andávamos por entre as ovelhas, e ele corria em volta quando eu brincava de Roy Rogers, cavalgando ao longo da cerca nova. Ele estava crescendo, e ambos sorvíamos até a última gota de cada delicioso momento dessa nova aventura. Só é possível ganhar dinheiro no cultivo de pepinos se conseguirmos o tamanho certo. Tirando as despesas, faturei 23,16 dólares com os picles naquele verão de matar, mas também ganhei o respeito de meus vizinhos fazendeiros, porque perseverei até o final e não perdi dinheiro. Fiquei com um bronzeado tão intenso que o passo seguinte era o câncer de pele, e tinha um filhote que adorava ficar deitado de costas com as pernas abertas feito um frango no espeto.

A maluquice dos pepinos terminou quando começou o ano letivo e as ovelhas entraram na fase de acasalamento. A vida de fazenda era um começo depois do outro, desde a construção de um celeiro até a incubadora de ovos. Nos fins de semana, Stephen vinha para casa e tomava conhecimento do próximo projeto que sugaria todo o nosso dinheiro.

Uma das primeiras coisas que pusemos na velha casa da fazenda foi um forno a lenha. Fica na cozinha, que é o coração da casa. No inverno, a casa retém o calor, e dois andares podem ser mantidos aquecidos a noite inteira por ele. Quando o vento uiva furiosamente e falta luz, o velho forno a lenha é um conforto indescritível. Cheguei a preparar um cordeiro e a fazer canja de galinha nele. Dá uma sensação maravilhosa de autossuficiência.

Naquele primeiro ano, não fazíamos ideia de quanta madeira seria necessária para nos abastecer durante o inverno. Uma coisa que sabíamos é que estávamos cercados de lenha por todos os lados. Cerca de vinte acres cobertos com árvores perenes, pinheiro branco e espruce, que tinham atingido cerca de 1,20m e depois se tornaram árvores enormes, de três andares de altura. Outros 25 acres eram uma combinação de floresta, bordo, bétula, álamo, olmo, macieiras e cerejeiras misturados com perenes e um ou outro carvalho ou faia. Penetrar no coração da mata era difícil e lento, mas, uma vez lá, o majestoso silêncio acompanhado do suave farfalhar das folhas, o canto dos pássaros e o balançar das copas tornavam aquele um lugar sagrado.

Os pioneiros foram "cortadores de lenha e coletores de água". Por isso, decidimos que devíamos "cortar" nossa madeira, primeiro derrubando os olmos mortos numa parte de mata menos densa perto da estrada. Stephen comprou a motosserra mais imponente que encontrou, e saímos à caça do combustível para nosso aquecimento de inverno, começando com um pequeno olmo numa área de mata aberta. As crianças e eu ficamos de longe e gritamos "Madeira!" quando ela foi ao chão. Stephen reduziu o tronco comprido a toras de lenha, e fizemos uma pilha arejada para a madeira secar. Havia muito menos do que eu tinha imaginado que uma árvore renderia. Decidimos tentar com uma árvore maior.

Hank estava conosco, cheirando coisas que não conseguíamos cheirar e cavando em buracos de marmota. A floresta equivalia a um parque de diversões para ele, com esquilos saltando de galho em galho e coelhos se refugiando em suas tocas. Vimos os sinais de porcos-espinho na casca das árvores e torcemos para não encontrar nenhum.

A motosserra aguardava em silêncio enquanto o grande olmo, completamente pelado, se inclinava na direção do sol da tarde, que pendia já perto do horizonte. Stephen recuou um passo. A árvore oscilou e se inclinou de vez, começando a tombar. Os olhos do coelho cruzaram com os olhos de Hank. A tudo que veio depois disso eu assisti em câmera lenta. Vi a cauda branca do coelho como um relâmpago e os olhos de Hank brilhando em sua moldura de diamante negro, os olhos negros muito alertas. Saiu em disparada. A árvore estava em queda livre. O cão, em disparada. Em seguida, a impossível colisão dos dois.

Corremos, tropeçando no chão irregular da floresta, quase caindo, em desespero. Hank estava preso debaixo do gigantesco tronco do olmo, atravessado sobre a parte posterior da coluna. Por inimaginável que possa parecer, balançou o rabo quando o alcançamos. Quem sabe de onde vem a superforça do super-homem? Stephen levantou a árvore e eu tirei o filhote dali. As crianças estavam silenciosas e pálidas. Hank ganiu de medo, dor e perplexidade.

Hoje, consigo chorar quando lembro. Naquele momento, não consegui. Minha cabeça estava acelerada demais para lágrimas. Stephen é um sujeito grandalhão — porte de atleta —, mas tudo que tem a ver com dor o abala muito. Cortou o dedo quando estava montando a mesa de pingue-pongue e desmaiou quando viu o próprio sangue. Verifiquei que Hank não estava sangrando. Ele se sacudiu e finalmente se pôs de pé. Era impressionante que sua coluna não tivesse se partido. Stephen o levou até a picape, onde o enrolamos num cobertor e pegamos a direção de casa, para nos reorganizarmos.

Assim como o cão estava em risco de entrar em estado de choque, as crianças também. Sentaram em torno de Hank e fizeram carinho nele. O rabo dele se mexia, mas seus olhos transbordavam de dor. Um veterinário local concordou em nos encontrar no consultório. É claro, era domingo.

Hank foi estabilizado com soro e recebeu analgésicos. Precisava ser examinado com um equipamento mais sofisticado do que o disponível naquela clínica local. Foi-nos indicada uma clínica que atenderia Hank com prioridade nas primeiras horas da manhã. Nosso paciente, grogue, voltou para a companhia das crianças, que o receberam com uma profusão de abraços e carinhos.

Sem dizê-lo em palavras, nós nos culpamos. A emoção era forte demais para qualquer recriminação. Stephen tinha de pegar um voo para ir a uma reunião no dia seguinte. Encostou seu rosto no de Hank antes de partir. As crianças quiseram faltar às aulas de manhã para acompanhar a visita ao veterinário. Concordamos. Eu me lembrava das vezes em que tinha ficado sentada num consultório de veterinário, esperando para saber se um dachshund ia sarar ou não. Os olhos vermelhos de minha mãe sempre me davam a resposta, mas era importante estar ali, trocar um último carinho e confirmar o laço de amor uma última vez.

Veterinários e assistentes podem ser seres humanos muito especiais. Hank foi atendido com carinho. Quando mexiam nele,

ele chorava, resistindo. Foram feitos raios X, exames de sangue e tudo mais que era necessário. Ficamos ao redor da mesa de exames e tivemos um minuto só nosso enquanto Hank balançava sua poderosa cauda com toda a força.

Nosso amado menino não teve chance. Seus rins tinham sido esmagados e outros órgãos haviam ficado comprometidos. Quando me disseram, pensei "diálise" e "transplante", mas os danos tinham sido demasiados. Embora devesse estar sentindo uma dor excruciante, Hank não se queixou nem reclamou com quem cuidava dele. Não podíamos deixar que sofresse. Quando a primeira nevasca do início do inverno pintava a estrada de branco, lembrávamos dele e imaginávamos se o vento sul voltaria a cruzar nosso caminho outra vez.

Semelhante acidente não poderia se repetir jamais, mas Stephen nunca mais voltou a cortar lenha, e nós nunca mais voltamos àquele lado da floresta. Levamos semanas para escrever uma carta para a criadora. Não tivemos resposta.

Choramos por Hank e esperamos que as crianças começassem a pedir outro cachorro. No aniversário de Andrew, no início da primavera, Hank ganhou um sucessor na figura de um robusto filhote de bullmastiff vermelho. Achei-o da pior maneira possível, por meio de um anúncio de jornal feito por um jovem que, viemos a saber, não era um criador legítimo. Tinha uma ninhada que havia nascido num apartamento de subsolo. Queríamos ficar com o maior macho. O rapaz disse que eram "bons cães". Queria dinheiro vivo. Não fez perguntas. Stephen estivera muito afastado, viajando a negócios. Queria dar a seu filho um presente de aniversário especial. O dia de pegá-lo foi marcado para a véspera do aniversário de Andrew. Mesmo assim, quase deu errado, porque o voo proveniente de Atlanta foi remanejado para Dallas e atrasou. Stephen pegou uma limusine no próprio aeroporto, que o levou diretamente para a casa do vendedor, e trouxe o filhote para casa com todo o luxo.

Ele era todo fortinho; Hank era esguio, este era gordinho. A limusine chegou por volta das 3 horas, mas não tinha como manter as crianças dormindo, pelo menos não quando ouviram os latidos que vinham da cozinha. Aquela noite, o filhote dormiu em sua casinha de madeira, perto da cama de um menininho feliz.

Era um filhotinho que impunha sua corpulência em qualquer lugar. Era robusto como uma rocha, e o rabo estava sempre batendo em alguma coisa. Nós o batizamos de Mingus em homenagem ao baixista de jazz Charles Mingus. Extremamente alegre, o que mais gostava de fazer era se enfiar atrás da geladeira, onde gostava de esconder seu patinho amarelo de pelúcia. Com 12 semanas já tinha força suficiente para tirar a geladeira do lugar. Mingus tornou-se um cão enorme.

Hoje sei como deve ter sido difícil para a mãe das crianças imaginá-las morando em um ambiente rural aparentemente paradisíaco, com filhotinhos de cachorro, cordeiros e um cavalo dourado que uma loura desconhecida estava ensinando-as a montar. Adrienne tinha aula de ginástica e Andrew jogava hóquei. Iam de ônibus para a escola todos os dias e corriam pela estradinha para serem recebidos pela baba de Mingus. Nos fins de semana, quando o pai estava em casa, faziam show de mímica para nós e inventavam brincadeiras. Para a mãe, devia ser difícil ser excluída desse ambiente.

"Marsha deve chorar muito", foi o que Adrienne me contou que a mãe lhe dissera depois de uma de suas conversas semanais ao telefone. Acho que ela preferia imaginar minha vida como algum tipo de tormento.

Muitas vezes, nos dias que se seguiam a esses telefonemas, as crianças se comportavam de forma estranha. Exigiam essa ou aquela novidade e faziam perguntas esquisitas como: "Por que não temos uma máquina de lavar?" e "Você vai ter um filho?".
Como fui criada por pessoas que não eram meus "verdadeiros" pais, sabia o que estava se passando em suas cabecinhas agitadas. Quando manipulamos as crianças, elas nos manipulam de volta, e se existe uma alternativa para a pessoa que insiste que temos de terminar o dever de casa até a hora de dormir, essa alternativa será preferível. É fácil representar o mito da madrasta má, e ele era representado em meu nome.

Aquele verão, quando as crianças foram para a Califórnia passar as férias com a mãe, nunca mais voltaram. Era julho de 1983, e os Jogos Olímpicos seriam realizados no verão do ano seguinte. O parceiro da mãe deles, promotor de esportes, trabalhava no estádio de hóquei feminino. Havia a promessa de trabalhar na preparação para as Olimpíadas, além da promessa de ganhar ingressos para diversos eventos.

Para crianças que moravam numa fazenda, isso era empolgante e glamouroso. Andrew tinha se tornado um adolescente, e não há dúvida de que as meninas na Califórnia são mais acessíveis e propensas a mostrar algo de si do que as filhas de nossos vizinhos menonitas. Lembro como Adrienne, antes extrovertida e carinhosa, ficou recolhida e carente antes da partida. Ela nunca conviveu bem com segredos. Andrew cavalgou até deixar o cavalo espumando de suor e brincou com Mingus a noite toda, até cansar. Ele fez um acampamento com amigos poucos dias antes de ir embora. Tudo tinha sido preparado e orquestrado, e a papelada foi providenciada alguns dias depois, para tratar da custódia.

A reação imediata quando algo assim acontece é a disposição de lutar até o fim. Para mim, meus pais e nossos amigos, esse sequestro arbitrário não fazia sentido. A custódia havia sido decidida anos antes, mas, pelo visto, custódia é um conceito extenso, não um resultado fixo. Quase com certeza, as alegações contidas nas declarações extraídas do jovem Andrew eram agressivas e danosas. A ideia de que alguma mãe seja capaz de endossar testemunho tão falso faz qualquer um parar para pensar. Infelizmente, esse é o jogo que muitas vezes acompanha o azedume do divórcio e as batalhas por custódia.

A mãe de Stephen, portadora crônica de notícias ruins, refestelava-se em cada implacável acusação de maus-tratos e negligência com as crianças. Certa vez, quando ligou para me criticar com as condenações de praxe às minhas esquisitices, finalizou dizendo: "E você sabia que Andrew contou a todo mundo que você dormiu com ele?"

O absurdo da frase — e a vontade de acreditar nela — foi demais para mim. "Dorothy", eu disse calmamente, "se eu tivesse dormido com Andrew, ele jamais teria ido embora."

Apresentamos nossa defesa diante do mesmo juiz de vara de família que tinha concedido a custódia três anos antes. Embora tivesse simpatia por nossa posição, explicou que a custódia não era algo absoluto. Adolescentes que pareçam ser tão inteligentes e bem-educados quanto Andrew podem pedir a revisão das circunstâncias da custódia e influenciar profundamente no resultado. Aspectos jurídicos à parte, o juiz não podia fazer muita coisa. Talvez a solução fosse separar o irmão da irmã? Recusamo-nos a pensar nessa possibilidade e decidimos deixar as crianças partirem.

Em meio à comoção, apenas uma coisa estava decidida. O cão ficaria conosco.

4
Todos bons cães

Durante alguns anos cuidar de crianças foi o resumo de meus dias. De uma hora para outra, isso terminou, e arrumar a bagunça foi a única tarefa que sobrou. Stephen e eu tivemos conversas naqueles dias que me levaram a concluir que tudo poderia mesmo ter sido "para melhor", desde que as crianças estivessem sendo bem-cuidadas e amadas. Eu tinha passado por cirurgias para tratar minha infertilidade que não tinham dado certo. Como não queria ter um filho cujo nome homenageasse uma pipeta de laboratório, e como não queria dedicar o meu amor ao filho de outra mulher novamente, estava na hora de um recomeço.

Se Stephen era meu porto seguro, Mingus era o que me revigorava. Ficou grande o suficiente para literalmente tirar o fôlego de qualquer um que invadisse a propriedade. Eu me dediquei integralmente às atividades da fazenda. Aumentei o rebanho com ovelhas Suffolk raça pura, e meus pastos ficaram pontilhados de fêmeas de cabeça negra. Lady teve uma eguinha que era a cópia reduzida dela. Nós a chamamos de Karma. Stephen vendia minhas galinhas caipiras para executivos preocupados com a saúde na agência de publicidade.

Parecia que a fazenda atraía os cães. Um cabeleireiro que Stephen conhecia teve de se desfazer de uma akita com 7 anos chamada Stella para poder cuidar de um amigo que estava doente. Cães da raça akita são grandes, com pelagem densa, dupla, e uma cauda longa que se enrosca por sobre o dorso, equilibrando a cabeça e as orelhas triangulares. Stella era um lindo exemplar da espécie. Com sua língua rosa pendendo da lateral da boca e um largo sorriso em seus lábios negros, parecia a versão canina de um urso de pelúcia. Stella tinha crescido num apartamento de 28º andar, mas mesmo quando tinha espaço para se movimentar preferia a vista do alpendre. Um cão dócil, não era muito brilhante e nunca chegou a dominar a arte de subir escadas.

Depois, veio Sheltie, uma pastora shetland cujo nome tão pouco original foi dado pelos donos, a rica família Black. Sheltie foi comprada numa pet shop por puro impulso de momento, e não foi propriamente escolhida por sua dona. Gostava de urinar em sapatos masculinos; quanto maior o sapato, melhor. O cão mais barulhento que já conheci, levava os visitantes à loucura, e só ficava quieta quando estava comigo. Se Sheltie quisesse alguma coisa, ela pegava, mesmo que fosse para tomar do poderoso Mingus. Não era incomum encontrar a mini-Lassie tricolor escarrapachada na cama de Mingus com todos os brinquedos caninos da casa enfiados debaixo de sua longa pelagem. Excepcional pastora de gansos, Sheltie foi o único cachorro que chegou a desempenhar uma função útil na fazenda.

Depois de algum tempo numa casa com três cães, Mingus se cansou do excesso de fêmeas ocupando o espaço dele. Começou a dar passeios para visitar a cachorrinha do vizinho. Como um bode, conseguia passar por qualquer cerca. Eu saía correndo pelo campo, gritando para ele parar, e ele me ignorava com a indiferença que apenas um cachorro é capaz de expressar. Exasperada, passei a vigiá-lo para saber quando invadia o território do vizinho, e pegava a caminhonete para buscá-lo.

Mingus não era somente um cão enorme, era também pesado. Se eu o fizesse entrar na cabine da picape, ele se espalhava pelos dois bancos ou pelo piso inteiro. De um jeito ou de outro, era impossível passar as marchas. Invariavelmente, eu terminava pondo-o na carroceria da picape, processo que se parecia muito com tentar botar um adolescente drogado no leito de cima de um beliche. Posicionando as patas dianteiras primeiro, eu erguia sua traseira e esperava que o impulso para a frente fizesse o resto. Os vizinhos achavam isso divertido e sempre acenavam quando arrancávamos, sabendo que Mingus voltaria para provar os ossos de galinha que gostavam de dar para ele. Embora eu pedisse encarecidamente que parassem com isso, assim como Mingus, eles me ignoravam. Eu não admitia acorrentar cachorro nenhum, e seria preciso uma cerca de vidro de 2,50m de altura lambuzada de óleo para prender Mingus. Cerca elétrica equivalia a uma picada de abelha para ele.

Um dia, recebi o telefonema que temia. Os vizinhos tinham ido para a cidade com o cão deles e quando retornaram Mingus estava na vala que ficava no final da estradinha. Disseram algo sobre um caminhão de cimento. Fui até lá e já encontrei seu corpo alquebrado quase sem vida. Sua cauda deu sinal de vida quando ergui a cabeça enorme e falei com ele. Soltou um longo suspiro e a chama dos olhos se apagou.

Foi preciso uma escavadeira para abrir uma cova grande o suficiente para Mingus. Não marcamos o lugar, mas sei onde fica, numa elevação que é visível de casa. Stephen também sabe onde Mingus descansa. Ele não tinha conseguido criar um cão até a fase adulta desde o último labrador de sua infância. Juntos, Mingus e Stephen pareciam dois meninos grandes brincando. Mingus acompanhava Stephen em suas partidas de softbol com os "aldeões" do lugar. De vez em quando, o grande cão arruivado saía desabalado para pegar a bola que estava em jogo no meio do campo. Tornou-se o mascote do time de bebedores de cerveja Boys of Summer e às vezes os acompanhava até o pub depois do jogo. Se alguém fizesse o V de vitória para ele, Mingus soltava um uivo. Se segurasse um biscoito diante dele, implorava como um urso ensinado num número de circo.

Fizemos um velório para Mingus no hotel, onde tudo, cedo ou tarde, acaba sendo celebrado, revelado, lamentado ou decidido. Os rapazes do time ergueram alguns copos em memória de Mingus e cantaram estrofe por estrofe da canção de Bob Dylan *The Mighty Quinn*, adaptada para o caso presente: "Nunca tornarão a ver nada parecido com Ming."

Sempre me pareceu uma canção estranha no cânone de Bob Dylan dos anos 1970, mas tem uma alegria simples, contagiante. Fala de esperar que aconteça algo de bom. Mingus sempre fez isso.

Stella morreu de câncer pouco tempo depois que Mingus nos deixou. Nunca pareceu ser um cão velho, embora fosse. Seu sorriso de cão japonês permaneceu sempre jovial. Stella viu coisas na fazenda que nunca tinha visto na cidade. Sua diversão favorita, dentre todas, era ver os cordeirinhos recém-nascidos no celeiro. Embora tenhamos feito histerectomia e ela nunca tenha tido filhotes, a visão dos cordeirinhos tentando se equilibrar sobre os casquinhos ainda molinhos fazia brotar o sentimento de loba maternal nela. Ovelhas que investiriam contra qualquer outro cão que entrasse na baia permitiam que a peluda Stella se sentasse em silêncio ali do lado enquanto transcorria o trabalho de parto.

Se lhe fosse dada a chance — se lhe fosse permitido —, o maior prazer de Stella era lamber um cordeirinho recém-nascido enquanto a mãe dava atenção a outro. Houve uma noite na baia das ovelhas em que nasceram quádruplos, e Stella foi de inestimável ajuda para mim e para a mãe. Se eu trouxesse um cordeirinho órfão para casa para aquecê-lo perto do forno a lenha, Stella ficava correndo em volta. Não havia nenhuma malícia nela.

Com Mingus e Stella descansando lado a lado na colina com Hank e todos os cordeirinhos que não vingaram, decidi arranjar um filhotinho para mim. Queria um cão que pudesse mimar e que não fosse um peso para Sheltie. Em vez de fazer uma pesquisa cuidadosa de diversas raças, suas funções e temperamento, me tornei vítima de um cão da moda.

Diva era uma shar-pei chinesa negra de raça pura — até a língua era negra. Ela me foi vendida, por um preço exorbitante, como uma raça premiada, para reprodução, o que foi uma medida do excesso de popularidade dos "cães enrugados" nos anos 1980, quando ainda eram uma raça relativamente rara. Assinei um contrato que parecia formal me obrigando a exibir o cão, botá-lo para cruzar e mandar o melhor filhote de volta para a criadora. Eu só queria o filhote pretinho que saiu rolando do meio da ninhada e correu para os meus braços.

Stephen estava ocupado com coisas objetivas, e Diva se tornou o cão que eu iria criar e treinar. Embora tivesse uma grande sobra de pele de filhote e a testa fosse completamente enrugada, o caríssimo filhote em nenhum momento desenvolveu as voltinhas de pele tão propaladas no mundo dos shar-peis. Levei Diva para dois especialistas em shar-peis quando ainda era um filhote, e ficou evidente, pela reação de outros exibidores, que eu tinha comprado gato por lebre.

"Vejam só, um shar-pei de Hong Kong", diziam com sarcasmo. Eu só podia presumir que os cães deles tinham MADE IN CHINA estampado em algum lugar escondido por uma generosa dobra de pele.

Diva tinha tão poucas rugas que as pessoas a confundiam com um bull-terrier Staffordshire com cara de preocupado ou com um pit bull sofisticado. Acabei descobrindo que sua criadora era uma maluca, e desisti de pegar o registro. Eu rasguei o "contrato".

Mas Diva provou que era uma deusa. Tudo nela tinha uma elegância excêntrica. Quando ainda era um filhote de pernas bambas, correndo na minha frente num campo de centeio da altura do joelho, ela saltava por entre a vegetação, olhando para mim de vez em quando para me fazer persegui-la. Com sua cabecinha aparecendo ora aqui ora acolá, parecia o adorável alienígena do filme do Steven Spielberg, o ET.

Enquanto outros cães tinham enorme interesse pelos cheiros e objetos do quintal, Diva o vasculhava delicadamente, evitando tudo que pudesse sujar suas patas quase felinas. Era robusta, tinha musculatura bem delineada entre a cauda enrolada e as orelhas em forma de concha. Era impossível olhar nos olhos amendoados desse cão sem ter a impressão de que estávamos diante de um igual.

Diva e Sheltie faziam o par ideal, correndo pelo quintal inteiro, arrancando petúnias com a coleira. Ter uma companhia tão brincalhona deu a Sheltie um novo interesse pela vida — em alta velocidade.

Não eram apenas os cachorros que estavam correndo à toda. Stephen estava ocupado com seu próprio negócio de publicidade e agência de comunicação, trabalhando em um enorme e sofisticado apartamento-escritório na cidade, situado no 21º andar de um hotel. Os tempos eram propícios. O celular se tornou uma extensão de sua orelha. O lado bom é que eu podia decidir deixar a fazenda por uns dias e aproveitar as vantagens da vida na cidade enquanto contratava ajudantes para manter as tarefas da fazenda em dia. Era como ter uma vida secreta. Eu tinha um guarda-roupa na cidade e roupas completamente diferentes para o campo.

Tudo na casa da cidade era perfeito, em termos de design — paredes de laca cor de caramelo, negras ou vermelhas ornamentadas com impressionantes obras de arte orientais. Tudo na fazenda estava por ser realizado, e era feito com amor. O designer que trabalhava com Stephen na cidade foi visitar a fazenda para ver o que estava por fazer. Muita coisa. Eu me senti aflitivamente despreparada, tendo dedicado minha energia a melhorar a terra em vez de me preocupar em cuidar das janelas. Quando o celeiro estava sendo construído, e fizemos melhorias mais tarde, segui o conselho de um sábio fazendeiro e me preocupei em transformá-lo num lugar onde eu gostaria de estar. Assim, as ovelhas estariam bem assistidas. Por isso, o celeiro tinha uma pequena galeria de quadros e um lugar onde eu podia utilizar como mesa um cubo de feno e tomar um chá. Na casa, pintei as paredes de branco básico e criei ambientes confortáveis para ler livros e escrever.

Meus ajudantes na fazenda eram bons construtores de manjedouras para ovelhas, mas agora eram chamados para tirar as medidas de móveis sob encomenda e preparar a bancada da cozinha para instalação de um tampo de granito. Equipe composta por marido e mulher, Jim e Cheryl pegavam no pé um do outro o tempo inteiro enquanto trabalhavam, sendo que Jim normalmente era quem sofria mais. Eles não conseguiam imaginar por que alguém ia querer pintar uma cozinha de azul-centáureo, mas pintaram. Quando dois compridos pedaços de granito se encaixaram com precisão em volta de uma pia dupla, ficaram impressionados com a exatidão das próprias medições.

A cozinha remodelada ficou uma mistura do antigo com o novo. Com suas pernas voltadas para o centro e três lâminas de madeira a mais, nossa velha mesa de carvalho agora se desdobrava para acomodar 12 pessoas. Utensílios novos ficavam diante do lambril original de onde eu havia retirado cuidadosamente diversas camadas já estragadas de tinta. No canto havia uma arca com louças — uma peça extravagante em matizes vibrantes de laranja, verde e amarelo com uns 150 anos, feita por um ucraniano que tinha desbravado o Oeste. A iluminação era toda de halogênio. Um cômodo estava pronto, faltavam nove.

Quando na cidade, eu me sentia a menina do campo vestida até as canelas. Todo mundo queria saber como era ser pastora. No campo, eu era vista como uma pessoa da cidade que usava palavras longas demais e fazia perguntas demais. Stephen precisava de mim ao lado dele tanto social como profissionalmente, mas a dualidade de nossas moradias tinham seu preço no relacionamento. Para completar, Stephen comprou um iate de 28 pés que ele pretendia equipar para a pesca de salmão. Eu precisaria de mais um guarda-roupa.

Eu era mais feliz quando estava na fazenda com os cães e os animais. Diva e Sheltie eram de temperamento independente e precisavam de uma rotina, muito parecido com crianças. Se eu tivesse de ir à cidade, gostava de levar pelo menos Diva comigo, mas isso significava que Sheltie tinha de confiar em outro ser humano para cuidar dela. Quando Cheryl e Jim iam lá para pintar o celeiro ou construir um depósito, ou ela fugia, ou se escondia ou latia para eles o tempo todo, da maneira mais irritante. Decidi que a única maneira de fazer as coisas funcionarem seria estabelecendo um laço entre Sheltie e Cheryl.

Para uma pessoa bastante tímida que disfarçava seu acanhamento pegando incessantemente no pé do marido, foi preciso passar uma conversa nela para convencê-la a participar de um adestramento com Sheltie, enquanto eu trabalhava com Diva. As aulas eram à noite, uma vez por semana, na arena Horse Palace, onde se realizava a feira local. Fizemos a matrícula e iniciamos nossa curva de aprendizado.

Nossa instrutora era uma britânica musculosa que criava ridgebacks rodesianos que deviam ser mais pesados que ela. Assim que ouvi o sotaque, lembrei-me da treinadora de cães Barbara Woodhouse, para quem não havia cães ruins, apenas donos inexperientes. Woodhouse era capaz de fazer um elefante sentar quando dava seu firme comando "senta", sempre terminando com um *a* bem marcado. As orelhas dos cães sempre ficavam de pé quando ela gritava "ande!". Como Woodhouse, nossa instrutora se dirigia a nós pelo nome dos nossos cães. Eu era "senhora Diva-cão" e Cheryl era "senhora Sheltie". Não cheguei a guardar o nome das outras pessoas nessa classe, mas sabia a raça dos cães delas.

Existem muitas escolas de adestramento. Algumas adotam um estilo praticamente militar de dominação do cão, outras usam agrados para obter o comportamento desejado. Nossa instrutora usava o elogio como recompensa e insistia que era nossa responsabilidade garantir que o cão gostasse das sessões de adestramento.

Diva tinha um talento natural. Do momento em que a instrutora deu o comando "pata esquerda para a frente e todos os cães seguindo", ela foi perfeita. Sheltie, porém, ficava assustada e não gostava da companhia dos outros cães, especialmente de um chow chow que insistia em cheirá-la. Quando Cheryl soltou sua guia no chão conforme fora ensinada e andou, Sheltie se recusou a colaborar e não a seguiu. Cheryl ficou desolada.

A instrutora pegou a guia. Ajoelhando na serragem com aroma de cedro que revestia o chão da área de treinamento, ela conversou carinhosamente com Sheltie, dizendo como era uma boa cadela. Então, se pôs do lado dela e disse, em sua voz animada: "Vamos lá, menina, e seguindo." E Sheltie saiu toda feliz lado a lado com ela, olhando para cima para saber se estava fazendo direitinho. Quando pararam, Sheltie ganhou mais elogios. A instrutora levou a guia e o cão de volta até Cheryl, com a instrução "e seguindo". E lá foram elas, com toda a pinta de estarem formando uma equipe.

Nas seis semanas que se seguiram, a senhora Diva-cão e a senhora Sheltie disputaram abertamente para saber qual seria o cão mais bem treinado da turma. Isso culminou no incidente da bandeja de torta na quinta semana. A essa altura nossos cães já tinham aprendido a sentar e a ficar parados quando nos afastávamos. O teste da bandeja de torta exigia que todos os cães e donos formassem um grande círculo. Éramos um grupo com dez pessoas, sendo o maior cão um Newfoundland e o menor um yorkshire terrier. A instrutora espalhou nove bandejas de torta, feitas de alumínio, no centro do círculo. Tínhamos de ficar andando com nosso cachorro até ela dizer "fica e pega". Então, tínhamos de instruir nossos cães a ficar parados enquanto corríamos até o centro do anel para pegar a bandeja de torta. Se um cão não ficasse parado era desclassificado, o mesmo acontecendo para a pessoa que não conseguisse pegar a bandeja.

Cheryl e eu ficamos horas e horas treinando os cães para ficarem parados bastante tempo. Podíamos deixar os dois no gramado da frente e dar a volta na casa sem que se mexessem. Os elogios funcionavam às mil maravilhas com Sheltie. Quando estavam treinando andar formando um oito no chão, se Sheltie fizesse uma curva benfeita, Cheryl a cobria de elogios. Diva me lançava um olhar, como que dizendo: "Podemos fazer melhor." Havia certa competitividade no ar, e ela chegou ao máximo no teste das bandejas de torta.

Quando o teste se afunilou para quatro equipes de cão/instrutor disputando três bandejas de torta, o olhar de Cheryl ficou vidrado. Assim que o comando de "buscar" foi dado, ela não precisou dizer uma palavra. Sheltie ficou imóvel como uma estátua. De quadril largo e cheio, Cheryl impôs sua corpulência para agarrar a bandeja antes que tivéssemos a chance de entender o que estava acontecendo. Ela comemorou com um grito. A coisa prosseguiu dessa maneira atropelada até que sobramos apenas nós duas.

Enquanto os outros observavam admirados, demos as últimas voltas em torno da única e solitária bandeja. A instrutora mal esboçou "bbb" e Cheryl já tinha saído em disparada. Eu estava vindo pelo lado oposto e achei melhor não entrar em rota de colisão com ela, que se lançou sobre a bandeja com o mesmo ímpeto que vemos num goleiro defendendo o chute de um atacante numa Copa do Mundo. Na deslizada final, Cheryl pegou a bandeja. Ao mesmo tempo, descobriu por que a arena era revestida com serragem. Suja e cansada, Cheryl foi vitoriosa. Sheltie a elogiou.

Tendo completado a formação dos laços, não tive dificuldade para deixar Sheltie em boas mãos na fazenda enquanto Diva e eu escapávamos para a cidade por alguns dias ou pássavamos uma semana no barco pescando salmão.

Stephen nunca tinha se dedicado a Diva como eu, em grande parte porque não ficava muito com ela, que combinava com a decoração elegante do apartamento/escritório e gostava dos "passeios" na rua e nos parques onde a grama era valorizada acima de tudo. Porém, no barco, Stephen desenvolveu um enorme respeito por ela. Diva era capaz de ficar na água durante oito horas sem pedir para sair. Tinha uma bexiga de ferro e — como Stephen finalmente pôde constatar — tinha uma alma encantadora.

Viajar não era a atividade predileta de Sheltie. Gostava de ficar na fazenda e de estar no comando das coisas. Então, numa manhã de Natal, teve um ataque. Cambaleante, tombou de lado, as pernas num espasmo e os dentes trincados. Embora os olhos estivessem abertos, não havia sinal de Sheltie neles. Isso me assustou bastante, embora só tenha levado dois minutos. Todos os exames que o veterinário fez deram normal, o que não é incomum com cães que têm o que se chama de epilepsia idiopática. Depois disso, Sheltie podia ficar meses e meses sem um incidente, mas então — completamente do nada — um ataque sobrevinha e a atingia em cheio. Não havia nada a fazer a não ser confortá-la e impedir que se machucasse.

Estamos convencidos de que foi a epilepsia que finalmente levou Sheltie. Como um inuit ancestral, ela saiu no meio de uma tempestade de neve e nunca mais voltou. Nunca encontramos o corpo. Era muito próprio dela não querer ser um peso. Aquela cabecinha estreita e sedosa sempre esteve repleta de ideias agitadas.

Só então notei que Diva estava sentindo o peso da idade. Nunca tinha ficado sem a companhia de outro cão. Precisava de outro para animá-la a brincar.

Stephen nunca chegou a se recuperar da perda de seu parceiro de cervejadas, Mingus, nem do jovem Hank. Não conseguia ouvir a canção de Jerry Jeff Walker, *Mr. Bojangles*, sem cair em lágrimas na parte que fala de Bojangles dançando nos espetáculos sulistas de menestréis, sempre viajando com seu cão até "morrer", depois de 15 anos. "Vinte anos depois, ainda sofria."

Farto da publicidade, Stephen voltou para a fazenda, onde estávamos os dois vivendo como escritores. Eu tinha escrito e vendido duas colunas para diversos periódicos, as quais se transformaram numa série de livros ganhadora de prêmios. O primeiro livro de Stephen foi publicado, e se tornou best seller. Quase vinte anos se passaram, e nossa vida transcorrera como imaginávamos que seria possível.

Estava na hora de termos um filhotinho.

5
Encontramos Wally

Hank morreu por causa de uma árvore. Mingus se foi por causa de um caminhão de cimento. Todos os cães morrem, mas esses acidentes sem sentido mexeram emocionalmente com Stephen. Se fôssemos ter outro cão, ele fazia questão de que fosse indestrutível. Robusto foi o melhor que achei que poderia conseguir. Então, tive um sonho, que já tive, e retorna de vez em quando e não há nada de freudiano nele.

O sonho se passa na estradinha da fazenda. É um longo trajeto margeado por uma cerca de cedro, pinheiros e arbustos de lilás. Tem uma atmosfera zen que sempre transmite paz a quem caminha por ela. Ao entardecer, no inverno, cervos-de-cauda-branca a utilizam como travessia, a caminho da floresta, onde se reúnem para o inverno. Na primavera, soltamos as tartarugas que resgatamos das estradas nos terrenos alagadiços que ficam no final da estradinha. No verão, vemos as maçãs silvestres crescerem e amadurecerem por cima das flores que ornam a passagem. O outono trazia a cobertura do sumagre vermelho e os ornatos dos lariços. A estradinha não é pavimentada, e uma faixa de dentes-de-leão e ervas diversas se estende por entre o cascalho onde passam os pneus.

O sonho se passa na primavera. Estou em meu escritório no segundo andar da casa da fazenda, contemplando um pequeno pasto com duas macieiras retorcidas e, mais além, a estradinha. Stephen está caminhando por ela. Consigo vê-lo com dificuldade através da névoa arroxeada por um arbusto de lilás. Não está sozinho. Preciso saber quem está com ele.

Então, estou de pé na estradinha, olhando para Stephen. Eu o vejo, e há alguém do lado dele. Tento me concentrar. É um rinoceronte, não a versão africana completa que tomaria toda a estrada, mas uma versão em miniatura, mais ou menos da altura dos joelhos, que se movimenta com surpreendente graciosidade, considerando-se as placas de couro. Stephen joga uma bola de futebol para o pequeno animal, e ele salta para cabeceá-la com o chifre. Há uma beleza muito grande nesse momento, e o pequeno rinoceronte é o arquétipo do "robusto". Era um sinal. Fiquei com o rinoceronte saltitante na cabeça.

Alguns dias depois, fui convencida a assistir à final de um campeonato de hóquei na tevê. O destaque desses jogos, que são a quintessência canadense, são os comentários dos intervalos, chamados "Cantinho do treinador", com o empolado guru do hóquei e ex-treinador do Boston Bruins, Don Cherry. Conhecido por gostar de paletós com padrões extravagantes e opiniões livres demais, Cherry só tem a dizer: "Crianças, escutem", e gerações de torcedores de hóquei seguem cada uma de suas palavras. Além do carisma, Don Cherry sempre esteve associado a uma companhia constante — um bull terrier branco chamado Blue.

Enquanto o tema musical do "Cantinho do treinador" tocava, imagens de Blue andando agachado, latindo e correndo enchiam a tela. O cão musculoso tinha os olhos de um rinoceronte e um focinho romano que poderia sustentar um chifre. Tinha um aspecto único. Eu tinha encontrado o cachorro.

Não foi apenas a aparência e os sonhos que me atraíram no bull terrier. Lembrei-me de Bodger, do romance de Sheila Burnford, *The Incredible Journey* (A incrível jornada), em que dois cães de estimação e um gato siamês passam por terríveis agruras para voltar para suas casas. Trata-se de um clássico infantil que foi muito bem adaptado para o cinema. Não é humano aquele cuja garganta não dá um nó de emoção quando o já idoso Bodger, o bull terrier, sai da floresta e atravessa penosamente o campo que conduz à família Hunter no filme da Disney, de 1963.

Eu também já havia feito meu dever de casa pesquisando bull terriers anos antes, mas tinha arquivado isso num escaninho da memória reservado para as coisas desagradáveis. Dizia respeito a uma mancha naquela ideia de que a vida no campo é idílica e as pessoas são mais bondosas e gentis do que na cidade.

A algumas propriedades de minha fazenda alguém avisou à administração do distrito que dois cães estavam perambulando à solta. O "homem da carrocinha", como era conhecido antes de ser cunhada a expressão "agente de controle de animais", visitou o dono e disse-lhe para não deixar os cães soltos e o instruiu a conseguir o registro dos animais em uma semana. Era um funcionário novo, que tinha assumido o cargo com pouca experiência e sem receber treinamento. Porém, conhecia a exigência de registro dos cães e, quando descobriu que o dono não havia obedecido o prazo arbitrário de sete dias, decidiu fazer valer o poder que lhe fora investido.

Na companhia de um agente rodoviário, o funcionário visitou a propriedade. O dono estava fora, trabalhando, e os dois cães estavam acorrentados no jardim. O grande pastor alemão, Max, e o facilmente excitável bull terrier, Dylan, começaram a latir para os estranhos. O homem da carrocinha decidiu tomar para si a tarefa de ensinar uma lição ao dono deles. Mais tarde, diria que pretendia recolher os cães, mas, sem ter treinamento, não conseguiu fazer os animais, que estavam amarrados, subirem na picape. Aturdido, voltou para a picape, onde o agente rodoviário observava tudo. Pegando sua espingarda calibre 22, o homem da carrocinha matou Max e Dylan a tiros.

Houve um julgamento. Apesar de alegar não ter recebido treinamento, o funcionário foi condenado por matar dois cães ilegalmente. A pena foi irrisória. Provavelmente, havia base para uma ação cível tanto contra o funcionário como contra a administração do distrito. Em vez disso, o dono decidiu se mudar. No escasso arquivo com recortes de jornais que guardei sobre o caso, encontrei alguns artigos de revistas sobre cães que eu havia recortado falando de bull terriers. Eram descritos como animais alegres, perspicazes e inteligentes. Originalmente criados na Inglaterra para tourear e atiçar touros, converteram-se num animal de companhia para cavalheiros, ao qual se dá o nome de "cavaleiro branco". Pensei em Dylan, quieto no quintal da própria casa, e decidi que ia ter um assim.

Os bull terriers já foram chamados de "achigã-boca-pequena do mundo canino", e essa era uma recomendação boa o suficiente para Stephen. Teríamos um *budweiser dog*, como Spuds MacKenzie, o infame *party animal* que abrilhantou tantos comerciais de tevê no final dos anos 1980. Como o brigão bull terrier do general George S. Patton, na Segunda Guerra Mundial, Willie, nosso cachorro iria conosco para toda parte. Seria inteligente e amistoso, como Patsy Ann, o bull terrier completamente surdo do cais de Juneau que foi designada embaixadora oficial dessa cidade do Alasca em 1934. Rex, o bull terrier do humorista James Thurber, seria capaz de ir pegar um piano se alguém o jogasse — e o nosso faria o mesmo. Na tradição do amado bull terrier do romancista e poeta romântico Sir Walter Scott, Camp, o nosso seria "presa de formidável queda pelo gáudio e a pilhéria". Como com tudo, uma vez tomada a decisão, Stephen queria que se concretizasse imediatamente.

Não é fácil encontrar um criador de bull terriers responsável que esteja disposto a se desfazer de um filhote. Muitos mantêm listas de espera, e se você tem preferência de sexo e de cor, pode ficar anos esperando. Como aconteceu quando compramos Hank, o bullmastiff, as entrevistas dos criadores de bull terriers podem parecer mais a Inquisição espanhola do que um interrogatório civilizado. Eu simplesmente topei com uma criadora que tinha um espaço numa revista de cães, e, por acaso, estava com uma ninhada. O canil ficava a uma hora de nós, e tinha cinco filhotes com quatro semanas de vida. As fêmeas já estavam reservadas, mas podíamos dar uma olhada e conversar sobre os machos. Fomos vê-los aquela tarde.

Na porta da frente de um bangalô de telhado baixo fomos recebidos por um cão branco e vermelho que cheirou nosso joelho. Como nunca tínhamos visto um bull terrier em carne e osso, me agachei para ter um contato mais próximo e pessoal com a possante cadela, que, fiquei sabendo, era a avó dos filhotes. Ela me recebeu com todo o entusiasmo. Depois disso, passar para a sala de visitas, onde estavam os filhotes, foi difícil e quase tropecei na "vovó" umas duas vezes.

"É assim que eles são", disse a criadora. "Sempre em nossos pés. Querem ficar com a gente o tempo todo."

Os filhotes estavam numa caixa grande, forrada com papel. Daisy, a mãe deles, que era branca, estava deitada num canto, onde os filhotes se amontoavam disputando os mamilos. Prendiam-se àquelas intumescidas e róseas fontes de vida mamando com sofreguidão, sorvendo a todo vapor. Se um escapulia, outro tomava seu lugar. Os filhotes se amontoavam formando uma mistura de branco e marrom, as patinhas forçando caminho. Não tinham um pingo de boas maneiras e os rosnados tornavam o momento da refeição ainda mais medieval e rústico.

Quando terminaram, ou melhor, quando a mãe decidiu que tinham terminado, a criadora levou Daisy para um pátio cercado, onde podia se deitar ao sol sem macaquinhos sorvedores de mamilos subindo nela. Finalmente, tivemos a oportunidade de ver os filhotes. Estavam exaustos da amamentação. Como pintinhos recém-chocados, os rechonchudinhos filhotes cambalearam no cercadinho até sossegarem, as pálpebras pesadas, até que caíram no sono, alguns rolando de costas antes de encontrar a posição de repouso definitiva.

Observamos o processo todo em silenciosa reverência. Quando a criadora voltou, fez comentários bem-humorados, explicando a rotina dos filhotes e o estágio em que se encontravam. Em pouco tempo teriam de ser desmamados, porque os dentes estavam ficando afiados demais para continuar se alimentando com tanta sofreguidão. Ainda levaria um mês para poderem ser liberados. Ao nos ouvirem, os filhotes acordaram, bocejando e se contorcendo.

Todas as três fêmeas eram brancas, com diferentes toques de cor no rosto — uma tinha uma mancha preta no olho, o contorno da orelha de outra era vermelho e a menorzinha parecia ter uma sobrancelha marrom sobre o olho esquerdo. Os machos tinham cores diferentes. Um era marrom bem escuro, quase negro, com largos detalhes brancos. E havia um gorduchinho todo malhadinho com faixas laranja. Uma mancha branca que começava em volta do pescoço se estendia até o focinho e subia por entre os olhos, onde terminava em duas diabólicas pontinhas no alto da cabeça. Em volta de seu nariz negro havia um coração serrilhado e um perfeito círculo preto no meio do queixo.

O filhote malhadinho se ergueu e veio na direção de nossas vozes. Mantinha-se de pé com firmeza sobre quatro patinhas brancas. Equilibrando-se nos quadris, soltou um latido sedutor. Quatro irmãos pularam sobre ele, e o cercadinho se converteu numa montoeira de barriguinhas estufadas, patinhas no ar e boquinhas mordentes. A criadora nos incentivou a interagir com eles. Nossas mãos na cerca fizeram com que se apartassem para poder obervar com mais atenção esses novos brinquedos. Stephen acenou para o macho com listras de tigre, que veio correndo na velocidade máxima que um filhote é capaz, dando uma cabeçada na parede e uma cambalhota para trás. Todos eram filhotes fabulosos, mas este era o especial.

Revezamo-nos com o filhote no colo, o que ajudou a fazer a entrevista com a criadora transcorrer de forma indolor. O pai era inglês e a mãe provinha de uma longa linhagem de campeões canadenses e americanos. Civilizadamente, folheamos um grande número de fotos de seus parentes posando com diversos troféus e diante de juízes de competições que mais pareciam árvores imponentes. O tempo inteiro ficamos notando pequenos detalhes, como a pequena faixa branca do lado direito do dorso do filhote e a pele rosada com padrão de bolinhas, ao estilo dos dálmatas, aparecendo por baixo dos pelinhos bem brancos e finos da barriguinha. Quando finalmente devolvemos o rapazinho para o cercado, nossa vida e nosso investimento financeiro estavam definidos.

Voltei para casa ainda sentindo o cheirinho dele. Estava gravado na minha memória. Robusto. Ele parecia ser bastante robusto.

6
Chegando em casa

Ficamos as quatro semanas seguintes nos preparando para recebê-lo. A criadora nos deu toda a informação necessária, incluindo um artigo escrito por alguém que atendia pelo improvável nome de Winkie Mackay-Smith, para quem os jovens bull terriers eram "quase indistinguíveis de uma criança de 3 anos fantasiada de cachorro".

Eu ainda iria descobrir que Winkie tinha seus planos.

Instalamos grades para manter o filhote na cozinha enquanto o estivéssemos ensinando a viver numa casa. Os armários da cozinha foram inspecionados para garantir que estavam fechando com firmeza, impedindo assim que pudessem ser abertos por um focinho curioso. Já havia marcas de dentes de filhotes anteriores em duas cadeiras de madeira. Mais algumas marcas não seriam problema para mim.

Compramos uma grande caixa de plástico para ser sua casinha e a forramos com uma almofada estampada com ossinhos de cachorro. Diva achou que fosse para ela e prontamente se instalou. Isso podia ser delicado. A casinha dela, um modelo bem menor, estava no galinheiro para ser consertada e tinha se transformado num lugar confortável para a postura de ovos. Não iria mais voltar para casa. Compramos uma casinha nova para Diva, com uma almofada diferente. A cozinha estava começando a parecer um canil.

Comprar coisas para um filhote que vai chegar é como fazer compras para um bebê. Vimos uma coleira inacreditavelmente pequena estampada com desenhos de patinhas e uma longa guia, que combinava. Escovas novas, cortadores de unhas novos e novas tigelas para todos os cães foram encomendados. Diva nunca ligou muito para brinquedos, em grande parte porque Sheltie os roubava dela e os escondia. Agora, depois que enchi uma cesta de vime com brinquedos de borracha, descobria o prazer de brincar com as coisas. Não pude resistir a incluir um jacaré de borracha e um ursinho de pelúcia azul que fazia barulhinho quando era apertado.

O nome do filhote foi objeto de muita discussão. "Tyson" ficou na mira por algum tempo, mas o incidente da mordida na orelha de Evander Holyfield, protagonizado pelo ex-campeão dos pesos-pesados Mike Tyson, era uma lembrança muito recente. Decidimos evitar nomes de valentões, pois as raças que carregam o nome *bull* (touro) já tinham dificuldades suficientes com a má fama. Nosso filhote não era um gângster e não usaria uma coleira com pontas agudas que ficariam melhor num cão de batalha romano.

Pensamos em "Snoopy", mas não queríamos que nosso cachorro fosse confundido com um beagle, embora se dissesse que o cartunista Charles Schulz baseou o cachorro do Charlie Brown no filhote de bull terrier do jardineiro e num vira-lata branco e preto que teve quando criança. Se olharmos para o Snoopy, realmente faz sentido que não seja exatamente um beagle. É todo branco com orelhas negras caídas, como um filhote de bull terrier. O focinho arredondado de Snoopy, que se projeta sob miúdos olhos negros, não corresponde muito bem ao focinho reto dos beagles. Aliás, o focinho romano num beagle é considerado um defeito. Caramba, Schulz chegou a permitir que Snoopy revelasse suas origens caninas numa tirinha de dezembro de 1960, na qual o personagem declarou: "Não sou um maldito beagle." Porém, a mitologia segundo a qual o Snoopy é um beagle se consagrou, tanto nas tirinhas como no imaginário dos leitores.

Nosso cão precisava de um nome que transmitisse amizade e determinação, e também que tivesse um significado especial para nós. Quando jovem, Stephen estudou poesia e teve seu primeiro poema publicado, ainda com 18 anos, num jornal norte-americano. Em pouco tempo, descobriu que poetas altos e de cabelos negros, afeitos a pentâmetros, atraíam meninas e mais meninas, mas não ganhavam o suficiente para viver. Mesmo assim, sua enorme coleção de poesia refletia seu inabalável interesse. Poderíamos chamar o filhote de "Eliot", em homenagem a T. S.? Não, não soava como um nome adequado para um cão de fazenda. Eu gostava de "Whitman", mas para mim era mais adequado para um Airedale ou um schnauzer. "Longfellow" era, definitivamente, coisa para um dachshund. "Byron" era prepopente. "Ginsberg", longo demais. "Larkin" e "Lowell" não soavam como nomes de cachorro. Stephen conhecia Leonard Cohen e tinha escrito sobre ele, por isso "Lenny" foi eliminado da lista. Lembrei-me de versos de um dos poemas favoritos de Stephen, "O boneco de neve", de Wallace Stevens.

É preciso ter a cabeça invernal
Contemplar o gelo e os ramos
Dos pinheiros carregados de neve.

Stevens foi um mistério, um homem que levou duas vidas diferentes — numa, era o poeta ganhador do Prêmio Pulitzer, na outra, um ótimo advogado especializado em seguro empresarial e vice-presidente da Hartford Accident and Indemnity Company. Tinha uma história que Stephen gostava de contar sobre a multidão que se formou para o enterro de Stevens em 1955. Muita gente era do ramo empresarial, mas outros eram escritores e poetas. Num momento de maior tranquilidade, um dos homens de terno, ouvindo sem querer o comentário do boêmio que estava sentado ao seu lado, exclamou surpreso: "Wally, poeta? Você deve estar brincando."

Wallace Stevens certa vez observou que "o objetivo da poesia é contribuir para a felicidade do homem". Eu gostaria que a mesma coisa pudesse ser dita dos cães. Nos documentos de registro, nosso cão seria batizado em homenagem ao poeta, seguindo-se ao nome do canil da criadora um "Wallace Stevens". Carinhosamente, nós o chamávamos de Wally.

E chegou o grande dia de pegá-lo. Levamos Diva conosco, fazendo disso um evento de "família". Levei um cobertor, um travesseiro, brinquedos, biscoitos e até cubos de gelo para o caso de o filhote ficar com sede na estrada.

O Wally que vimos caberia num boné de beisebol. Em um mês, já estava do tamanho de uma cartola. O cercado dos filhotes parecia muito menor agora, e os agitados bichinhos pressionavam a grade, latindo quando nos viram. Não ficavam quietos um minuto, chocando-se, mordendo as orelhas e os rabinhos uns dos outros. Chamamos "Wally" e seu corpinho rajado se virou na nossa direção, mas sem deixar de pressionar a irmã branquinha que ele parecia querer sufocar no melhor estilo "lutador de sumô". Com quatro semanas, Wally cabia na palma da mão de Stephen, que era enorme, parecendo um bichinho de pelúcia; mas erguê-lo agora exigia os dois braços. Pusemos a coleira nele, e começou a ficar parecendo um verdadeiro protótipo de cachorro.

A criadora era exigente, e eu entendi a relutância dela em se desfazer de qualquer um daqueles preciosos filhotes. Sentamos num sofá e recebemos as últimas instruções. Wally devia tomar leite de cabra todo dia e iogurte misturado com papinha de bebê ou ração para cães. E gostava de banana.

Sabíamos que a criadora estava apreensiva com o fato de levarmos o filhote para ser criado numa casa onde outro cão reinara absoluto por tanto tempo. Isso tudo mudou quando ela viu Diva pela primeira vez e eu a fiz executar algumas manobras de obediência. Diva cheirou o filhote a seus pés. Wally lambeu o focinho dela. Quando fez a menção de descobrir se Diva tinha algum leite em sua barriga tão delgada, foi prontamente dissuadido. Os dois iam se entender. Deixamos a criadora com uma garrafa de leite de cabra nas mãos, um vidro de papinha de bebê sabor arroz com galinha e instruções para ligar caso tivéssemos qualquer pergunta.

No trajeto para casa, fiquei com Wally no colo, aconchegando-o em meu ombro até ele terminar de lamber minhas duas orelhas inteiras. Tentou meter a cabeça para fora da janela, mas o borrão de uma paisagem desconhecida passando tão rápido o fez mudar de ideia. No piso do carro, aos meus pés, ele se aninhou na almofada e caiu no sono por cinco minutos, quando acordou de repente ao pararmos num sinal vermelho. Então, escalou minhas pernas até chegar ao meu colo. Inspirei o hálito de filhotinho, e Wally começou a soluçar. Hic, pausa, hic, pausa. Ele não estava aflito, mas eu estava.

"Qual o problema? O que ele está fazendo?", Stephen perguntou enquanto parava o carro no acostamento.

Então, veio a inevitável acusação: "O que você fez com ele?"

Eu estava pensando a mesma coisa com meus botões. Stephen o pegou, as perninhas traseiras dando ligeiros espasmos em perfeita sincronia com cada soluço. Tentei dar um cubo de gelo para Wally mastigar, e a cabeça dele se inclinou para um lado naquele jeito que os cães têm de dizer: "Ficou maluca?" Cuspiu a pedra de gelo na camisa de Stephen e fiquei feliz por não estarmos em movimento, porque Wally não foi o único que deu um pulo no banco da frente.

Pusemos Wally novamente sobre a almofada no piso do carro e esperamos que voltasse a dormir e o soluço passasse, mas ele descobriu o ursinho que fazia barulho e começou a mastigá-lo, com os soluços fazendo o acompanhamento dos guinchos agudos que o brinquedo emitia. Quando isso terminou, quando só havia o som do soluço do filhote, peguei o urso e descobri que Wally o tinha estripado e estava prestes a saborear a laringe antes de engoli-la. Peguei-o rapidamente e enfiei os dedos em sua boca para retirar a pecinha do tamanho de um polegar que fora arrancada por Wally.

Estávamos com o cachorrinho havia apenas meia hora e ele já tinha tido soluço, dado início à destruição de bens e tentado se matar. O restante do trajeto até nossa casa transcorreu sem maiores incidentes dignos de nota. Difícil imaginar, mas um cachorrinho é capaz de roncar e soluçar ao mesmo tempo.

Assim que Wally foi colocado em seu próprio gramado, o soluço parou. Talvez tenha ficado intimidado com o galo Foghorn Leghorn que se aproximou todo altivo para inspecionar essa nova manchinha marrom no gramado e soltou um cacarejo capaz de trincar um ovo. Wally se encolheu todo e o encarou com espanto. Então, se ergueu cerca de trinta centímetros do chão como um demônio da tasmânia de desenho animado. Deu alguns rodopios e saiu em disparada a toda velocidade — correndo pelo quintal, fazendo curvas perigosamente fechadas ao redor das pernas das cadeiras e vasos decorativos por ali espalhados. Agachando-se diante do altivo galo, rolou de costas e patinou com as patinhas no ar.

Dentro de casa, Wally tinha de enfiar o nariz em todos os cantos da cozinha. Foi ótimo eu ter esterilizado o chão, porque tudo que o nariz dele investigou também podia ser lambido e ingerido.

A cabeça de um bull terrier funciona de um modo simples e possui certas regras, sendo a principal delas: "Se não é divertido, não vale a pena fazer." Entrar em sua casinha e se deitar não era divertido para Wally. Entrar na casinha e ficar correndo em círculos e batendo nas paredes até que a almofada ficasse parecendo um coque era divertido. Quando terminava de reinar na própria casinha, era hora de fazer o mesmo na de Diva. Simples.

A dominação do mundo era um conceito que atraiu Wally desde cedo. No mundo dele, se um brinquedo rolasse para debaixo de uma cadeira, a solução era arrastar a cadeira, à força, com o corpo inteiro se necessário. Não importava quem estivesse sentado nela.

Mas ele respeitava algumas coisas, como a própria comida. Quando sua tigela era colocada no chão, ele se aproximava quase timidamente, como um rapaz tímido que pretende pedir a namorada em casamento, avançando aos pouquinhos com a pontinha das patas. A primeira prova era acanhada — um selinho entre amantes. Daí em diante, não fazia prisioneiros. Wally não comia simplesmente sua ração; revestia seu focinho e as patas com ela. Como um órfão de Dickens, "comida, a gloriosa comida" tornou-se seu grito de guerra primordial.

Já tive outros cachorrinhos que choraram de noite nos primeiros dias depois de serem separados da ninhada. Quando fechei a porta da casinha de Wally, não ouvi nem um ganido, nem sequer um suspiro. Era como se ele tivesse sido catapultado para uma outra dimensão e não houvesse passado para lamentar.

Wally estava feliz por estar em casa.

7
Regras da casa

Não sei como pessoas que trabalham conseguem cuidar de filhotes. Não que escrever não conte como trabalho — só que permite que o cachorro esteja conosco no conforto do lar, que é também um escritório.

Treinar o animal para morar numa casa é a primeira ordem do dia quando se trata de um filhote de cachorro. Quando eu era criança, havia uma escola cruel de adestramento cuja recomendação era punir os erros esfregando o nariz do filhote na "coisa", ou batendo no focinho dele com um jornal enrolado, e gritando. Ninguém pensaria em fazer isso com um bebê, por isso nunca fez sentido para mim fazê-lo com um filhote de cachorro. Meu irmão, minha irmã e todos os bebês com os quais já convivi aprenderam a usar o banheiro mediante elogios e a noção da hora certa. A mesma premissa valia para Wally.

Filhotes de cachorro aprendem com a mãe que não devem sujar o lugar onde dormem, mas qualquer lugar fora desse solo sagrado é permitido. O segredo é estar por perto quando o filhote precisa evacuar e elogiar o comportamento desejado de forma tão efusiva que ele pense que reinventou o osso. É uma experiência natural de formação de laços na qual o dono observa o filhote atentamente e percebe quando um ganido, meneio de corpo ou farejada é sinal de evacuação iminente. Claro que falar é fácil, fazer é que são elas.

Na primeira semana, levantei da cama a intervalos de algumas horas durante a noite e fui ver se Wally precisava de alguma coisa. Os fazendeiros estão acostumados a estar de vigília nesses horários porque na época de nascimento dos cordeiros as ovelhas têm de ser acompanhadas para o caso de precisarem da ajuda de uma parteira. Não me incomodava. Era o início do outono, época em que a lua da colheita ilumina o céu como uma abóbora de Halloween, ótima para caminhar sobre a relva úmida com um cachorrinho. Normalmente, meus passos acordavam Wally antes que eu abrisse a casinha. Quando ele saía, não importava o quão estabanadamente, corria, primeiro, para sua caixa de brinquedos e pegava seu jacaré de borracha para levá-lo para fora. Sentia-me feliz por morar no campo, onde não tinha de me preocupar se incomodaria o sono dos vizinhos enquanto meu cachorrinho urinava e fazia seu jacaré guinchar.

Como todo filhote, sempre que estava acordado, Wally aprontava alguma. De dia, estava sempre a postos. Se caísse no sono, fosse o tempo que fosse, ficávamos aguardando o momento que ele acordaria para podermos levá-lo para fora. Quem estivesse mais próximo dizia "pra fora", pegava Wally e atravessava rapidamente o alpendre para colocá-lo sobre o verde da relva. Era surpreendentemente acanhado quando se tratava de evacuar na nossa frente, e preferia que, pelo menos, nos virássemos. Quem sabe por que alguns cães acabam tendo esse tipo de comportamento com relação à privacidade? Diva não tinha. Ainda me lembro com horror do dia de sol que ela escolheu para fazer um grande depósito perigosamente perto da beira da piscina de uma amiga à vista de todos os convidados de um almoço.

Pelo menos Wally nos dava algum sinal quando estava na hora de desviarmos o olhar. Antes de evacuar, o ânus dele se retrai e se projeta antes de acontecer qualquer coisa. Acabamos batizando esse prenúncio do que viria de "Bunda Piscante". Ao terminar, Wally cheira, anda em volta e retoma seus afazeres, dando todo o tempo do mundo para a devida coleta com um saquinho.

Acordar, evacuar, comer, evacuar, brincar, dormir, tornou-se a rotina de Wally. Em pouco tempo eu já conseguia dormir contando do noticiário das 23 horas até o jornal das 6 horas. A porta da casinha podia ficar aberta a noite inteira sem nenhum incidente dentro de casa, mas ainda não estávamos completamente livres.

A exemplo dos cães de caça, os bull terriers usam o nariz para interagir com o mundo, não tanto pelo cheiro, mas fuçando e revirando coisas. Se o focinho acaba encontrando algo que poderia caber na boca do bull terrier, o mais provável é que seja lambido e devorado. Os filhotes têm especialmente a tendência a ingerir qualquer coisa que surja na frente, mas sei de bull terriers que chegaram à meia-idade que já comeram de tudo, desde pedras a bolas de beisebol, resultando em cirurgias caras para salvar-lhes a vida. Alguns se tornam reincidentes, sofrendo várias cirurgias. Com isso, as incisões que vão do umbigo ao esterno acabam sendo chamadas de "zíper".

Quando permitíamos que Wally entrasse num quarto ou num escritório, era cuidadosamente vigiado. Eu queria reservar a palavra *não* para problemas de comportamento sérios, como roubo de comida e agressões contra gatos, por isso, quando o curioso malandrinho tentava abocanhar um livro numa estante mais baixa da biblioteca ou arrastar um peso de porta, eu fazia um "a-ah" alto e irritado para chamar a atenção dele para a traquinagem. Fios e tomadas eram "a-ah, perigo". Wally acabou aprendendo que se ouvisse essas palavras e parasse o que estava fazendo ganharia uma fantástica sessão de elogios e brincadeiras da pessoa que tinha emitido o aviso.

Porém, não havia o que o impedisse de fuçar as coisas. Eu tinha uma garrafa de plástico no celeiro que possuía um bico de "mamadeira" vermelho de borracha. Usava para dar de mamar aos cordeirinhos órfãos. Wally deve ter dado um salto de 1,20m para arrancá-lo da garrafa quando dei as costas a ele. Por sorte, saiu nas fezes. Esse foi o início de uma longa carreira como "O Oráculo daquilo que acaba saindo".

Coisas surpreendentes e constrangedoras passam por dentro dos cachorros. Um amigo contou — com todos os detalhes sórdidos — a aflição que sentiu quando um pé de meia desaparecido começou a botar a pontinha para fora do tubo digestivo de um Irish setter. O cão começou a se angustiar e o dono resolveu puxar suavemente a meia, que era feita de um náilon com extraordinário poder elástico. Só depois de tê-la retirado e guardado no saquinho de lixo se deu conta de que a operação transcorrera à vista de todos os desocupados da vizinhança. O mesmo pobre setter também costumava ingerir as calcinhas da namorada desse amigo e se mostrava um especialista na hora de desarrumar todos os tipos de cesto de roupa suja. Resignada, a mulher passou a comprar roupas íntimas baratas e frágeis que, ela esperava, fariam seu percurso por dentro do setter sem causar maiores incidentes. Quando o cão finalmente precisou de cirurgia para resolver seus problemas gastronômicos, um sutiã e uma meia-calça foram encontrados entre diversas meias e outras peças íntimas.

Linhas, barbantes, elásticos e fio dental são coisas comuns para um cachorro engolir. Basta uma única volta ou curva errada no trato intestinal e o animal pode correr sério risco. O zinco, que é encontrado em tudo, desde moedinhas até distintivos de polícia, também pode provocar coisas pavorosas, como anemia hemolítica, que destrói os glóbulos vermelhos do sangue. Pergunte a qualquer veterinário e ouvirá histórias tétricas e nojentas sobre objetos que foram retirados das tripas de cães. Uma pesquisa sobre as desculpas que os empregados davam para chegarem atrasados certa vez revelou que botar a culpa no cachorro só perdia para botar a culpa nas crianças. A maioria das desculpas era esfarrapada e inventada, mas, quando um empregado dizia que tinha chegado atrasado porque o cachorro havia engolido as chaves do carro, muitas vezes era verdade.

Não se pode bobear com nada que os cachorros possam ingerir. A filha de uma amiga entrou correndo e gritando em casa quando o Bouvier da família evacuou a cabeça de uma Barbie. Outra amiga recuperou um relógio perdido, ainda funcionando.

Diva dava o exemplo para Wally. Aonde ela fosse, Wally ia atrás. A mais velha tolerava as brincadeiras mais estabanadas, mas botava Wally em seu devido lugar quando ia longe demais. Sua brincadeira favorita era ir por debaixo dela e fazê-la de tenda, enquanto lhe mordia as pernas da frente.

Para dizer a verdade, Wally mordia qualquer coisa que conseguisse abocanhar e que não pudesse engolir. Cravava seus dentes afiados de cachorrinho como a sanha de uma piranha faminta. Mais de uma mangueira de borracha se converteu num sprinkler, e o pneu do carrinho de mão estava sempre furado. Ele abria armários, e encontrou um par de saltos altos históricos que eu tinha, reduzindo-os a palitos de dente. Meus óculos deixados sobre a mesinha da sala chamavam sua atenção. Ele os estava mordiscando de leve quando o vi. Assim que falei bem alto "largue", sua boca fechou lentamente, abrindo um perfeito furo com formato de dentinho de cachorro nas lentes de grau. Sua carinha era o arquétipo da inocência.

A destrutividade de Wally não chegava nem perto das histórias que ouvi a respeito de bull terriers que eram verdadeiros arquitetos da devastação. Há donos de bull terriers que perdem telas de porta com frequência porque os cães simplesmente passam voando através delas. Alguns gostam de saltar sobre as camas e ficar batendo e voltando com as patas na cabeceira. Carros são alvos corriqueiros. Conheço pessoas que viram os cintos de segurança de vans de oito lugares reduzidos a frangalhos. Cadeirinhas de bebê para automóveis já foram dizimadas, mapas destroçados. Marmanjos choram quando a alavanca de câmbio do Porsche é encontrada toda mastigada e fora da posição em que deveria estar. Qualquer bichinho de pelúcia com a cabeça articulada que seja esquecido sobre o tampo do porta-mala já era.

Wally também gostava de me morder. Se eu fosse um cachorrinho, teria mordido ele de volta, para saber como é a sensação. Em vez disso, fiz que soubesse que aquilo doía soltando um sonoro "ai", retirando cuidadosamente meu dedo, pulso ou tornozelo e pondo um brinquedo de borracha resistente, próprio para ser mordido, como substituto. Eu lhe dava sua ração com a mão para ele aprender que pegar as coisas com delicadeza tinha suas recompensas. Minha recompensa veio quando ele se esparramou todo contente sobre meu ombro e arrotou no meu ouvido.

Eu lançava mão de cada técnica e truque que sabia para tornar mais fácil a adaptação de Wally à nossa casa. Se ele fizesse algo errado, eu pegava um jornal enrolado e batia em minha própria cabeça, cantando "Eu não estava tomando conta de Wally. Eu não estava tomando conta de Wally". Ele exigia mais dedicação que outros filhotes e cães adultos porque possuía a intensidade própria dos terriers, que parece proporcional à densidade do crânio. Se eu quisesse realmente chamar a atenção dele para um comportamento problemático, bastava ignorá-lo. Nada atrai mais a atenção de um bull terrier do que ser ignorado.

Quando ele entendeu as regras da casa, decidimos que estava na hora de Wally ver mais do mundo.

8

Filhote a caminho

Era o outono de 1997 e meu quarto livro tinha acabado de ser publicado. Estávamos em Ottawa, Ontário, capital do Canadá, onde iria participar de um evento literário na Biblioteca Nacional. Anúncios turísticos do *New York Times* descreviam Ottawa como "um toque de Londres, com uma pitada de Paris". Como tantas outras coisas de origem canadense, não é uma cidade suficientemente autoconfiante para contentar-se em ser apenas ela mesma. Vive cheia de funcionários públicos em cadeiras de rodinhas, que administram o país enquanto os políticos se vangloriam e aproveitam sua vida social. Na condição de fazendeira, eu tinha uma compreensão inata de Ottawa. Trata-se do lugar onde o país inteiro é tosqueado.

Naquele tempo, rodávamos o mundo num Ford Bronco inteiramente preto. Tinha pneus enormes, o que fazia do ato de entrar e sair dele um exercício similar a montar e desmontar de um cavalo, sobretudo para uma mulher pequena como eu. Um ou dois cães, não fazia muita diferença, o Bronco vivia cheio até o teto. Sempre viajávamos com tudo que imaginávamos ser necessário — e mais —, incluindo a comida numa geladeira própria.

Anos antes, quando Mingus ainda estava entre nós, fizemos uma excursão para um lago pesqueiro distante, ao norte. Passava um pouco do anoitecer quando perdemos o controle do carro na pista de cascalho solto e capotamos ao bater numa vala. Ficamos pendurados pelo cinto de segurança como paraquedistas enganchados numa árvore. O para-brisa tinha se estilhaçado em mil pedacinhos, que salpicavam o piso da picape aos nossos pés.

Analisamos nossa integridade física e verificamos que nossos membros estavam intactos e com os movimentos normais. Nenhum dos dois sentia nenhuma dor. Livrei-me do cinto de segurança e consegui, com algum esforço, abrir a porta. Stephen conseguiu encontrar um canivete no bolso de trás e começou a soltar-se, cortando o cinto.

Imediatamente, lembramos de Mingus e chamamos por ele em voz alta. Sons de arranhões e batidas vinham do banco traseiro. Uma vez livre, usei uma lanterninha-chaveiro para encontrá-lo atrás do banco do motorista no teto transformado em piso, coberto com seu colchonete de cachorro e um monte de varas de pesca. Estava assustado depois de ter sido atingido pelas caixinhas de som portáteis que tinham se soltado, mas, fora isso, estava bem. Vasilhas cheias de comida tinham perdido a tampa, e metade de uma caixa de vinho tinha se espatifado. Tirei Mingus do carro e o estava cobrindo com uma manta quando Stephen conseguiu escancarar a porta da picape e começou a se arrastar em minha direção.

— Estou ferido, Marsh, acho que me feri gravemente — ele gemeu, caindo sentado, como se estivesse ferido mortalmente. — Você tem de olhar.

Congelei. Apesar da escuridão, consegui encontrar uma lanterna de verdade.

— Oh, meu Deus, foi na cabeça. Olha na cabeça. Acho que atingiu o cérebro.

Quando pus a luz sobre ele, percebi de imediato que o conteúdo de um pote de salada caíra em cima dele. Havia salada Caesar em sua cabeça; o cérebro tinha sido poupado, ao que tudo indicava.

A única pessoa que vimos durante horas foi um caminhoneiro local indo para o norte. Ele parou, achou que estávamos todos bem e pediu um guincho pelo rádio. Meia-noite, a polícia chegou também. Eles nos encontraram acampados, o cachorro dormindo, ouvindo nossos walkmans, cercados por pequenas velas decorativas. Eu tinha improvisado um *prosciutto* com brie numa baguete para não morrermos de fome. Os travesseiros de penas se mostraram muito úteis por cima dos pedregulhos.

Quando a polícia jogou suas poderosas luzes sobre o interior da caminhonete para que pudéssemos encontrar roupas limpas e alguns brinquedos do cão para levá-los para um hotel de beira de estrada até a manhã do dia seguinte, ficaram impressionados com a quantidade de coisas que estávamos levando para um passeio de cinco dias cujo mote era a pesca. Tínhamos inúmeros tipos de varas de pescar e outros apetrechos que podiam ser usados para pegar qualquer coisa, desde um peixe-lua de 12 centímetros até um muskellunge de trinta quilos. Havia malas cheias de roupas, desde calças compridas até shorts, porque nunca se sabe como vai ficar o tempo.

Stephen gosta de um martíni de vez em quando, por isso empacotei um copo apropriado e uma coqueteleira. Pela forma como o policial segurou o copo de martíni, parecia que estava pronto para ser bebido. Então, encontrou a *pièce de résistance* — um *shot glass*.

— Vocês estão planejando se embrenhar no mato e trazem um *shot glass*? — exclamou, balançando a cabeça.

Anos depois, o porteiro do Westin Hotel, em Ottawa, estampou a mesma expressão no rosto quando paramos o carro naquela bela manhã de novembro com Wally e Diva num Bronco lotado. O nome do porteiro era Ivan, e ele percebeu de imediato que havia algo de inusitado. Enquanto enchia os carrinhos de bagagem, concentrava a atenção em Wally, então com três meses.

— Esse é um cão de briga — disse, num sotaque carregado que denunciava suas origens bálticas.

Nessa época, Wally tinha praticamente a altura de uma garrafa de leite, e suas orelhas flexíveis estavam começando a se firmar na vertical como as de um bull terrier adulto. Depois de uma longa viagem de carro, eu estava mais interessada num banho quente do que numa discussão, mas os cães vinham em primeiro lugar. Os olhos negros de Ivan nos seguiram enquanto atravessávamos a rua com Diva e Wally e os levávamos para um parque que acompanha todo o canal artificial que atravessa a cidade. Os dois cães esticaram as pernas e as guias, enquanto os esquilos buscavam o refúgio das árvores, queixando-se com guinchos.

— Vai ser um cão muito forte — disse Ivan com um tom malicioso, enquanto mantinha aberta a porta do hotel para nós.

Em minha opinião, os melhores hotéis aceitam animais de estimação e tomam providências para acomodá-los e também a seus donos sem relegá-los a cômodos piores ou espaços que mais parecem um closet, mas ao preço de um quarto completo. O Westin se mostrou à altura. Recebemos uma linda suíte no 18º andar, com janelas que iam do chão ao teto, davam para o canal e descortinavam a cidade. Os dois cães se encaminharam imediatamente para a janela, olhando para o vazio à sua frente. Fico pensando se tinham algum senso de altura ou se faziam ideia de como haviam chegado tão alto. Diva era uma viajante bastante experiente em elevadores, mas isso não significava nada em termos de entendimento. A primeira viagem de elevador de Wally transcorreu sem incidentes dignos de nota, nos braços de Stephen. O "pequeno recinto que se move" não foi problema para ele, embora eu já tenha visto alguns cães entrarem em pânico quando as portas começam a se fechar e outros que precisam de um empurrãozinho para fazê-los entrar.

Wally inspecionou o quarto de hotel farejando-o em primeiro lugar. Observou que tudo estava diferente da casa em que ele morava, incluindo as cortinas, que iam até o chão, e um espelho que refletia sua imagem. Olhou para si mesmo, olhou novamente, manifestando apenas um leve interesse e preferindo ir assediar Diva. No início da noite, nós os levamos para um longo passeio margeando o canal antes de irmos para o evento na Biblioteca Nacional. Parecia um pouco com Paris, com seus bordos vermelhos.

Não me importo de subir em um palco e falar ou ler algo para uma plateia. As pessoas que frequentam esses eventos tomaram a decisão de investir seu tempo na crença segundo a qual irão se divertir e aprender algo, por isso o autor já tem uma vantagem. Tudo que precisamos fazer é evitar que as palavras fiquem cansativas. Gosto de transformar a coisa toda numa espécie de performance, e tento me divertir um pouco. Pelo menos, sei que consigo abrir a boca e falar.

Quando criança, eu tinha a língua presa. Com 6 anos, meus pais me levaram a uma fonoaudióloga inglesa extremamente estressada. Depois de dois anos declamando em voz alta a poesia medíocre de Walter de la Mare e de intermináveis exercícios que me traumatizaram fazendo-me acreditar que minha língua era uma "salsicha de carne", fui posta diante de um examinador proveniente do Departamento de Fala e Teatro da Trinity College, de Londres. Tratava-se de um sujeito magro e simples que parecia nunca ter sido criança e provavelmente detestava com todas as forças aquela situação. Eu estava decidida a dobrá-lo. Num tom firme mas melodioso, recitei o levemente memorável "The Little Green Orchard", de Walter de la Mare. Esse poema descreve o cenário em que um pomar aparentemente vazio dá a constante impressão de ter alguma outra presença que não a do zunido das abelhas e do crocito de aves negras.

> Alguém está esperando, sentado ali,
> No pequeno pomar verdejante (...)

Devo dizer que acho esse poema verdadeiramente assustador. Conheço professores que o utilizaram em atividades do Halloween. Seja como for, meu examinador adorou, incluindo o gesto da mão na boca que fiz ao sussurrar e a mão em concha no ouvido quando estava "escutando". Em seguida, fiz uma leitura do capítulo do livro de Anna Sewell, narrado por um cavalo, *Black Beauty*, no qual o velho e alquebrado Beauty conhece seu ainda mais alquebrado amigo Ginger num estábulo de charretes de Londres, longe das pastagens verdes de sua juventude. Trata-se de uma cena franca, na qual Ginger deseja morrer e consegue o que quer. Pus toda a minha alma na leitura e quase cheguei aos prantos. Mais tarde, recebi uma medalha de bronze por meus esforços e fui convidada para me apresentar numa espécie de evento de declamação. Depois disso, ninguém mais conseguia me fazer ficar sentada ou calada, e finalmente consegui repetir o trava-línguas "seashells by the seashore" cinco vezes, com o sibilo correto.

Diverti-me muito me "apresentando" na biblioteca, e voltamos para casa para ver o que os cães tinham aprontado.

Wally roncava calmamente em sua caixa, enquanto Diva mantinha-se de orelhas atentas para o nosso retorno. O serviço de quarto não falou nada sobre eles.

Na manhã seguinte bem cedo levei os cães para fora, alimentei-os e voltei para a cama. Wally exigiu atenção novamente às 8h30, e Stephen concordou em revezar comigo. Vestiu seu moletom negro e folgado, um casaco de couro preto, estilo motoqueiro, e finalizou o paramento com uma echarpe preta e óculos Jean Paul Gaultier que mais pareciam saídos de um filme futurista. Sorri e disse-lhe para escovar o cabelo antes de sair.

Stephen percebeu que havia algo de estranho quando estava descendo no elevador. Homens de terno entraram aos borbotões até ficarem todos espremidos como tocos de lenha. Wally ficou espremido contra o ombro de Stephen, lambendo toda orelha que podia alcançar. No saguão, os executivos se misturavam, fechavam a conta dos quartos ou procuravam o salão de conferências. Algum encontro de cúpula do governo estava sendo realizado no hotel. Seguranças e guarda-costas perambulavam pelo saguão. De repente, lá estava aquele sujeito vestido de preto, com gel no cabelo, segurando algo peludo na altura do peito e anunciando "filhote a caminho".

Os ternos abriram caminho, sem acreditar no que viam, mas obedecendo ao comando, e Stephen atravessou todo o saguão como se estivesse a caminho de um touchdown no Super Bowl. Ivan abriu a porta e Stephen e Wally ganharam a calçada e, em seguida, o parque. Quando se mora numa fazenda em perfeito isolamento por algum tempo, é fácil esquecer que uma enorme parcela da população se "veste" para ir trabalhar e se desloca em massa durante horários específicos do dia. Um Stephen abalado me ligou da beira do canal pedindo que me juntasse a ele e Wally para o passeio até que o lobby ficasse desimpedido e parecesse seguro retornar.

Ivan estava esperando por nós.

— Que cachorro é esse? — perguntou, e disse a ele que Wally era um bull terrier, cão originalmente criado na Inglaterra.

— Sim, sim — respondeu —, é um cão de luta.

— Não, não — dissemos nós. — É um filhote que vive numa fazenda.

Deixamos Ivan segurar Wally em seus braços enormes. Como sempre, Wally começou a tentar escalar pelo peito, procurando as orelhas de Ivan.

— Está vendo, está querendo me devorar — disse o porteiro. Suas grossas sobrancelhas se arquearam como um camundongo, e tive a impressão de que estava pensando alguma coisa.

— Vou lhes dizer o que têm de fazer com esse cachorro — disse, passando Wally para debaixo de um de seus braços e apoiando o queixo do filhote com um dos dedos. — Uma vez por ano, sem motivo nenhum, vocês têm que pegar esse cachorro e dar uma surra nele.

Sem nenhuma sutileza, Stephen tomou Wally do porteiro.

— Não, não. Não é nenhuma maldade — Ivan reagiu, bastante sério. — É só que um cachorro como esse precisa apanhar para saber quem é quem.

Ficou evidente que mudar a opinião de Ivan sobre o assunto seria o equivalente a convencer um vegetariano a comer bacon. Mas cheguei a pensar em como seria dar uma surra em Ivan. Depois de fechar a conta no hotel, levei os cães para um último passeio no parque. "Ivan, o Terrível" — como tínhamos passado a chamá-lo — abriu a porta da picape para eles. Diva pulou graciosamente para dentro, mas as patas de Wally mal tocavam o estribo lateral. Fui ajudá-lo a subir, mas não resisti e deixei que, antes, se aliviasse na bota de Ivan.

Wally, o Cão Fantástico, tinha se manifestado.

9
Cão, gato e sapato

A lenta chegada do inverno na fazenda traz um monte de novidades, desde a instalação de proteção contra tempestades nas janelas até o recolhimento das mangueiras do jardim. Verificamos as portas dos celeiros para termos certeza de que aguentarão firme os ventos que passam uivando. Substitui-se as lâmpadas incandescentes acima das bombas-d'água e as teias de aranha que se formaram durante o verão são espanadas do teto. Preparo o jardim para a estação, deixando talos de girassol com as enormes sementes para os gaios devorarem. Inverno já instalado, nós os vemos em constante espera contra a silhueta recortada da floresta ressequida, sentinelas niveais das lembranças do verão quando mais se precisa delas.

Desde o princípio, sabíamos que Wally adorava tudo que fosse redondo. Venerava bolas. Como os gatos que viviam no celeiro e escutavam o menor ruído de grandes distâncias e vinham correndo para receber a ração, os ouvidos de Wally viviam atentos para o *tlec* que acompanha a abertura de um tubo novinho de bolas de tênis.

Qualquer coisa redonda que se movesse o encantava. Possuía toda uma coleção, incluindo várias bolas de futebol em diversos estágios de murchidão. Limitar-se a correr e pular sobre elas não era suficiente. Ele gostava de jogar um tipo próprio de futebol, usando as patas para guiar a bola ou cabeceá-la quando a jogávamos em sua direção. Muitos encanadores ou entregadores da FedEx paravam seus cronômetros para observar Wally conduzir a bola no gramado da frente. Em pouco tempo, os espectadores se envolviam na partida, cativados por aquela versão canina de Pelé. Não cansava nunca de perseguir a bola, era preciso que alguém a tirasse dele.

Todos os brinquedos ficavam numa caixa bem além de seu alcance, acima do chão. Se alguém um dia fizesse um levantamento completo sobre segurança canina, imagino que mostraria que o número de lesões graves é maior em acidentes envolvendo brinquedos de cães em vez de mordidas. Um quase escorregão numa bola de tênis toda babada ou num osso sintético mastigado é uma terrível advertência do que pode acontecer.

Objetos redondos ou rolantes de qualquer material atraíam Wally. Quando um vizinho trouxe uma carroça de grandes fardos redondos de feno, Wally ficou indócil. Tentou imediatamente subir num deles, e conseguiu, atingindo o topo como um lagarto numa duna. Nos pastos, os cordeiros brincam de rei da montanha na pilha de estrume. Exatamente como um deles, Wally postou-se, de peito estufado, no cume do fardo de feno. Para sua alegria, descobriu uma cobra morta que havia sido esmagada pela corda da enfardadeira. Mexeu nela, puxou daqui e dali, jogando-a para o alto e pisando nela para se certificar de que não havia a menor chance de estar viva. Então rolou em cima dela para esticá-la, arrastando as costas para um lado e para outro, com as patas apontadas para o sol do meio-dia.

Stephen e eu empurramos os 12 fardos da rua para uma área próxima, onde ficariam protegidos e também acessíveis durante o inverno. Tratando-se de exercício, esse equivale a levantar, aproximadamente, 225 quilos, embora, quando o fardo começa a rolar, é somente uma questão de manter a cinética para passar pelos calombos e remendos. Eu estava usando uma blusa quadriculada de preto e vermelho, mas Wally parecia mais com um lenhador. Ao rolarmos os fardos, ele os equilibrava em cima, avançando para a frente quando possível e freando quando os fardos moviam-se rápido demais. Ele era um alvo de estudo em equilíbrio e concentração, as patas movendo-se constantemente, apesar de esmagar formigas.

Filhotinhos cansados são filhotinhos felizes, e os exercícios mantiveram Wally entretido e longe de ferimentos. Ele era curioso com tudo na fazenda, e bastante destemido. Andei com ele na guia pelo pasto das ovelhas, e ele mostrou mais interesse no que saía delas do que nos animais em si. Ele se aproximava de algumas ovelhas, mas, assim que chegava mais perto, elas iam embora ou o pisoteavam.

Os carneiros seriam outro problema. Quando Mingus era filhote, um carneiro velho com os chifres duros chamado Jedi correu atrás dele, imprensando-o contra a cerca de ferro. O lado esquerdo do corpo de Mingus ficou achatado durante um mês, até que suas costelas juvenis voltaram ao normal.

Tive de abrir um espaço extra no pasto quando Jedi controlava o rebanho. Esse carneiro era tão insano que carregava a cerca e se jogava para fora. Uma vez, Jedi atingiu um vizinho muito solícito que se agachara para pegar algo do chão. O carneiro lançou-o para cima e o jogou em um curral escuro. Isso tudo aconteceu em uma cena em câmera lenta, daquelas que deixa o observador impotente diante do ocorrido. O novo carneiro era mais apresentável, mas eu o mantive preso até que Wally fizesse amizade com todo o rebanho.

Os cavalos só interagiam uns com os outros. Nada sobre nenhum cachorro que tivemos chamou a atenção deles, e Wally não foi exceção. Da parte dele, Wally gostava de vê-los comendo. Ver os cavalos mastigando, aquelas grandes bochechas redondas se mexendo, encantava Wally. Mas, quando uma égua espirrava, Wally recuava. Ele cheirou um cocho de grãos apenas uma vez, quando tomou uma bela de uma lambida de um cavalo. Finalmente, ele manteve distância, o que foi um alívio.

Outras criaturas, entretanto, conseguiram a atenção de Wally, trazendo à tona o *terrier* existente dentro dele. Esquilos de diversas espécies que se preparavam para o inverno tiveram de se acostumar com a criatura malhada que observava cada movimento que faziam. A velocidade e a capacidade de escalar deles frustravam Wally. Uma vez, um esquilo escondeu-se cuidadosamente em uma pilha de pequenos fardos de capim. Abrindo uma espécie de túnel entre eles, Wally causou uma reação em cadeia, fazendo com que um fardo caísse após o outro, desfazendo toda a pilha.

O esquilo já estava muito longe quando encontrei Wally sentado na pilha de capim, com quase tudo frouxo e espalhado, sem a corda que os amarrava. Ele estava ofegante e todo sujo, mas tão feliz que rolou em cima do capim esfregando as costas, até que escorregou pela palha e aterrissou sentado.

Nosso antigo gato, Webster, tinha um reinado bastante conhecido na população de roedores, embora Wally, de vez em quando, surpreendesse um rato na grama. Eu não queria que ele se metesse com ratos, mas eles vêm dos campos no inverno para contaminar o trigo. Aos 18 anos, Webster estava ficando velho, e eu achei que ele não tinha mais idade para caçar os ratos naquele ano.

Cães da raça bull terrier são, supostamente, bons caçadores de ratos. Apesar do instinto natural dos terrier de cavar procurando sua presa, essa raça, durante o período vitoriano, era, por vezes, incitada contra ratos como forma de apostas e diversão após a aprovação do Ato Humanitário de 1835 pelo Parlamento britânico, o qual proibia o uso de cachorros para o "esporte" de atrair touros, ursos e outros animais de grande porte.

Tipos estranhos de homens chamados "toshers" — pense em Bill Sikes, o assassino no livro *Oliver Twist*, de Charles Dickens, que tinha um bull terrier chamado Olhos de Touro — frequentavam o sistema de esgoto fétido e infestado de doenças de Londres para apanhar os ratos solicitados. Precisava-se de cem ratos para cada luta. Crônicas e livros desse período dizem que um recorde mundial foi conquistado por um bull terrier chamado Jacko, que matou sessenta ratos em menos de três minutos em 1862. Isso deve ter sido antes do bull terrier tornar-se um "companheiro do homem".

Considerei adquirir outro gato.

Marmotas são outra epidemia numa fazenda, adentrando campos através de túneis subterrâneos e infiltrando-se em jardins para comer brócolis e qualquer outra coisa que satisfaça seu gosto requintado. Um tombo em um buraco de marmota pode quebrar a perna de um cavalo. Eu não gosto dos animais sujos, sinceramente, e fiz de tudo para encorajá-los a invadir outros terrenos que não os meus.

Armas são outra coisa que eu poderia viver sem, e eu costumava ter um medo incrível delas. Porém, se a diferença entre um cavalo palomino alegre e galopante e um morto é uma marmota cavadora de buracos e comedora de brócolis, um projétil de 16 centavos me proporciona um caminho livre para uma ação correta. Stephen fez da caçada às marmotas um hobby, e eliminá-las foi uma das razões pelas quais eu fiz um curso em segurança com armas e educação do caçador.

Sem saber a diferença entre uma espingarda de caça e um rifle, Wally caçou sua primeira marmota quando tinha uns 3 meses e meio de vida. Eu estava no celeiro quando ele chegou pelo lado em direção à porta com o animal na boca. Era uma marmota enorme e gorda, pronta para hibernar em seu buraco asqueroso, e Wally teve de puxá-la com força, pois os dois tinham quase o mesmo peso.

A cara de Wally era de cautela. Ele havia aprontado e tinha certeza disso. Ele fez uma coisa que soava correta para ele, e abanou o rabo em círculos. Agora tinha algo para mostrar, mas não tinha certeza de como eu reagiria. Ele sacudiu as orelhas e enrugou a testa, até que eu dissesse a ele que estava tudo bem e que ele podia soltar o bicho.

Todos os cachorros na fazenda, até a delicada Diva, tiveram um episódio com marmotas e outros animais pequenos, como gambás, ratos silvestres, guaxinins e — sempre com resultados desastrosos — porcos-espinho. Os caninos possuem um instinto predador natural, assim como os cavalos têm um instinto voador natural. Ambos são inevitáveis e tornam-se responsabilidade do dono controlá-los. No caso de Wally, quando fora da propriedade, ele usa guia, pois para seu olho triangular muitos cachorrinhos com o pelo macio lembram uma marmota.

Wally não estava na coleira em um dia no início do inverno, quando estávamos colocando as compras do supermercado na mala do carro, e decidiu escapulir da mala e lançar-se no meio do tráfego do estacionamento do supermercado. Cachorros tentam cometer suicídio das maneiras mais inusitadas e sem nenhuma motivação reconhecível. Stephen conseguiu alcançá-lo no ar e evitar a fuga, agarrando a única coisa disponível no momento — o rabo de Wally. É uma surpresa que o latido que se seguiu não tenha esburacado o asfalto. Espantado, Stephen segurou Wally nos braços, e eu achei que os dois fossem desmoronar num pranto mútuo.

Levamos Wally para casa e checamos seu rabo. Estava ali, mas não estava balançando. Stephen havia agarrado Wally próximo ao traseiro, e seu rabo havia levantado e depois ficado mole. Levei uma bolsa de gelo para lá enquanto Stephen ligava para o veterinário. Faltavam cinco minutos para a clínica fechar na sexta à tarde. Sim, nós podíamos levar Wally até lá.

O veterinário que viu Wally pela primeira vez foi um sujeito musculoso com uma barba preta espessa e uma careca que os cães amavam lamber. A prática da profissão era limitada devido à asma e às alergias a pelos de cachorro e gato, mas bastava ele ter alguns animais pequenos para cuidar quando não estava empregado pelo governo, assegurando a segurança dos alimentos ao inspecionar instalações de tratamento de carne. Ele adorava bull terrier e sempre quis ter um.

Nós havíamos levado Wally para um check-up nesse mesmo veterinário um dia depois de o levarmos para casa pela primeira vez. Ele deixou o filhote polir o topo de sua cabeça e colocar as patas em sua barba, rindo o tempo todo e parando vez ou outra para examiná-lo. Ouvir o coração de Wally gerou um olhar preocupado, seguido de um longo silêncio, que nos fez prender tanto a respiração que podíamos sentir nosso próprio batimento. Ele ouviu um murmúrio no coração — do tamanho de uma noz — de Wally. "Foi um barulho fraquinho", ele disse. Algum tempo depois, ao examiná-lo mais velho, obtivemos uma avaliação mais precisa. Às vezes, esses barulhos somem quando os filhotes viram adultos; com maior frequência, eles permanecem e podem ficar piores.

Tínhamos a opção de levar Wally de volta para seu criador — talvez trocá-lo pelo outro filhote macho ou pedir um reembolso. Nenhuma dessas opções era viável. Em menos de 48 horas éramos escravos do filhote. O veterinário de Wally compreendeu perfeitamente. Ele sacudiu seu queixo para tirar as patas de Wally de sua barba. "Ele vai partir seus corações um dia. Esse aí vai", ele falou. "Então, aproveitem cada dia com ele."

Agora, o resto de Wally, literalmente, está deitado, fraco, na mesa de exames. O inchaço não estava tão ruim, mas doía quando encostávamos. Wally permaneceu firme para um rudimentar raio X. Nós esperamos, aflitos e paralisados, enquanto Wally enrolava-se em uma manta e tentava mastigar a cabeça de um Garfield de pelúcia.

O rabo não estava quebrado, mas algumas vértebras estavam levemente desalinhadas, mostrando sinais de danos nos tecidos macios. A solução era levar Wally para casa e tentar mantê-lo "quieto". Com uma tarefa impossível em mãos, deixamos a clínica veterinária completamente aliviados.

Duas semanas depois o rabo estava abanando a mil por hora. Havia uma pequena curva nele quando Wally ficava cansado, mas somente um olhar experiente e culpado poderia ver. O rabo de Wally sarou.

O conto de Stephen estava apenas começando.

10
Um presente de Natal excêntrico

Quando Stephen decidiu largar o bem-remunerado campo da publicidade e escrever um livro, nosso mundo saiu dos eixos. No final das contas, ele se desfez do apartamento na cidade quando os preços do aluguel subiram e não conseguimos locatários como havíamos planejado. De repente, eu tinha quadros e móveis lindos para acomodar na antiga fazenda.

O grande barco também foi levado pela correnteza, mas nada pode apagar a memória daqueles que pescam os peixes grandes. Era o corte natural de um estilo de vida expansivo e caro, em função de facilitar um novo começo. Eu praticamente tive de arrastar Stephen de volta para a fazenda para convencê-lo disso.

A fazenda raramente fechava o mês com as contas pagas. Era muito mais um hobby do que um empreendimento. Eu fazia um programa de rádio contando histórias da vida na fazenda. Durante algum tempo, eu até tive um programa na tevê aberta, no qual vestia um macacão e prendia o cabelo num rabo de cavalo, dando opiniões sobre questões rurais, tais como "As ovelhas se apaixonam?". Contava histórias sobre minha vida na fazenda para amigos da cidade, e Stephen me convenceu a adaptá-las para colunas de jornais e para jornais semanais de cidades pequenas. E, então, uma fundação me pediu para escrever crônicas de publicação semanal. Entre essa função e controlar o rebanho, eu me ocupei em dois campos não lucrativos relativamente essenciais: escrever e gerir uma fazenda. Com a ajuda de Stephen, consegui contratos de livros com a compilação de minhas colunas. Um desses livros ganhou um prestigiado prêmio literário de humor. Aos 40 anos, eu tinha uma nova carreira.

Assim como a revista que Stephen havia escrito antes, seu livro era de não ficção. Ele não tinha ideia do alcance do projeto nem aonde, exatamente, chegaríamos quando ele focou numa série de artigos de jornal sobre a prisão de um conhecido estuprador/assassino na região de Niagara Falls, no inverno de 1993. O acusado, Paul Bernardo, era um jovem contador com cabelos cor de areia e rosto de menino, que vivia num bairro rico com sua jovem e atraente esposa, uma garota local chamada Karla Homolka, com quem tinha se casado recentemente.

O que chamou a atenção de Stephen, e o que provaria ser o turbilhão infernal da história, foi a pergunta "O que a esposa estava fazendo enquanto seu marido supostamente estuprava e matava?". Essa foi a essência de suas propostas para diversas editoras. Em uma semana, ele tinha um contrato de um livro. Seu instinto se mostrou, precisa e assustadoramente, correto sobre a mulher-fantasma no caso.

Pouco depois da prisão do marido, Karla Homolka confessou sua culpa nos crimes, que envolviam desde agressões sexuais a sequestros e assassinatos. Um acordo judicial foi rapidamente negociado em troca de sua cooperação. O julgamento dela aconteceu em um dia úmido do mês de julho, em um tribunal a minutos do centro de Falls. O juiz barrou a imprensa americana da sala de audiência, temendo que os jornalistas não obedecessem ao sigilo de informação para proteger os direitos legais de seu marido. Isso só serviu para aumentar os rumores. Tudo sobre o julgamento — desde o clima até o relato dos fatos — foi incendiário. No final, três adolescentes haviam sido mortas pela impassível loura.

Os promotores apresentaram Karla Homolka como mais uma vítima de seu marido sadomasoquista, apesar de ela ter alguma culpa. Psiquiatras a classificaram como uma mulher violentada, que sofria de estresse pós-traumático, e depois usaram esse diagnóstico duvidoso como desculpa para seu inexplicável comportamento assassino.

Um controverso pedido de acordo encontrou Karla Homolka indiferente, acusada de dois homicídios, com uma grande chance de ser condenada a, no mínimo, 12 anos de prisão. Logo antes de bater o martelo o juiz impôs um sigilo integral de todos os detalhes dos crimes e da participação de Karla neles.

Alguns meses depois, o *Washington Post* conseguiu a quebra de sigilo, e alguns dos rumores mostraram-se verdadeiros. Não havia dúvidas para confundir a cabeça do júri do casal Bernardo. Eles haviam filmado horas cruéis de seus crimes, e os frames foram, um por um, analisados por promotores excessivamente zelosos. Apesar de o júri ter acesso às fitas, a imprensa e as pessoas no corredor ficaram restritas somente ao áudio, por ordens judiciais.

Quando o julgamento do casal Bernardo terminou em um veredicto óbvio de culpa, Stephen se mudou para a fazenda para escrever em tempo integral. Era uma tarefa amedrontadora, não apenas pela natureza atroz dos crimes, mas também devido ao seu conhecimento "interno" do trabalho malfeito da polícia e da discórdia política que foi deliberadamente escondida do público.

Compareci a diversas etapas do julgamento com Stephen, e juntos brincávamos de Mutt e Jeff* com todo mundo, de advogados a policiais, de promotores a diretores de cemitérios — toda aquela trama, incluindo convidados da festa de casamento dos assassinos. No processo, Stephen juntou um arquivo enorme, que abrangia tudo que estava por trás do caso: relatórios policiais, relatos de vítimas, avaliações psiquiátricas, fotografias das cenas dos crimes e gravações policiais em áudio e vídeo com entrevistas com a esposa, uma confusão de vídeos caseiros, registros escolares e minúcias, como listas dos livros pegos emprestados da biblioteca.

Vivemos à beira de um abismo durante os meses em que Stephen juntava os pedaços dessa história sombria. Houve momentos em que eu levava meus relatórios de controle dos animais para o celeiro e os estudava a fundo, e analisava quais eram as ovelhas mais velhas e menos produtivas que eu poderia enviar para o mercado, para que pudéssemos pagar nossas contas. Enquanto esperava o livro de Stephen ficar pronto, não havia dúvidas em minha cabeça de que cada sacrifício valeria a pena.

O livro, *Invisible Darkness*, foi um sucesso. Entrou nas listas de mais vendidos e gerou discussões consideráveis sobre o "pacto com o diabo", que veria a esposa sinistra ser solta em aproximadamente 12 anos. A unidade de investigação de um canal de televisão aberto fez um documentário baseado no livro e no material arquivado de Stephen. Ganhou prêmios e passou diversas vezes no *Court TV*.

Esse documentário foi ao ar novamente no final de novembro de 1997, após retornarmos de nossa viagem a Ottawa com

---

*Uma das primeiras histórias em quadrinho de comédia americana feita em formato de tira de jornal, em 1907, por Bud Fisher, sobre dois amigos desastrados. (N. da T.)

Wally e Diva. Atraiu a atenção de espectadores que não haviam acompanhado o caso anteriormente, inclusive a de uma colunista de um tabloide. Logo depois, uma escritora, que havia transformado o caso em um romance, escreveu um artigo no qual elogiava Stephen por seu trabalho, mas dava a entender que ele havia inventado coisas.

Stephen não sente nada menos que orgulho pelo esforço que depositou naquele livro. Ele não estava nem aí para uma impostora literária o chamando de mentiroso. Escreveu uma carta detalhando onde exatamente ele havia obtido as informações de seu livro — os volumes de material e vídeos da polícia, as anotações psiquiátricas confidenciais —, a grande sorte que qualquer investigador de primeira viagem deseja. A carta foi publicada.

No início de dezembro, a colunista chamou Stephen e apresentou-se como amiga de um indivíduo que respeitamos muito. Ela disse que queria conversar e estava interessada nos arquivos de Stephen, pois estava tentando conseguir alguns dos vídeos que foram ao ar na tevê e não estava "tendo muita sorte". Ela usou truques baratos, elogiando Stephen pelo livro que, mais tarde, admitiu para os policiais que não tinha sequer lido.

Imaginei que Wally estivesse enrolado em suas patinhas enquanto eles conversavam. Ela queria vir à fazenda para ver o que poderia aproveitar do arquivo. Stephen hesitou.

Como já fui membro da imprensa, sempre pensei que o melhor conselho que eu poderia dar a alguém era "não fale com os jornalistas". Sei como uma frase pode ser distorcida. Sei como uma hora de entrevista pode se transformar em um deturpado parágrafo. Sei que quanto mais complexo for o assunto, mais simplificado ele pode se tornar na mídia. Sei que nem toda mídia é feita da mesma maneira.

A atitude de Stephen foi oposta. Desde o início, ele recebeu a imprensa e cooperou com ela, enquanto manteve sua posição simbólica de menonita* — afastado e distinto, sempre vestido de preto, segurando suas cartas próximas ao peito.

Essa jornalista em particular foi um presente excêntrico para nós dois. Eu não gostei e não queria alguém, cujo discurso eu considerava um monte de baboseiras, visitando minha casa. Stephen ligou para a colunista na semana antes do Natal querendo conversar sobre o caso com alguém que não soubesse todos os detalhes tão intimamente como eu, ou, quem sabe, estava apenas brincando com a situação. Ele permitiu que ela visse parte do material, uma vez que o interesse dela era em chamar atenção para o acordo escandaloso que fora feito com a assassina. A colunista estaria no México para as férias de Natal, mas entraria em contato em breve. Por mim, estava tudo bem.

Os feriados de fim de ano sempre foram um período de renovação na fazenda. Sem pressa nenhuma, realizávamos as coisas gradualmente. Vinte e poucos acres de pinheiros e abetos serviram de terreno de caça de árvores de Natal. Milhares delas foram plantadas antes de comprarmos a fazenda, e durante décadas cresceram fortes e altas, apesar da peregrinação anual de cortadores locais de árvores de Natal. Vimos famílias se sustentarem durante anos cortando árvores. Crianças viravam adolescentes prontas para colocar a mão em um machado. Alguns jovens aparecem anos mais tarde com seus próprios filhos sentados no trenó para fazer a trilha mato adentro.

---

*Pertencente à seita protestante do cristianismo que prega vida simples e se nega ao batismo. (N. da T.)

Encontrei um grupo de três ladrões de árvores perto da cerca e os surpreendi galopando pela floresta montada em Lady. Se eu fosse Roy Rogers eu teria minhas seis armas brilhando. Em vez disso, era eu mesma, vestindo um chapéu de colheita que escondia toda a cabeça e uma jaqueta larga. Invariavelmente, os invasores envergonhados queriam pagar pelas árvores. Um camarada bobo subiu em uma árvore de 9m de altura, com o intuito de cortar o topo de 1,50m. É difícil se esconder em uma árvore quando se está usando uma jaqueta laranja.

Com o passar dos anos, as árvores cresceram demais para a maioria das casas, mas sempre trazíamos uma que alcançasse o teto de 4,50m de altura da nossa sala de estar. Só para entrar com a árvore na casa janelas tinham de ser retiradas e uma força descomunal era necessária para empurrá-la para dentro. Para nós, não era uma árvore de Natal de verdade se a estrela do topo não escorregasse para os lados. Agora tínhamos de cumprir a façanha com Wally pulando em nossos pés.

A árvore ficava em pé e segura, presa a uma linha de pesca. Como sempre, havia mais árvore do que espaço na sala. O cheiro de pinheiro fresco se espalhava pela casa. Colocamos as luzinhas e penduramos alguns enfeites no topo, antes de a colocarmos na posição correta para começarmos o trabalho de podá-la. Quando as luzes eram acesas, os olhos de Wally brilhavam, e ele deitava no sofá e ficava olhando para cima, até o alto.

Pegamos as caixas cheias de enfeites colecionados por anos, me empoleirei na escada e enchi os espaços estreitos da árvore com ornamentos grandes, garantindo que os mais preciosos, passados de geração para geração, ocupassem lugares especiais. Eram tantos objetos redondos e brilhantes que Wally ficou com os olhos vidrados. Enquanto Mingus achava que batizar a árvore de Natal era sua tarefa viril, Wally manteve uma distância respeitável. Toda manhã ele corria para a sala para ver se ela ainda estava lá. Nos fins de tarde, ele deitava embaixo de um galho comprido e ficava olhando para cima, vendo as luzes e os enfeites. Acredito que isso seja o mais próximo de uma alucinação que um cão pode chegar.

Sem muitos esforços, a fazenda entra no espírito natalino. Ovelhas que nascem em maio começam a procriar em dezembro. Para saber se uma ovelha está prenhe, coloco um arreio prendendo um giz no meio do peito da ovelha. Quando ela está prenhe, ele deixa sua marca, literalmente. Ovelhas possuem um ciclo de duas semanas, portanto, a cor do giz de cera muda a cada 14 dias. Quando o Natal chega, as ovelhas estão decoradas com seus traseiros vermelhos ou verdes. Fica bem divertido. Se Martha Stewart descobrir isso algum dia, é provável que queira um rebanho inteiro.

Bem alimentados e aquecidos com um ótimo vinho, nós curtimos o Natal com amigos e com a família. Wally serviu de entretenimento, andando com dificuldade pela neve e entrando em casa como se estivesse usando meias brancas. Era impossível fazer um boneco de neve com um cachorro descuidado correndo em direção a qualquer coisa gelada, branca, redonda e rolante.

A vida estava calma, e aproveitei uma nova fase em meu relacionamento com Stephen. Nós ríamos mais juntos. Aceitávamos mais. Minha escrita havia encontrado um ritmo. Stephen havia se estabelecido. Não sentíamos tédio.

Não fazíamos ideia do quão interessante — e do quão perigosa — ela ainda se tornaria.

11
"O homem da neve"

A única resolução de Ano-novo que tomei para 1998 foi levar Wally para o adestrador. Ele seria um cão poderoso e já havia se mostrado um extraordinário jogador, sabendo manipular as pessoas com habilidade. Eu queria que ele fosse mais do que simplesmente aquele rabinho curvo.

Em alguns aspectos, Wally era adestrável, pois copiava tudo o que Diva fazia. A primeira coisa que faziam pela manhã era ir lá para fora e agacharem-se lado a lado. Se Diva chutasse com as patas traseiras, Wally tentava também, embora, algumas vezes, ele afundasse os pés, falhando no empurrão traseiro e parecendo, de certa forma, constipado. Diva, às vezes, sacudia-se na neve. Wally rolava tão violentamente que quando acabava suas orelhas zuniam feito diapasões, mas seu rabo permanecia imóvel. Se eu mandasse Diva se sentar, Wally se sentava. Quando eu a chamava para perto, Wally vinha.

Wally precisava aprender por si próprio, e de mim. Stephen estava completamente apegado a Wally, e eles eram mais parecidos do que qualquer coisa. Quando se encararam profundamente, olho no olho, no equivalente aos habitantes de Vulcano em

Jornada nas Estrelas, Wally, provavelmente, poderia convencer Stephen a rolar no chão e latir pedindo biscoito.

Eu tinha um amigo antigo chamado Bill Brodsky, que teve cachorros bull terrier por toda a vida.

"Eu tinha 12 anos quando me dei conta de que ele não era meu irmão", disse Bill sobre seu primeiro cão. Wally representava o mesmo para Stephen.

Eu aspirava por algum controle, respeito e decência. Isso não é algo facilmente alcançável quando se está lidando com um filhote que encontra uma caixa de biscoitos na dispensa, come até o último e depois enfia a cabeça dentro da caixa e sai esbarrando nas coisas, até que acha prudente parar dentro da vasilha de água.

A primeira coisa que fiz no ano que se iniciava foi inscrever Wally em um curso de oito semanas para filhotes de 3 a 6 meses. O instrutor me contou que nunca tivera um bull terrier em suas aulas e estava ansioso para trabalhar com um.

"Não são eles os cães com cabeças em formato de ovo feito de cimento?", ele perguntou.

Comecei a achar que esse instrutor sabia mais da raça bull terrier do que ele imaginava.

Janeiro é um mês de planejamento na fazenda. Catálogos de sementes começam a chegar, e o jardim coberto de neve vira uma área vazia, no qual jardins imaginários podem ser pintados. Normalmente, eu planejo um rebanho de carneirinhos para nascer no final de fevereiro. Essas ovelhas são separadas e alimentadas com grãos especiais nas últimas seis semanas de gravidez. Cercados de ovelhas prenhes precisam ser checados, para ver se não há tábuas frouxas. Eu também estava ocupada pendurando meus baldes de água em uma prateleira no celeiro, onde Wally não alcançasse, por que ele tinha começado a carregar meus baldes por aí, às vezes colocando-os na cabeça. Tais projetos previnem e podem ser feitos em tempo recorde, sem pressa.

Algo que não estava nos planos foi o telefonema que Stephen recebeu no início de janeiro da antiga e bronzeada repórter que havia retornado da terra da tequila para anunciar que estava escrevendo uma história sobre ele. As conversas deles, antes esporádicas e amigáveis, agora haviam se tornado confrontos. A colunista advertiu Stephen de que ela iria publicar em sua próxima coluna que ele alegava ter visto evidências em fitas restritas por ordem judicial devido à natureza sensível do assunto, que envolvia agressões sexuais em vítimas de assassinato.

Stephen protestou e informou a ela que tal relato estava incorreto, e era pretensioso da parte dela sugerir que ele diria tal besteira para alguém em sua posição. Supondo que a mulher realmente lera seu livro, ele explicou algumas das maneiras nas quais um escritor, que fora aos julgamentos e ouvira atentamente as evidências, poderia descrever as passagens do livro, a respeito do assunto das fitas restritas. Ele não revelou, nem revelaria, suas fontes. E tampouco divulgaria as técnicas investigativas para serem publicadas.

Existiam centenas de horas de entrevistas filmadas com a assassina, em que ela descrevia os crimes em detalhes para a polícia, como havia aparecido em pequenos clipes em um programa de tevê transmitido meses antes. A colunista não foi dissuadida. Stephen sentiu uma alegria sem-vergonha no jeito dela. Ele me contou, e eu fiquei enojada.

A coluna foi como esperávamos — provocante e difamadora, e prolongada sem evidências. Trechos de citações foram tirados do contexto de uma fita clandestina que a colunista havia feito em um gravador que funcionava muito mal. Policiais que falharam em prevenir os crimes atacaram severamente com suas piores críticas. Um advogado da família das vítimas expressou horror sobre o conteúdo de um livro publicado dois anos antes. Políticos exigiram uma investigação policial.

Passei o dia desfazendo a árvore de Natal, enquanto Stephen lidava com os telefonemas de repórteres. Doía fazer aquilo. Wally adorava a árvore.

Tenho um amigo escritor que fica com a árvore de Natal montada durante o ano todo. "Simplesmente porque eu gosto", explica Austin. Ele mantém alguns fios de luzinha de Natal pendurados nas prateleiras de livros também. Depois de ir à casa dele algumas vezes, você se acostuma. Se uma pessoa gosta de uma coisa, por que não mantê-la durante o ano inteiro? Tenho certeza de que Wally concordava com o pensamento de Austin.

Comecei a tirar as luzes e os enfeites de baixo para cima. Com metade da árvore desfeita, comecei a arrancar alguns galhos e jogá-los pela janela, no jardim, para reutilizar como cobertura para as flores.

Havia tanta tensão na casa que tenho certeza de que os cachorros podiam sentir. Diva se encolheu em seu lugar no sofá e me observou. Wally passou um tempo em uma almofada no estúdio de Stephen, vendo-o falar ao telefone, até que ficou entediado e veio observar o que eu estava fazendo.

Ver os galhos de seu objeto preferido serem jogados pela janela foi demais para Wally. Ele uivou e tentou agarrar um para ele, lançando espinhos brilhantes, afiados feito agulhas, para lugares onde o aspirador ainda os estaria encontrando até o mês de julho. Finalmente, eu o deixei sair e fiquei assistindo, enquanto ele fazia uma linha reta com os galhos que conseguiu juntar em uma pilha do lado de fora da janela, ainda com vestígios de purpurina.

Cachorros não são conhecidos como arquitetos de quase nada, exceto de sua sorte — quando ela ocorre. Um cachorro é capaz de cavar em sua cama até encontrar um formato confortável, mas jamais sai e constrói a própria casinha. Portanto, eu não esperava que Wally tivesse algum plano quando começou a mover os galhos pelo jardim. Alguns eram bem grandes, e ele lutou com eles por uma distância de 0,50m. Quando ele conseguia segurar um galho pequeno no alto e correr com ele, ficava orgulhoso, apesar de alguns galhos "ruins" exigirem uma boa sacudida antes de serem colocados para descansar. Era um ótimo exercício, e os galhos acabaram cobrindo várias partes do jardim. Muito em breve eles também seriam cobertos de neve.

Quando finalmente diminuí a árvore a um tamanho manejável e estreito, soltei os fios que a prendiam e a levei em direção à janela, içando-a e lançando-a do lado de fora, com o mesmo respeito com que um jogador de dardo deve exibir um equipamento aposentado.

Quando terminei, os telefones já haviam parado de tocar e Stephen surgiu — impressionado — para observar, pela janela da cozinha, a escuridão tomar o dia com a rapidez típica do inverno. Senti o peso da amargura que ele estava sentindo, e sabia que a raiva não estava muito longe de explodir. Amigos ligaram para dar apoio. Colegas de trabalho ligaram para dizer que já tinham visto coisas parecidas acontecerem com esse tipo de colunista, e normalmente era obra de pessoas com um intuito maldoso por trás de seus feitos. Sabendo que não tinha a mínima chance, Stephen escreveu para seu editor pedindo direito de resposta.

Minha mãe ligou perguntando: "O Stephen não fez aquilo, não é?" E eu respondi: "Não, mãe." E ela disse: "Eu sabia. Eu lhe falei que nem eu nem o seu pai conseguimos lembrar o que comemos no almoço?"

Sabia exatamente como ela estava se sentindo. Eu queria estar em pé em um pote de água com uma caixa de biscoitos na cabeça. Onde, senhor, onde estava o poema "O homem da neve" de Wallace Stevens, quando eu mais precisava?

12
Quebrando as regras

Acho que levei a confusão das reportagens mais a sério do que Stephen. Ele tinha estudado com Marshall McLuhan, o guru da mídia, quando ele estava formulando teorias de mídia através de suas notórias mensagens. Para ele, o jornal de hoje é o papel de embrulhar o peixe de amanhã. Entretanto, eu tive uma sensação perturbadora que nesse caso não seria assim.

Em apenas alguns dias iniciou-se uma investigação policial. Pelo menos, foi o que lemos no jornal. Nenhum policial bateu à nossa porta ou mandou uma carta. Aparentemente, três detetives leriam o livro de Stephen. Ele achou cômico e absurdo que um livro publicado há dois anos fosse, de repente, cair no escrutínio da polícia. Antes da publicação, ele havia passado um mês praticamente vivendo com um grupo de advogados que examinou o manuscrito para a editora. O que poderia ter no livro para se preocupar?

Recebemos, então, um telefonema de um renomado advogado que insistiu que toda investigação criminal era um problema sério. Ele afirmava categoricamente que Stephen deveria ter acessoria legal, pois o problema não iria ser resolvido facilmente.

Perdi a primeira aula de Wally. Em vez disso, fomos nos encontrar com um professor de Direito que ofereceu seus serviços para o que entendemos ser uma violação em potencial dos direitos de expressão. O encontro foi em uma universidade, no campus ao norte da cidade, numa terra de desperdícios de shoppings e bairros ricos. Um amigo o descreveu como "um lugar que Mussolini solicitou pelo telefone".

Naquela manhã, o pai de Stephen, já enfermo, faleceu.

Dirigimos de volta para casa em silêncio, enquanto caía uma nevasca com flocos de neve do tamanho de moedas de 25 centavos. Os cachorros estavam lá para fazer festa à nossa chegada. Stephen e Wally jogavam futebol na neve molhada enquanto eu preparava o jantar, já atrasado, e rezava para que a vida voltasse ao normal.

Não se pode deixar as distrações tirarem seus olhos de um bull terrier que ainda está testando seus limites. Após a saída da árvore de Natal, nos sentimos confiantes o suficiente para remover o pequeno portão entre a sala de estar e a cozinha. Agora, assim como Diva, Wally podia se sentar conosco enquanto líamos o jornal ou assistíamos à tevê. Algumas vezes, ele deitava a cabeça no meu colo; outras, ele se encolhia no colo de Stephen. Se não estava embaixo de nossos pés, queria ficar por cima de nós.

Diva havia cavado seu lugar em um sofá perto da janela, onde ela podia subir no braço e tomar conta do jardim e dos potes de comida dos pássaros. Uns cabos de luzes externas passavam por um arbusto de lilases, cujos galhos pendiam próximo ao chão. Sementes que caíam dos potes de comida pendurados nos cabos esparramavam-se embaixo desses galhos, atraindo coelhos marrom-acinzentados à noite. Diva os observava com uma excitação crescente, até que começava a dançar em suas patas e tinha de ir lá fora. Wally não fazia ideia do que significava esse comportamento, mas estava sempre pronto para uma corrida acirrada no jardim pelos arbustos de lilases. Eu duvido que eles vissem um coelho correndo, uma vez que davam tantos avisos de sua chegada. Eles sempre passavam um tempo enorme cheirando o chão e olhando atentamente para a escuridão, e nenhum dos dois mostrava nenhum sinal de cão de caça.

Havia somente uma regra na sala de estar, e Diva tinha aceitado sem questionamentos, assim como todos os nossos outros cachorros. Talvez eu seja estranha, mas não gosto de um cachorro me olhando enquanto como. Quando resolvemos almoçar ou jantar na sala de estar, os cachorros não podem entrar. Simples. Eu digo "não olhe", e é para o cachorro ir para a cama ou para qualquer lugar fora da sala onde estamos comendo. Quem falha no entendimento ganha um "não".

Essa era a única regra que confundia Wally depois de ele ter permissão para transitar livremente pela sala. No início, ele seguia Diva sem pensar, mas, com o tempo, começou a parar. Quando um bull terrier para, ele está pensando ou tendo um desarranjo digestivo que pode causar consequências. Wally tentou sair da sala e depois passear de volta enquanto jantávamos. Um "não" severo mandou-o arrastando-se de volta para a cozinha com um riso na cara, como um menino travesso de 8 anos flagrado mostrando para os vizinhos a parte de cima do biquíni de sua irmã.

O mantra de Stephen era: "Você não pode rir de Wally. Você precisa rir com ele." Quando Wally aprontava desse jeito, a tênue linha ficava borrada. Eu tentava manter o meu "não" firme e minha expressão facial dura.

Naquela noite, lutávamos para aceitar as questões jurídicas que foram salientadas naquela tarde em uma sala sem graça e sem ar. Também havia as memórias do pai de Stephen, que tinha vivido em um asilo em uma cidade próxima, até que os estágios de sua doença debilitante se agravaram e exigiram cuidados de uma enfermeira 24 horas por dia. "Não olhe" parecia completamente irrelevante, mas, quando eu disse, ambos os cachorros saíram.

Eu estava pensando no verão em que levamos o pai de Stephen para pescar no grande barco, e em como ele ficou em pé na popa do barco e se recusou, com teimosia, a sentar-se, mesmo quando a água estava agitada. Ele pescou algumas trutas de água doce, mas nunca falou muito sobre isso. Anos depois, no asilo, esses peixes tinham se tornado monstros, e as ondas eram de três metros de altura. Eu estava sorrindo quando percebi a cabeça de Wally na porta.

"Não olhe", eu disse, e ele virou a cabeça e foi embora, seguindo a instrução literalmente.

Alguns minutos depois, havia movimento na porta. Encolhido no carpete, Wally estava arrastando a barriga vagarosamente pelo chão, com a cabeça virada para a parede. Quando paramos de falar, ele congelou e tentou escapar. Quando falamos de novo, até para dizer um para o outro "Dá para acreditar?", Wally voltou a cambalear furtivamente até encontrar uma cadeira na qual pudesse se esconder. Ele não podia ver muito bem da posição que estava, então se arrastou para trás de uma caixa de som e começou a nos dar umas espiadas rápidas, antes que a palavra "não" fosse dita.

Era impossível não rir. Que tipo de dono de cachorro de meia-tigela eu era para reforçar olhares restritos quando eu, claramente, tinha um filhote que acreditava ter uma capa invisível? Tanto Wally quanto Diva juntaram-se a nós para a sobremesa.

Regras que foram feitas para serem quebradas continuaram aparecendo naquela noite. Diva rapidamente apropriara-se de sua cesta, a favor do sofá ou sua cama normal. Wally dormia em sua cesta com a porta aberta, mas essa noite nós o ouvimos na escada. Ele já havia patrulhado os quartos do andar de cima com Diva, arrastando-se para cima com dificuldade cada um dos 15 degraus, uma pata de cada vez, e deslizando para baixo como uma aranha gorda no gelo, aterrissando com uma pancada.

Degraus antigos rangem. Parecia demorar uma eternidade para ele chegar ao topo. A porta do nosso quarto estava entreaberta. Empurrando-a, o nariz de Wally rodeou a porta.

— Eu não vou dormir com um cachorro em minha cama — murmurei sob minha respiração.

A porta se abriu e lá estava Wally, iluminado pela fraca luz do corredor. O rabo lentamente balançava seu corpo, e ele deu alguns passos hesitantes para a frente, apesar de o chão poder desaparecer a qualquer momento.

Stephen ligou a luminária de leitura.

— Só dessa vez — ele implorou.

Wally continuou andando, sacolejante.

Eu estava aprendendo que nada, nem mesmo uma carta da justiça, está escrito em pedra, e que nada dura para sempre, exceto na memória, e até isso é imperfeito. Que mal teria em aninhar um filhote em lençóis de flanela enquanto o vento do inverno fazia as vidraças tremerem?

Stephen colocou Wally em cima da cama, e o filhote escalou nós dois, primeiro lambendo e depois pulando de um travesseiro para o outro, com o rabo para cima, cantando sua canção canina "Auuuu, Auuuu", que significava felicidade. Então, ele caiu para o lado e soluçou.

E apagamos a luz.

13

Um estranho no ninho

Nossa primeira aula de adestramento de filhotes foi basicamente 45 minutos de um caos contido no ginásio da escola do bairro. Todos tiveram de encontrar uma maneira de tirar as botas de neve e as roupas de inverno enquanto seus cachorrinhos saltavam e latiam seus cumprimentos. E, sim, estávamos todos carregando colchões de vários tamanhos que haviam sido solicitados, junto com brinquedos e salsichas de frango ou outros atrativos. Uma vez, em Nova York, vi uma fila de modelos esbeltas em trajes de yoga, carregando seus colchões particulares, enquanto esperavam pacientemente para entrar em uma sala tranquila e fazer seu abençoado exercício. Este grupo não se parecia em nada com aquele.

A caminho da aula, peguei um colchão rosa de 0,51m que consegui achar na loja de um dólar, e custou quatro dólares. Li em algum lugar que os cachorros são essencialmente daltônicos, por isso rezei para que Wally me perdoasse.

— E qual é o nome dela? — perguntou a mulher ao nosso lado na fila de cães em seus colchões. Percebi que o colchão rosa tinha sido um enorme erro, além de ser muito difícil de enrolar.

Eu não perdera muita coisa na primeira aula só para os donos, já que havia frequentado um curso de adestramento com Diva. A questão era que essas oito semanas eram um COMPROMISSO.

O instrutor entrou no ginásio com um border collie preto e branco que estava em um canil de metal sobre rodas. Ele libertou a cadela e a mandou sentar. Nós assistimos, admirados.

Enquanto isso, um poodle toy soltou-se de sua coleira e prosseguiu na tentativa de um ato íntimo com um cockapoo chocolate que desmoronou como um bicho de pelúcia. Uma senhora mais velha com um pequinês segurou seu cão próximo ao peito. Se não tivesse o laço tirando o pelo dos olhos, seria difícil distinguir a cara do rabo do animal. Os únicos filhotes com um tamanho parecido com o de Wally eram um casal irmão de labradores que devem ter sido amarrados no útero, porque ainda estavam dançando dentro e fora da coleira um do outro.

Wally parecia grande e esquisito. Eu senti por ele a mesma coisa que senti pelo menino gordinho com óculos engraçados quando estava me matriculando no jardim de infância. Wally tivera um colchão próprio. Ele nunca tinha visto aqueles cachorros nem aquelas pessoas com tênis antes. Um cachorro preto e branco com a postura de um inspetor de colégio estava parado no canto, tomando conta dos brinquedos. E eu estava com cheiro de salsicha de frango. Um filhote como Wally tinha de ter tempo para desvendar tudo aquilo, para ver se significava alguma coisa. Wally rolou no chão e mastigou, preso na corrente de metal que eu havia comprado para o "treinamento".

O instrutor caminhou até o centro do ginásio com sua border collie ao lado, como uma sombra. Ela tinha um desses nomes dinâmicos de uma sílaba só, como Gyp ou Fly, e sua vontade de obedecer era tanto real quanto sentimental. Deliberada e discretamente, ela deixou cair o brinquedo de pano que carregava na boca, e posicionou-o perfeitamente na frente das patas quando sentou. Isso motivou o Jack Russell terrier, menor que um patim, a pular do colo de sua dona e correr para o centro do ginásio, onde roubou o brinquedo de pano e fugiu pelas patas entrelaçadas dos labradores, que estavam felizes lambendo a cara um do outro.

Ele foi tão sagaz quanto o terrier branco e marrom de Randle McMurphy, o personagem de Jack Nicholson no filme *Um estranho no ninho*. Ele era selvagem, livre, e podia ter qualquer brinquedo que quisesse. Todos os cachorros latiam e abanavam o rabo em aprovação.

No meio do ginásio, o instrutor bateu o pé — com seu tênis de corrida — no chão e cruzou os braços, avaliando as duplas insanas de filhotes e donos. Até o pequinês estava latindo. Os filhotes que não estavam entretidos com a comemoração lambiam suas patas ou as canelas de seus donos, ou faziam xixi. Wally estava com a cabeça dentro da minha bolsa, procurando por salsichas de frango.

— A-ten-ção — falou alto o instrutor, que tinha uma postura rígida.

Todos ficaram em silêncio, exceto o Jack Russell, que estava no canto do ginásio com seu dono, rosnando, pois recusava-se a devolver o brinquedo de pano, que a essa altura já parecia um pedaço de pano qualquer.

Depois de garantir que todos os filhotes tinham feito suas "tarefas" (o código de nosso instrutor para necessidades fisiológicas), nós trabalhamos com aqueles filhotes como treinadores de restaurante de fast-food pela meia hora seguinte.

O instrutor nos disse o que fazer e depois veio até nós, um por um, dando sugestões. Eu estava ajoelhada com Wally na minha frente quando coloquei minha mão esquerda em sua coleira. O instrutor me disse para colocar minha mão direita para trás, e pôs um pedacinho de salsicha de frango na palma da minha mão. Eu foquei em Wally e trouxe minha mão direita lentamente para a frente, segurando a salsicha entre meu dedão e meu dedo indicador. Movendo-se como uma sirene luminosa, eu o deixei ver, mas sem encostar. Então, abaixei a palma da mão e levei até o chão, entre as duas patas dianteiras de Wally, perto de seu peito. Como um gênio, Wally deitou perfeitamente.

— Boa menina — o instrutor sussurrou para mim. — Pode dar a ele a salsicha agora.

Wally estava comendo na palma da minha mão ao final da aula, e eu pensei qual de nós dois tinha aprendido mais.

— Como foi a aula? — perguntou Stephen, quando chegamos no carro.

Wally pulou para o banco de trás e deitou no lençol que dividia com Diva. Coloquei o cinto de segurança e resmunguei algo, percebendo que estava com bafo de salsicha de frango.

Stephen teve de carregar Wally para dentro de casa. O pequeno cão só teve forças para cair na cama, onde roncou feito um porco e peidou como uma Harley-Davidson. Ainda tínhamos seis semanas pela frente.

Praticamos nossos ensinamentos cinco ou seis vezes ao dia. Às vezes, Wally e Diva faziam juntos, e começaram a antecipar os comandos, deitando no chão antes que eu mandasse, com cara de presunçosos.

Eu e Stephen levamos Wally para passear na estrada deserta, onde podíamos treinar o comando "venha cá". Enquanto Stephen segurava Wally, eu me distanciava na estrada coberta de neve, segurando um indesejável monte de salsichas. Quando eu dizia "venha cá", Stephen soltava o cão e eu corria o mais rápido que conseguisse até que Wally me alcançasse e pegasse seu prêmio. Isso acontecia muito rápido, e fui me distanciando cada vez mais antes de Wally ser solto, pois ele corria como um cavalo de corrida antes da largada. Mais de uma vez atingi um pedaço de neve e deslizei em uma bola, encoberta por um filhote e derrubada na tundra.

O treinamento era divertido, uma atividade para se fazer enquanto esperávamos e não ouvíamos nada novo sobre a investigação, a não ser que estava "caminhando".

Muitos amigos brincaram que a demora era grande porque os policiais mastigavam enquanto liam. Nós rimos. Como havíamos passado muito tempo na companhia de policiais enquanto pesquisávamos para o livro de Stephen, sabíamos que, em alguns casos, isso podia ser verdade. Os policias são somente humanos, afinal. A diferença é que eles possuem armas.

Lembro-me de uma tarde em que Stephen e eu passamos num bar em Buffalo, Nova York, com um grupo de policiais que trabalhavam na repartição onde estiveram os assassinos sobre quem ele estava escrevendo. Fora do horário de trabalho e prontos para se embebedar, eles comemoravam a aprovação do uso da nova arma Glock 9mm. Imitando pistolas com as mãos, eles apontavam para o teto gritando "Pow, pow, pow!". Um deles, um homem grande com uma face larga e amigável, começou a cantar uma versão do clássico de 1955 de Bill Haley, *Rock Around the Clock*, colocando o nome da arma, Glock, no lugar da palavra *rock*. "We're gonna Glock, gonna Glock, around the clock tonight."

Os caras no bar se divertiram, girando seus quadris e cantarolando, fazendo "pow, pow, pow" no meio da coreografia. Parecia um manicômio, algo que se espera ver numa comemoração de terroristas na noite anterior ao suicídio com bombas.

O cantor tornara-se o delegado-chefe. Imagino o que será que aconteceu com o resto.

14

Depressão

É relativamente fácil entrar em depressão durante o inverno na fazenda, sem ter nada com o que se preocupar. Eu sempre encontrei uma maneira de arrumar algo para fazer. Foi um erro ter pintado as paredes do meu escritório de violeta. Ter pintado as unhas do meu pé de laranja enfeitadas com purpurina foi um acerto. Algumas vezes, é preciso somente ler um livro de receitas e cozinhar algo extremamente complicado, que deve ser fotografado antes de ser devorado. Eu fiz algumas guloseimas caninas de abóbora e fígado para Wally e Diva que pareciam nojentas, mas eles amaram.

É comum sentir-se numa armadilha durante o inverno. Estocar comida torna-se obrigatório, uma vez que uma tempestade pode se formar e fechar as estradas. A sensação aconchegante que a lareira proporciona no início do inverno começa a ficar desagradável. As cinzas se acumulam e a limpeza da lareira espalha pelo ar nuvens de pequenas partículas do que já foi madeira, que serão inaladas ou depositadas no peitoril das janelas e na porcelana. Levar madeira para a lareira torna-se uma tarefa interminável. Cascas de árvore e cinzas acumulam-se ao lado da lareira, junto às luvas encharcadas e às meias, penduradas ali para secar.

Portanto, quando fui chamada para fazer uma leitura de meu livro mais recente em uma cidade a poucas horas de distância, parecia uma distração espetacular que precisava apenas de mínimos planejamentos. A aventura era a mais prazerosa possível, pois iríamos passar a noite em um hotel aconchegante, enquanto as previsões do tempo eram as piores possíveis. Faltavam algumas semanas para as ovelhas parirem, e um vizinho iria até lá para encher seus cochos. Elas tinham um pote de água com aquecimento e bastante forragem para dormirem. Ficaríamos longe por cerca de 18 horas, fazendo algo completamente diferente. Eu almejava uma Jacuzzi, uma promessa de massagem nas costas e nenhuma cinza para recolher.

O hotel ficava a uma pequena distância do local onde aconteceria a leitura, um lustroso museu que brilhava como uma joia na noite que nevava. Entretanto, a leitura ocorreria em uma sala nos fundos, sem janela, feita de tijolos cinzentos e frios. Éramos duas pessoas lendo e formávamos um casal peculiar. O jovem rapaz que se candidatou a ler antes de mim acabara de publicar seu primeiro romance, o qual um crítico literário descreveu como "elíptico, inconstante, arrogante e triste". Meu segundo livro sobre a vida na fazenda de acres verdes foi descrito por críticos autênticos como "humor dos carneirinhos", retratando histórias sobre tudo, desde um pato vigoroso até ovelhas desobedientes e a maior banda de fêmeas tocadoras de kazoo* do mundo. Achei que fosse um pouquinho elíptico também, mas ninguém disse nada a respeito.

O livreiro organizador do evento veio me dizer que, infelizmente, os exemplares de meu último livro não haviam chega-

---

*Instrumento musical de sopro. (N. da T.)

do. Para completar, duas avenidas na cidade foram fechadas devido às condições ruins do tempo e ao risco de acidentes, portanto, os grupos de leitura não aconteceriam. Na realidade, ele havia passado por um carro com integrantes de grupos de leitura, que estava atolado.

O jovem autor encolheu-se em um canto da sala com sua namorada e ficou folheando seu livro. Normalmente, o autor escolhe uma passagem longa ou várias passagens curtas do próprio livro para dar às pessoas uma pequena noção de seu trabalho, em aproximadamente vinte minutos. Presumi que fosse isso o que ele estivesse fazendo.

Finalmente, uma dúzia de pessoas brotou na porta, cobertas de neve, imaginando em voz alta se os tratores para limpar a neve estariam nas ruas e temendo não conseguirem chegar em casa nunca. Oito de meus "fãs" tiveram de largar o carro e ir a pé. Eram senhoras joviais trazendo seus próprios biscoitos caseiros e seus "chás" numa garrafa térmica, para animá-las depois da viagem de carro. Os outros quatro eram acadêmicos que tinham vindo, obviamente, para examinar o jovem autor e julgar seu trabalho. Não parecia que histórias sobre os julgadores dos concursos de motos de neve ou ruminações nos homens fascinados teriam a ver com caminhões de cimento que os trariam para esta cova escura em um dia nevoso.

Após recolher seis dólares de cada membro da plateia, o livreiro iniciou a noite lendo parte de uma crítica cheia de elogios do livro do romancista de primeira viagem. A crítica era muito boa. Eu mesma não teria escrito melhor. O jovem rapaz subiu no palanque e começou a ler sem parar. Ele leu durante exatos seis minutos, agradeceu e andou até o final da sala, onde sentou com sua namorada.

O que ele leu naquele tempo mínimo não era nada minimamente magnífico, e não valia, sequer, três dólares. Nossos aplausos desapareceram no tijolo de cimento. Minhas fãs esfregavam as cabeças. Os acadêmicos pareciam cochilar.

Com pouca animação, o livreiro me apresentou. Comecei contando uma história sobre truques bobos de ovelhas e terminei tocando *Roll Out the Barrel* em meu kazoo. Pelo menos, acordei os acadêmicos.

O livreiro vendeu quatro livros do autor novo, e a noite terminou quando o telefone celular de alguém tocou avisando que uma terceira avenida da cidade estava sendo interditada.

De volta ao hotel, eu estava feliz por deitar na cama, tentando esquecer o enorme fiasco. Stephen preparava um banho quente para mim. Íamos levar os cachorros para um pequeno passeio, para que quando voltássemos eu pudesse afundar na banheira, até que nosso jantar chegasse. Senti a tensão do inverno derretendo atrás de mim.

Nevava muito no estacionamento, mas o prédio rebaixado bloqueava a maior parte da neve. Uma cerca de metal envolvia a área do hotel, incluindo um pequeno campo. Decidimos deixar Diva dar um passeio, mas mantivemos o imprevisível Wally em sua coleira. Diva passeava calmamente, e a vimos deslizando pela neve até a cerca afastada, onde ela parou. Ouvimos o barulho típico de um confronto. E então sentimos o cheiro do gambá.

Diva e o gambá deviam estar a uns 25 metros de distância de nós, mas o cheiro se expandiu, e em vez de ser levado embora pelo vento veio em direção ao hotel como um tsunami de fedor. Estávamos envoltos pelo odor.

— Gambá! — gritamos ao mesmo tempo.

Diva estava correndo em nossa direção, vítima evidente de uma colisão direta com um roedor de listras brancas.

— Pegue o carro e fique lá dentro com Wally — berrei para Stephen, como se estivéssemos em um filme de tragédia e a Terra fosse ser tomada por forças maléficas vindas de estacionamentos.

Atrapalhando-se para achar as chaves, Stephen correu para abrigar-se com Wally.

Diva veio e em pouco tempo chegou até mim. Mandei-a ficar parada e sentar, e ela o fez, contra seus instintos. Depois de colocar a coleira nela, eu a amarrei ao para-choque do carro, tentando confortá-la, sem permitir que ela pulasse em meus braços e contaminasse meu casaco. Stephen me passou uma mantinha de cachorro pela janela e eu a enrolei em Diva.

Isso era uma roubada. Uma grande roubada. Eram 21h30 e as ruas estavam fechando. Não podíamos levar Diva para o hotel. Não podíamos dirigir até nossa casa nas condições em que Diva estava, ou nosso Bronco seria arruinado. Estava um frio congelante, e tudo o que se podia sentir era um cheiro de gambá tão forte que adentrava as narinas.

Eu não sou como Rudy Giuliani* quando se trata de situações emergenciais, mas sabia que tínhamos de fazer algo com rapidez. Stephen e Wally ficariam "limpos". Cheiro de gambá é como óleo, se espalha e gruda em tudo com o que entra em contato.

Pedi a Stephen que fosse à recepção e explicasse o que havia acontecido. Precisávamos de água quente, toalhas e sacolas plásticas grandes no estacionamento, imediatamente. Solicitamos

---

*Prefeito de Nova York de 1994 a 2002. (*N. do E.*)

também suco de tomate, devido a sua capacidade potencial de reduzir cheiro de gambá. As pessoas começaram a sair do hotel e olhar pela sacada, tentando entender o que arruinava suas noites, enquanto o cheiro impregnava o ar. Corri para o quarto.

A Jacuzzi estava incrivelmente convidativa, e Stephen tinha colocado Frank Sinatra para tocar. Em vez disso, tirei minha roupa, vesti o que havia colocado na mala para "se o tempo esfriasse" e coloquei um casaco e uma calça de moletom de Stephen, que teriam de ser sacrificados. Guardei os cosméticos, joguei as roupas nas malas e voltei para nossa empreitada. Em breve, a Menina dos Olhos Azuis estava prestes a se tornar um verdadeiro trapo.

O odor tinha penetrado os corredores do hotel e estava se alastrando por debaixo das portas e adentrando os quartos. Caras feias anunciaram-se, e hóspedes confusos corriam de um lado para o outro, como se estivessem em um treinamento de incêndio. Nos últimos anos, eu lidara algumas vezes com cheiro de gambá, mas nunca tinha vivido nada parecido com isso.

No estacionamento, o gerente do hotel e dois assistentes ficaram a uma distância considerável do carro e acenaram para mim. Assistentes de cozinha traziam vinte litros de água quente e três caixas cheias de latas de suco de tomate em um carregador de bagagem. Arrumadeiras vinham com um carrinho repleto de toalhas de banho e toalhas de rosto, e também um par de luvas de borracha. Alguém me deu um pacote de sacos de lixo industriais grandes o suficiente para caber uma criança de 10 anos dentro.

Usei a faca de bolso Buck de Stephen para fazer furos em um dos sacos e o vesti, como se fosse um tipo de armadura contra cheiro de gambá. Atochei meu cabelo na touca de banho que peguei no banheiro do hotel e amarrei com um cachecol, no estilo escocês. Não fazia sentido que alguém ficasse parado ao redor, então pedi ao gerente que mandasse buscar nossas malas. Ele me entregou um abridor de latas.

Stephen revestiu os bancos do carro com sacos de lixo e cobriu o banco de trás com toalhas macias do hotel. Wally ficava puxando-as. Entretanto, a frustração de Stephen não era, sequer, próxima ao que Diva e eu estávamos passando.

Usei um pote da cozinha do hotel para jogar água quente em Diva, e toalhas para secar sua cara. Tentei limpar seus olhos, que estavam muito irritados devido ao veneno do gambá. Ela estava paciente, amável e trêmula. Eu a ensopei de latas e mais latas de suco de tomate, formando uma mancha vermelha sanguinária no estacionamento coberto de neve.

Limpa e um pouco seca, Diva ainda cheirava a gambá, mas já não era tão forte quanto antes. Eu a esfreguei com as toalhas brancas do hotel e tentei mantê-la aquecida. Minha vestimenta de saco de lixo, meu turbante improvisado, as luvas de borracha e uma camada de roupas juntaram-se a toalhas encharcadas e latas vazias em um saco de lixo gigante. Arrumadeiras acenaram para nós enquanto nos preparávamos para abandonar um cenário que parecia precisar de cordão de isolamento com fita policial. Dei-me conta de que estava vestindo somente roupas de baixo e me enrolei em uma toalha limpa.

Stephen revestira o carro com o máximo de proteção que conseguira. Colocamos Diva no banco de trás, onde ela deitou raivosamente envergonhada.

Wally contorceu-se em meu colo, lambendo qualquer parte fedorenta que ele encontrasse em mim. Minhas costas doíam, e lembrei que não comia nada desde o meio-dia. Ainda em estado de choque, Stephen mudou a tração do carro para quatro rodas e dirigiu pela tempestade de inverno, com a determinação de um homem que quer dormir em sua própria cama, não importa o que aconteça.

Em casa, acendi a lareira e fiz uns sanduíches de queijo antes de tomar um longo banho quente. Diva foi mimada com biscoitos e passou a noite em sua casinha, deitada em uma colcha velha. De manhã eu iria suavizar ainda mais seu cheiro com xampu para tirar odor de gambá. Wally e Stephen aqueciam a cama, e toda a movimentação cessou.

Olhei para o lado de fora, para o perene curral junto ao celeiro, cintilante, branco e coberto de neve, e perguntei a mim mesma: como alguém poderia querer estar em algum outro lugar?

15
A lógica dos filhotes

Quando os carneirinhos começam a dar cria na fazenda, todo o resto se torna secundário. Isso não é algo que um bull terrier juvenil ache compreensível ou lógico, uma vez que os bull terriers acreditam ser a prioridade sobre tudo e todos à sua volta. Portanto, toda vez que eu me agasalhava para ir em direção ao celeiro checar o desenvolvimento do rebanho Wally insistia em me seguir.

Um cão não ajuda em nada no celeiro. Wally era um castigo. Ele me lembrava as crianças que você diz para não encostarem a língua na porta com tela de metal em temperaturas congelantes, mas elas encostam mesmo assim. Ele estava sempre fazendo besteiras, como carregar meu forcado como se fosse seu próprio palito de dentes. E, então, ficava preso entre a cerca e a parede, e com muita teimosia esperava até que eu chegasse e resgatasse a ferramenta roubada de minhas coisas. Ele fazia isso diversas vezes por dia, até que pendurei a ferramenta na parede. Ele sentava e fitava o forcado, como se fosse o Santo Sudário de Turim.

Se eu tivesse uma dúzia de ovelhas segregadas em seus próprios redis com seus novos carneirinhos, eu tinha de dar, para cada uma, um balde de ração de grãos duas vezes ao dia. Nos anos a.W. (antes de Wally), eu prepararia os baldes, mediria a quantidade de ração e levaria até lá. A hora de alimentá-las é um ótimo momento para observar os carneirinhos, uma vez que suas mães estão ocupadas comendo. Para mim, olhar os animais é um dos aspectos mais importantes de uma boa pecuária. Deve-se observar da mesma maneira um cabrito com potencial ou um com uma pequena dificuldade de andar. Isso pode indicar um problema maior a ser eliminado desde o início. E é sempre divertido observar os cabritinhos trombarem as cabeças e caírem para trás.

Com Wally no celeiro, eu precisava ter olhos atrás da cabeça. Eu não podia deixar, nem sequer um balde de grãos encostado, porque, num piscar de olhos, ele estaria com o balde pendurado no pescoço. Cachorros normalmente não comem sementes, mas ovelhas que estão amamentando são alimentadas com uma rica mistura condimentada com melado. Wally tinha um motivo doce para combinar com sua palhaçada.

Com o passar dos anos, aprendi que é melhor deixar a natureza agir por si só. Às vezes, eu sento ao lado de uma ovelha parindo pela primeira vez, para acalmá-la com uma voz doce, e não aplico nela o método de Lamaze. Mantenho a descendência de boas mães e elimino todos os problemas nos quais consigo pensar, alimentando-as muito bem e proporcionando uma atmosfera de ar puro. A porta do celeiro fica aberta até nas temperaturas mais severas. Eu coloco mais tarde uma cerca para impedir que os carneirinhos andem na neve, mas uma rajada de ar congelante é bem melhor do que condições úmidas e quentes. Ovelhas mantidas em cercas ganham um pouco de melado na água para impedir que esta congele. Wally gostou de experimentar isso também.

Fora do celeiro, Wally estava apaixonado pelo inverno. Apesar de seu pelo curto, ele mergulhou na neve com animação. Do meio da rua, Diva observava-o com desprezo. Wally não pensou em nada além de levar uma bola até um montinho de neve. Pilhas acumulavam-se quando a neve era soprada da pista. Quando formava-se uma crosta, Wally escalava até o topo de sua própria Matterhorn.* Algumas vezes, ele saltava e rolava até o chão, ou usava sua barriga como um snowboard e deslizava até embaixo, como se fosse um pinguim.

Algumas coisas na neve fascinavam Wally. Às vezes, ele andava pela neve e parava, escutando algum som cuja frequência eu não conseguia escutar. Então, ele atacava, quebrando a crosta e confiando em si mesmo para entrar com a cara na neve, deixando visível somente a ponta do rabo abanando. O que ele ouvia era o som dos arganazes do prado, fazendo túneis pela neve em busca de grama e sementes. Frequentemente, ele latia antes de mergulhar o nariz em um suspeito túnel de arganaz, como se ensurdecer sua presa fosse lhe dar algum tipo de vantagem. Acho que ele jamais conseguiu capturar um desses roedores de rabo curto, mas se divertia durante horas salpicando os campos com buracos.

Nós persistimos nas aulas para filhotes. O comando "senta" não era problema para Wally, mas a ação em si deixava o instrutor perplexo, pois ele dizia que o "sentar" só estava correto quando o bumbum do cachorro ficava firme no chão. Como regra anatômica, o bumbum de um bull terrier nunca toca o chão numa posição sentada formal. É como se o quadril tivesse uma

---

*Montanha nos Alpes suíços cujo pico mais elevado é em formato de pirâmide. (*N. da T.*)

mola esperando para saltar a qualquer instante, e a tensão faz com que seus bumbuns suspendam em antecipação. Os olhos do instrutor estreitavam-se enquanto examinava Wally de todos os ângulos, e finalmente concluiu que ele estava sentado, mesmo não estando realmente sentado.

Wally aplicava seu princípio básico "Se não é divertido, não vale a pena fazer" a tudo, e com as aulas para filhotes não foi diferente.

"Senta, deita, venha aqui." Qual era a graça em repetir isso?

O instrutor olhava enquanto eu fazia esse exercício com Wally, quando a ideia de diversão-a-toda-hora fez seus olhos brilharem. Ele estava na posição "deitado" e eu estava a uns dois metros de distância.

— Venha aqui — eu disse, confiante, tendo repetido o exercício até cansar em casa.

Wally me fitou com aquele olhar de pura travessura que salta do triângulo onde seus olhos vivem. E vagarosamente ele começou a rastejar em minha direção, em um movimento que chamamos de "comando de rastejo", com a cabeça baixa, o bumbum levantado e as patas dianteiras arqueadas, arrastando o resto de seu corpo para a frente, enquanto seu rabo abanava em lentos círculos.

O instrutor cerrou os lábios e ficou todo vermelho. Eu tive de recompensar Wally, pois ele havia feito o que fora mandado, apesar de sua interpretação de "venha aqui" ter sido acobertada com criatividade.

— Que animal incrível! — o instrutor exclamou, e foi checar o Jack Russell, que achava que o comando "venha aqui" também incluía desamarrar o cadarço de seu dono.

Dizer que Wally grunhia durante as aulas para filhotes seria amenizar a situação. Eu nunca sentia vergonha de Wally, mas constantemente ficava constrangida por ele. Na quarta semana, nós fomos instruídos a levar para a aula a vasilha de comida de nossos cães. Wally estava curtindo a mesma vasilha de plástico azul por alguns meses. Ele amava sua vasilha de comida quase na mesma proporção que amava a comida em si, e a carregava para lá e para cá. Levava a vasilha para a cama, a lambia e a mastigava, mesmo muito tempo depois de não existir nem mais vestígios de comida. Era uma confusão de marcas de dentes, fazendo da base da vasilha a única parte lisa em si, pois não cabia na boca dele.

O instrutor sacudiu a cabeça. Eu não me lembro de aprender nada usando a vasilha de comida. Só me lembro de Wally deitado em seu colchão rosa, mastigando sua vasilha e fazendo sons desagradáveis e altos.

Ele estava aprendendo da própria maneira. Eu podia levá-lo ao celeiro e dizer que esperasse enquanto eu entrava no cercado, e ele estaria lá quando eu voltasse, embora também estivesse rolando de costas no chão. Ele estava sempre testando os limites. Eu ficava lembrando a mim mesma que não existem filhotes maus, apenas alguns mais inteligentes e espertos.

Para lidar com questões de domínio, o instrutor nos ensinou a fazer com que o filhote sentasse quando quisesse algo, em vez de latir, lamber ou se comportar de alguma maneira não desejada. Quando Wally queria alguma coisa, a necessidade era palpável, então ele entrava rapidamente no módulo sentar-significa-que-eu-quero-algo. Ele sentava em frente à porta quando queria sair; sentava em frente ao sofá quando queria subir; sentava antes que sua vasilha de comida fosse colocada no chão. Parecia estar funcionando, até que um dia eu o vi sentar e esperar, sentar e esperar, enquanto olhava para uma prateleira. Eu não fazia ideia do que ele precisava, mas sua rotina de sentar e esperar era rígida. Como previsto, atrás de um enfeite de decoração estava uma bola de tênis velha que ele queria. No final das contas, a lógica dos filhotes era, de maneira indiscutível, lógica.

Encaminhando-se para o final das nossas aulas de treinamento para filhotes, entramos no ginásio e encontramos diversos brinquedos — bolas, meias e outros itens irresistíveis — espalhados. Qualquer coisa que fosse felpuda e fizesse um som estridente levava Wally a um nível de prazer que beirava um fetiche erótico. Esses eram os frutos proibidos que ele cobiçava. Na sala do veterinário tinha um gato de pelúcia que ficava em cima das revistas. Wally esticava-se em sua coleira para entrar na sala dele por nenhuma outra razão a não ser correr para achar o brinquedo e mutilá-lo. O ginásio "decorado" aproximava-se do paraíso.

Nosso instrutor nos disse que esse campo minado iria testar todos os cães. Cada filhote sentaria de um lado do ginásio enquanto seu domador esperaria do outro lado com uma guloseima. O objetivo era fazer o filhote vir quando fosse chamado e ignorar as distrações ao redor de suas patas. Se o filhote parasse, era para ser chamado e lembrado de sua missão. Meu coração apertou. Os olhos de Wally brilhavam de excitação. Os Garfields de pelúcia e os polvos de pano talvez não fizessem barulho, mas ele certamente queria ver se faziam.

Muitos dos filhotes voaram pelo ginásio para seus donos. Esses eram filhotes que achei que não tivessem o menor senso de si, mas eles certamente responderam às salsichas de frango. Tive de gritar o nome de Wally e os comandos umas vinte vezes. Ele jamais recuou; não demonstrou nenhum senso de impulso significativo. Ele parou. Prolongou-se. Colocou itens na boca, chegando ao meu lado com todos os objetos felpudos com rastros de sua baba de carne.

O instrutor me lançou um olhar seco. Nossa prova da aula para filhotes era dali a uma semana.

Carneirinhos que antes dependiam somente de leite materno agora estavam afundando suas caras na comida com sabor de melado. Bancos de neve derreteram, transformando-se em poças de lama. Eu ficava imaginando para onde os arganazes iam quando seus túneis murchavam, mas o gelo ainda estava no chão. Wally parecia mais com um cachorro do que o filhote desajeitado com patas enormes e cabeça grande que apareceu no primeiro dia de aula.

A prova era preocupante, pelo menos para mim. Seriam longos "senta", "deita", "fica" e uma rodada de saltos com as patas traseiras. Wally ficou louco quando o instrutor jogou uma bola de tênis na frente dele, fazendo com que ele atravessasse o ginásio pulando atrás da bola como um míssil malhado atrás de calor. Instaurou-se o caos, e vários filhotes retrocederam, mastigando a cara uns dos outros e rasgando cadarços. Nosso instrutor tinha algo muito mais digno em mente, mas ele cedeu à vontade dos filhotes e nos deixou atirar as coleiras pelos ares.

Por um milagre, Wally ganhou seu diploma de graduação e foi poupado da humilhação do reformatório. A primavera estava no ar.

16

Esses cachorros caçam

Sempre aproveitei as estações na fazenda, mesmo sabendo dos extremos de calor, frio, poeira e lama que as acompanham. Às vezes, a primavera passa tão rápido que quase não a sentimos. Um dia, a neve carregada de lama derrete em uma chuva morna que esverdeia o pasto. As anotações diárias viram orações de notas de jardim: "Uma linha de milho plantada, batatas aterradas, precisa-se de mais ervilhas."

As galinhas já estão prontas para serem apanhadas na loja de suplementos de fazenda. Bolas amarelas de pelúcia que surgem de repente com a densidade de marshmallows juntam-se às ovelhas no celeiro, onde as galinhas aconchegam-se embaixo das lâmpadas de aquecimento de inverno que as esquentam até que troquem as penas. Gansos de pescoço preto atravessam o lago inundado, deixando o rastro dos gansinhos para trás. Ao anoitecer, o ar — agora com cheiro de terra — é preenchido com o som de sapos-espiões cantando sua luxúria.

Wally gostava do lago. Eu o levava até lá e sentava em um tronco de árvore, enquanto ele empinava nas bordas e entrava na beira da água límpida e gélida sempre que um sapo pulava.

A água era rasa na beira, e ele conseguia andar facilmente pela borda de grama, e, às vezes, avançava em um lugar onde um sapo tinha desaparecido.

Ele ficou mais corajoso e começou a nadar no lago, sempre à procura de anfíbios saltitantes. Sua cabeça aparecia sobre a água enquanto ele cruzava o lago, parecendo mais um crocodilo do que um cachorro — olhos pequenos e brilhantes em busca de patas de sapos. Nós o chamávamos de "Wallodilo". Até onde sei, ele jamais capturou um sapo.

Havia outros caçadores por lá, cujos dotes nós questionávamos mais do que os de Wally. Ouvimos de amigos e da família que a polícia estava nos rondando, perguntando sobre Stephen e seu trabalho, e chamando diversos amigos e conhecidos para serem formalmente interrogados.

Parecia óbvio para Stephen e para os advogados que a investigação poderia ser encerrada se a polícia fizesse uma pequena pesquisa sobre o profissionalismo dos escritores. Afinal de contas, as técnicas de investigação e de relato possuíam similaridades. O professor de Direito que estava aconselhando Stephen também acompanhara diversos dos procedimentos legais envolvidos no caso como consultor de mídia. Ele sabia de todo o material que fora apresentado no julgamento. Como muitos outros, ele suspeitava que essa investigação tinha menos a ver com o conteúdo do livro em si do que com as fontes de Stephen, indivíduos que deram a ele informações que condenavam várias autoridades envolvidas nas investigações malfeitas do assassinato e das acusações subsequentes.

Uma reunião foi marcada para uma conversa informal com os oficiais responsáveis pela investigação. O professor de Direito acompanhou Stephen, e todos se encontraram em um prédio com uma aparência macabra. Pela primeira vez, Stephen soube que seus investigadores eram da Unidade Principal de Investigação, o que parecia um pouco excessivo, uma vez que ele era um escritor e não um assassino. Tudo o que eles queriam é que Stephen desse os nomes. A ética jornalística e a inviolabilidade das fontes eram irrelevantes para eles.

Wally e eu esperamos no estacionamento. A tarde estava sufocantemente quente, e nós encontramos um gramado com sombra onde podíamos praticar alguns exercícios de obediência para cães. Depois das aulas de adestramento, Wally foi direto para uma aula de obediência para cachorros adultos. Descobri que educá-lo era uma distração muito bem-vinda. Ele estava indo muito bem na aula com cachorros grandes, que eram mais tranquilos do que filhotes, mas, vez ou outra, o instrutor o acusava de transformar o ginásio em seu próprio clube particular de comédia. Se a multidão estivesse quase desistindo, Wally fazia com que todos rissem.

Com o passar do tempo, pensei que o time de Stephen podia ter usado um pouco da leveza de Wally em sua sala (sem janelas) de interrogatório.

Eu estava certa. Quando Stephen e o professor saíram do prédio, ambos soltavam fumaça pelas orelhas. Nada havia sido consumado. A entrevista terminou em empate.

Mais tarde, um amigo que tinha experiência em assuntos policiais nos disse que não estava surpreso.

"Isso não irá simplesmente desaparecer", ele disse. "Esses cachorros caçam. Isso é o que eles fazem."

17
Anonimato na outra ponta da coleira

Duas semanas após a entrevista policial de Stephen fui nomeada Mulher de Distinção nas Artes e na Cultura da YWCA.

Na noite do jantar/baile de apresentação meus pais e amigos sentaram-se conosco junto a uma mulher da política local. Minha mãe e meu pai brilhavam de alegria, como sempre faziam quando a filha deles os deixava orgulhosos. Enquanto conversava com minhas amigas, notei Stephen conversando com a mulher da política sobre o seu caso. Ela parecia claramente desconfortável. Era uma reação muito comum. As pessoas frequentemente acreditam que se as autoridades — a polícia, o homem dos impostos, o segurança das ruas, qualquer coisa — decidirem prestar atenção em um indivíduo, esse indivíduo é certamente culpado de algo, e o estrago pode atingir qualquer um que eles cumprimentem. Parece que nada mudou muito desde Salem.

Nós passamos aquele verão cansados por antecipação. Tinha chegado a público o fato de Stephen estar sob investigação policial. Repórteres ligavam regularmente para ficar a par da situação. Nosso calendário social diminuiu absurdamente. Quando íamos a um evento ou a uma festa a pedido de nossos fiéis amigos que nos apoiavam, a conversa sempre terminava em um relato da situação. Estava ficando cansativo.

Precisávamos de uma distração. Tinha de ser algo que nos levasse para bem longe de nosso círculo de amigos e colegas, longe da fazenda, mas com os cachorros. Eu queria que fosse um passatempo em que ninguém soubesse ou se preocupasse com quem éramos ou com o que fazíamos. Lembrei, então, da minha experiência com Diva em concursos para cachorros. Ninguém prestava a menor atenção em mim; todos os olhos estavam no cachorro.

Alguns ancestrais de Wally eram campeões. Ele tinha genética de campeões britânicos, americanos e canadenses de muitas gerações, cães como Monkery's Buckskin, Burundi Black, Aricon Eye Spy, Jocko's Caesar of Magor e um bull terrier com o nome de Bullyrook Batteries Included. Antes que as orelhas de Wally ficassem para cima, fomos avisados que ele tinha "potencial para ser campeão". Nós podíamos fazer pequenas viagens de um dia e ficar totalmente anônimos, enquanto curtíamos todas as salsichas de frango que conseguíssemos comer.

Liguei para o clube de bull terrier no qual eu tinha me inscrito para saber sobre datas de concursos. Concursos somente para cães bull terrier eram dali a meses, então resolvi inscrever Wally em alguns concursos para todas as raças, onde podíamos nos distrair olhando a variedade de raças mostrando suas pompas. Fiz tudo contra os melhores conselhos da secretária do clube de bull terrier.

"Você vai competir contra o Willy", ela falou e fungou. "Tem campanha dele em todos os lugares."

Eu não fazia a menor ideia de quem fosse Willy, mas ele não me amedrontava. Eu nos inscrevi no primeiro concurso que tinha vaga. Era dali a um mês, e me custou a bagatela de vinte dólares. O concurso marcaria o primeiro aniversário de Wally. Ele foi inscrito na competição de boas-vindas, que tinha uma espécie de ringue para os cães.

Achar uma coleira com filigrana para concurso me custou um dia inteiro. Fomos a uma loja especializada em tudo relativo a cães e concursos. Sempre imaginei de onde será que surgem aquelas vasilhas que tiram a franja dos olhos de um yorkshire terrier. Havia sacos delas em promoção de todas as cores.

Tive de treinar com Wally, confundindo-o completamente, uma vez que os concursos para cachorros têm um regulamento diferente do treinamento de obediência. Por exemplo, é um comportamento feio se o cachorro sentar no meio do concurso. Espera-se que eles fiquem de pé e eretos — com o peito inflado, a cabeça erguida, os olhos em alerta e as patas fixadas com firmeza. Apoiar-se no domador ou descansar apoiando-se nos quadris é um tabu. O que me surpreendeu enquanto treinávamos foi a rapidez com que Wally conseguia ir de uma posição ereta para rolar de costas.

De acordo com o padrão das raças, um bull terrier "precisa ter um porte forte, ser musculoso, simétrico e ativo, com uma expressão perspicaz, determinada e inteligente, cheio de fogo, mas com disposição doce e claramente disciplinado". O mero cheiro de salsicha de frango despertou doçura e obediência em Wally. Ele era forte, musculoso e ativo o suficiente para entrar numa pilha de madeira sem perceber que somente esquilos poderiam caber naqueles espaços entre os blocos. Eu achava que ele era simétrico, se um rabo constantemente abanando fosse considerado suficiente para equilibrar sua cabeça desastrada. Sua expressão inteligente aparecia quando ele estava tentando conseguir mais um pedaço de salsicha de frango de maneira sutil e determinada. É claro que eu achava que não tinha nada de "padrão" nele.

Se você gosta de cães e nunca foi a um concurso de cachorros, dê um jeito de ir. O Westminster Kennel Club Show na cidade de Nova York é o auge dos concursos na América do Norte, e tem a excelente característica de ser um concurso com "bancos", o que significa que todos os cachorros que se apresentam podem ser admirados pelo público durante todo o concurso. Entretanto, na maioria dos concursos para todas as raças os cães são julgados por raça em ordem alfabética. Portanto, pessoas com cachorros da raça affenpinscher e qualquer uma afeganesa dormem menos, e membros do público em geral que gostam de dormir até mais tarde em fins de semana de concursos de cachorros normalmente perdem as primeiras apresentações.

Eu não estava preparada para meu primeiro concurso de cachorros com todas as raças. O absoluto caos no estacionamento do lado de fora da arena não estava nos planos. Havia pessoas descarregando cães em carrinhos de mão, com equipamentos e caixas cheias de prendedores, secadores de cabelo e todos os produtos para aumentar, amansar, desembaraçar e fazer pelo de cachorro brilhar. Na parte de trás do estacionamento, uma confusão de trailers, picapes de fora do país, vans e utilitários esportivos estavam organizadas como uma vila tribal de domadores de cães de concurso. Pessoas do "Grupo dos cães de caça" estavam posicionadas ao lado das pessoas do "Grupo dos cachorros miniatura". Pessoas com cães de trabalho e pessoas com cães de raças não esportivas misturavam-se numa camaradagem pacífica ao redor de mesas de piscina e espreguiçadeiras, onde expositores trocavam comentários dos juízes, compartilhavam histórias de guerras antigas e fofocavam.

Stephen me deixou lá com Wally e foi procurar uma vaga. Passeei com Wally em uma área não cercada para "alívio dos cães", e ele fez suas necessidades com relutância somente após todos os outros cachorros terem deixado o local. Um borzoi que estava passando tentou cheirar seu traseiro e isso o fez voar para fora dali. Wally, então, viu um outro bull terrier, só que todo branco. Ele congelou, da mesma forma que faz, às vezes, quando percebe seu reflexo na porta da geladeira ou no espelho.

Fiz a inscrição e peguei uma faixa para o braço com meu número. Nós éramos o 009, e percebi que tinha sido uma das primeiras a pagar a taxa de inscrição porque, de acordo com o catálogo, os números das faixas de braço foram até mais de 500. Só havia quatro inscrições de bull terrier, e Wally era o único macho. O julgamento era no Ringue 2, onde esperávamos enquanto os cães da raça staffordshire terrier americanos eram julgados, e os terrier australianos, que mediam a metade do tamanho deles, reuniam-se.

Stephen nos encontrou e ajustou a faixa do meu braço, tirou o cabelo dos meus olhos e fez carinho em Wally. Eu me vesti especialmente para o evento, com uma jaqueta amarela chamativa que eu jamais usaria em outra ocasião, mas achei que combinava muito bem com as listras alaranjadas de Wally. Suas orelhas estavam limpas e suas unhas cortadas, e eu tinha dado banho nele com a mangueira do jardim para torná-lo atraente.

A ordem dos concursos para cachorros é diferente da ordem dos botes salva-vidas em naufrágios — os machos são julgados primeiro, do mais novo para o mais velho; com algumas outras categorias no meio. É, então, a hora das cadelas, um termo perfeitamente sem ironia em um concurso para cachorros. O organizador — que administra tudo, desde a papelada de inscrição até os pedidos para limpeza dos ringues — pediu para que as cadelas filhotes de bull terrier entrassem no ringue. As fêmeas passaram por Wally trotando, rebolando seus bumbuns, enquanto os domadores fingiam que eu não estava ali. A minha jaqueta amarela chamativa e um cão com um sorriso bobo como o de Wally são difíceis de ser ignorados, então tomei a liberdade de dar um tapinha no ombro do organizador enquanto as cadelas esperavam lindamente no ringue. Ele ficou em choque quando eu estava sugerindo que ele havia esquecido uma das inscrições em sua lista — mas lá estava eu, com uma faixa de braço, um recibo, cópias dos papéis de registro do meu cachorro e um catálogo claramente mostrando nossa inscrição.

Parecia que alguém havia tentado enganar a Madre Teresa. O juiz estava impaciente. Ele tinha 35 cães terrier para julgar entre 9 horas e 10h30. Até então, ele tinha julgado apenas quatro raças e nove cachorros. O organizador checou tudo duas vezes com a secretária do concurso e com o chefe da organização. Wally fora oficialmente inscrito, não havia dúvida.

As cadelas deixaram o ringue e o organizador chamou o bull terrier 009.

Esfreguei minha mão embaixo do focinho de Wally e sussurrei em sua orelha: "É hora do show."

E lá fomos nós, trotando livremente pelo ringue, onde Wally parou e congelou como uma estátua enquanto o juiz olhava para ele. Sem fazer suas tentativas comuns de tentar lamber qualquer mão que se aproxime dele, Wally manteve a pose — atento à minha mão, a qual eu mantive perto do meu peito, dando a ele somente o menor dos relances de um ratinho de pelúcia que eu guardei como segredo. O juiz fez carinho na cabeça dele, checando o formato de seu ombro e a elasticidade de seu quadril. Fui para o lado de Wally e segurei sua mandíbula, permitindo que o juiz examinasse o branco perolado de seus olhos.

— Vá até o canto e volte — disse o juiz.

Fiquei muito feliz de ter assistido às últimas aulas. Fui andando rapidamente com Wally em diagonal no ringue, onde fizemos uma linda virada e voltamos direto para o juiz. Wally viu a ponta do ratinho de pelúcia dentro da minha jaqueta quando virávamos e deu um chute com as patas traseiras. Quando ficamos a alguns centímetros do juiz e eu tirei o ratinho da jaqueta, todos os músculos de Wally ficaram eretos e ele estava sorrindo de orelha a orelha. Parecia que tinha tanta alegria dentro dele que iria explodir.

— Você pode ir — disse o juiz, e nós saímos trotando do ringue.

Wally estava em pé, movendo-se como um animado jogador pronto para coletar seus ganhos. Eu estava saindo satisfeita do ringue e feliz por ter lembrado de colocar meu sutiã esportivo.

Achei que Wally tinha ganhado a categoria com agilidade, mesmo sem ter competidores. Esperamos enquanto as cadelas mostravam suas habilidades. Stephen começara a mostrar algum interesse. Eu olhava como os outros domadores seguravam a coleira, às vezes enrolando-a bem fraco pelo ombro enquanto o juiz examinava o cão. Eles olhavam para o cachorro e para o juiz ao mesmo tempo. Alguns tinham guloseimas de fígado seco que mantinham em suas próprias bocas até que precisassem usá-las como isca. Eu não achei que poderia ir tão longe. Wally estava puxando a coleira, tentando pegar um biscoito que alguém deixara cair no chão próximo à mesa do organizador. A cadela filhote mais velha com um domador profissional ganhou da mais nova. Eram ambas adoráveis.

"Minha pequena bruxinha é uma cadelinha perdedora", disse o dono da cachorrinha mais nova ao deixar o ringue um pouco mal-humorado. Eu acho que ele não teve a intenção, mas Wally quase tropeçou nela.

Agora, três bull terriers eram chamados para o ringue para determinar quem seria o Vencedor Geral — a cadela filhote, uma cadela adulta ou Wally, o Cão Fantástico. Olhei para Wally e pude ver que ele estava pálido, tranquilizado pelo peso das salsichas de frango em seu estômago. Ao grunhir do ratinho, ele ergueu-se para um último sorriso e um último rebolado enquanto o juiz passava as mãos pelas suas costas.

"O Melhor da Raça e O Vencedor Geral", disse o juiz, um camarada com um rosto bondoso e úmido, que lembrava um pouco o fazendeiro Hoggett no filme *Baby, o porquinho atrapalhado*. Agradeci ao juiz generosamente e recolhi restos de fígado seco enquanto apertava as mãos dos meus amigos competidores.

Tínhamos acabado de ingressar em nosso novo passatempo e já tínhamos alguns laços e dois pontos no título do campeonato de Wally. Uma hora depois, estávamos de volta ao ringue para o julgamento do grupo dos terrier. Somente 15 raças de terriers foram representadas, apesar de existirem mais de duas dúzias listadas no clube. Muitos dos cães (e cadelas) eram os únicos representantes de suas raças em suas categorias e eram chamados de "especiais" porque já haviam atingido o status de campeão. A maioria desses cachorros tinha um domador profissional. É possível reconhecê-los facilmente no estacionamento, onde suas vans e trailers geralmente continham um número de diferentes raças de algum cachorro que eles estavam fazendo campanha para o dono.

Acontece todas as vezes. Por exemplo, não se vê o comediante Bill Cosby empinando seus terriers vencedores pelo ringue, apesar de ele ter dois terriers galeses e um fox terrier de cabelo espetado que ganhou no grupo dos terriers em Westminster. Esses, geralmente, são cachorros que possuem muito dinheiro, aproveitando-se de seu mérito de futuras possibilidades de raças. Eles não são cachorros como Wally, que preferiria estar caçando marmotas ou batendo com a cabeça numa bola.

Existia uma séria tensão no ringue de competição, que parecia agora um espaço confinado com cachorros esbarrando seus traseiros uns nos outros. Wally estava particularmente preocupado com o fox terrier calmo que estava atrás dele e tinha um nariz curioso. Quando mandaram que andássemos com os cachorros pelo ringue, Wally ficava olhando constantemente sobre seus ombros para ver se alguém estava ganhando dele. Com as orelhas abaixadas e o rabo entre as pernas, ele mais parecia um ladrãozinho de galinha do que o "gladiador da raça canina" que era para ele representar. O juiz acabou apontando o dedo em nossa direção, e eu comecei a puxar Wally para o meio do ringue até que o organizador, em pânico, me puxou para trás. Era o terrier com cara de lontra que estava sendo chamado para uma observação mais precisa. No final, uma miniatura cinza salpicada de preto e branco de schnauzer com sobrancelhas prateadas e bigode com estilo de Papai Noel ganhou o maior prêmio.

Estávamos exaustos. Stephen estava certo de que Wally poderia ter derrotado o schnauzer se tivesse tentado. Passamos o resto da manhã admirando cães e absorvendo o processo do concurso. Algumas das raças miniaturas foram cuidadosamente tratadas, fio a fio. Os olhos dos pastores ingleses foram descobertos e cobertos várias vezes. Em cestas forradas com toalhas, centenas de dólares determinados pela genética cochilavam antes do término com o juiz. Uma menininha olhou para Wally e resmungou: "Olha, é um cachorro carpinteiro." Ninguém se importava com quem estava na outra ponta da coleira.

18

Percorrendo o caminho

Roy Rogers morreu naquele verão. Escrevi um tributo ao meu "colega de cela" preferido para a rede de rádio pública em que contei histórias de fazendeira por quase uma década. Roy chamava-se, na verdade, Leonard Franklin Slye. O "Rei dos Caubóis" cresceu em Duck Run, Ohio, onde ele ia para a escola num cavalo marrom e aprendeu a cantar yodel.*

Lembrei os dias loucos em que galopava na infância, quando o caubói vesgo de chapéu branco e espora de metal entrou na sala de minha casa e levantou poeira, montado num palomino à procura dos homens maus. Desejei ouvir a música *Happy Trails* de meu caubói herói cantor, da maneira que ele e sua esposa, Dale Evans, sempre sorrindo, cantavam na música-tema do show.

Conforme o "Código do Oeste" de Roy Rogers, todos temos a obrigação de cuidar dos animais e tratar bem as crianças e os idosos. É difícil discutir com sermões. Lembrei também uma

---

*Canto típico dos alpícolas, com mudanças abruptas de voz normal e falsete. (N. *da* T.)

parte de uma das músicas que Roy e Dale cantavam: "O que conta é a maneira como você percorre os caminhos." Isso significou muito para mim quando eu era criança, e passou a significar mais e mais agora.

Wally e Diva se fizeram de bobos durante todo o verão, rodando em círculos e tentando inventar novas maneiras de nos fazer brincar com eles. Quando Diva se cansava, deitava embaixo de sua árvore preferida e ignorava as travessuras de Wally. Era bom para o cão mais velho se exercitar e mostrar alguns truques para o astro juvenil.

Pela primeira vez, Wally experimentou as palhaçadas dos cabritinhos. Quando saem do celeiro, os cabritos acham que o pasto inteiro é seu playground. Eles trombam as cabeças, correm em bandos e dançam de costas quando as sementes macias de dente-de-leão espalham-se pelo caminho. Eles também fazem de tudo para escapar do pasto e aventurarem-se pela estrada. Normalmente, isso inclui arrastar a barriga por baixo de um portão ou encontrar um buraco na cerca. Uma vez que um cabritinho acha o caminho para a "liberdade", todos o seguem, pois faz parte do Código dos Cabritos seguir sem pensar.

Wally encontrou, numa manhã fresca de verão, cerca de cinquenta cabritinhos, da altura do joelho de um adulto, amontoados no círculo de grama no final da estrada, do lado de fora do celeiro e além do terreno do pasto. Sua resposta imediata foi correr até mim para me "contar" a novidade.

Seguir cabritos é um comportamento de más notícias para cachorros, então, coloquei Wally na coleira para o primeiro encontro com os cabritinhos fujões. Eles levantaram a cabeça todos juntos quando aparecemos na esquina. Pareciam adolescentes flagrados fumando atrás do curral. Em segundos, todos estavam correndo para passar por debaixo do portão e voltar para o pasto. Wally achou aquele frenesi bastante animado. Fomos até o portão e assistimos aos cabritos voltarem correndo para suas mães e abocanharem suas tetas na tentativa de uma rápida refeição.

As ovelhas, que consideraram uma ofensa ter um cachorro por perto, foram até Wally para dar coices nele, e ele as ignorou. O interesse de Wally pelas ovelhas era estritamente limitado ao que saía delas, um problema escatológico que contagia a todas as raças de tempos em tempos.

Os carneirinhos foram ficando mais destemidos. Cada vez que Wally encontrava um grupo deles na estrada, ele vinha até mim com uma ruga de preocupação na testa. Tudo o que eu tinha de fazer era bater palmas para que o pequeno monstrinho travesso corresse para proteger seu terreno. Como Wally, eles estavam em idade de testar limites.

Numa manhã, eu assistia da janela do segundo andar da casa a um grupo de carneirinhos se arrastar por debaixo do portão. Vi, então, Wally aproximando-se deles com sua bola de futebol.

Bolas são objetos sagrados para Wally. Assim como a estrutura da hélice dupla do DNA era uma descoberta grandiosa e única para James Watson e Francis Crick em 1953. Wally contempla as bolas, as cutuca, as aninha e as mastiga. Observá-lo brincar com bolas é uma admiração que desperta a pergunta: "Existe algo mais divertido do que correr atrás de uma bola arremessada?" Alguns cachorros chegam ao êxtase com os discos de plástico, mas Wally sempre gostou das coisas redondas.

O jogo dele é o futebol, e ele lida com a bola com a desenvoltura de um atacante na Copa do Mundo. Se ele ainda não tivesse crescido para saber e apreciar seu nome, Wally poderia facilmente mudá-lo para Pelé ou Beckham. Ele usa as belas patas dianteiras habilmente, como Oscar Peterson usa suas mãos no piano, deslizando com a esquerda e abrindo como um leque com a direita. Ele também consegue jogar a bola para trás e usar seu bumbum. Ele salta no ar para cabecear e equilibra bolas de tênis saltitantes em seu nariz desde pequeno.

Agora ele tentava descobrir qual era a dos carneirinhos. Ele empurrava a bola na direção deles. E nada. Eles mal davam uma olhadela enquanto pastavam. Ele empurrava com mais força, e um carneiro corajoso ia lá e pisava na bola. Mais três tentativas sem sucesso e Wally estava pronto para levar sua bola para outro lugar. E foi aí que uma ovelhinha meretriz, a passos lentos, ofereceu-se para Wally da maneira mais sugestiva possível — isto é, para uma ovelha. Pensando em ter uma "ovelhull" ou um "carneiro terrier" no meu celeiro, abri a janela e gritei, mandando as ovelhas correndo para o pasto, e Wally, correndo para casa.

Eu me recordo daquele verão como uma série longa de relances de Wally correndo, passando pela janela, ora seguindo suas bolas de futebol, ora atochando-as dentro de um balde raso e correndo em volta de uma árvore fingindo varrer. Ele se divertia com isso. Diva o observava de sua cama na varanda, com a cabeça virando de um lado para outro, como um espectador de um jogo de tênis, enquanto ele corria para um lado e para outro no jardim com uma energia sem fim.

A outra coisa que me lembro daquele verão foi a crueldade de esperar a polícia concluir a investigação. A primeira notificação sugeriu um período de três meses. Oito meses se passaram sem uma palavra sequer. Trabalhei sem parar terminando mais um livro. Stephen estava frustrado. Ninguém falaria com um jornalista investigativo sob investigação policial. No final de setembro, o advogado de Stephen enviou uma notificação requisitando uma decisão para o caso em até trinta dias. Exatamente trinta dias depois ele recebeu um pedido para que seu cliente se apresentasse à delegacia policial para ser formalmente indiciado com duas acusações criminais de violação de ordem judicial, que resultariam numa pena máxima de dois anos de prisão.

Soubemos disso no final da tarde, quando eu me preparava para fazer um discurso numa conferência de pastores religiosos que trabalhavam em áreas rurais. Enquanto eu dirigia para o evento, Stephen pegou seu celular e começou a ligar para seus contatos na mídia e para alertar associações representantes da comunidade escritora.

Fui informada que meu discurso fora bem recebido e que se riu muito mais do que normalmente no hall daquela igreja luterana. Alguns pastores, inclusive, arrumaram um jeito de colocar um pouco do material do meu trabalho em seus sermões futuros. No final do dia, eu estava sentada a uma mesa dando autógrafos em meus livros para os reverendos e ouvindo suas histórias. Muitos deles cumprimentaram Stephen e agradeceram por ele me ajudar tanto na fazenda. Eu só podia imaginar o que eles estariam pensando no dia seguinte, quando lessem os jornais.

Eu tinha outro discurso para fazer no dia seguinte, pois o outono era uma época em que muitos grupos se encontravam para fazer uma celebração anual. Apesar de querer desesperadamente estar com Stephen e com seu advogado quando eles foram para a delegacia, me encaminhei para uma sala cheia de mulheres fazendeiras que estavam tendo um dia de trabalho com o tema "Como expandir seus horizontes". Quando saiu da delegacia, Stephen juntou-se novamente a mim para me ajudar no processo de autografar meus livros. Contei às mulheres algumas histórias envolvendo aventuras malsucedidas de Stephen na fazenda e elas o saudaram como se fosse um amigo de infância, algumas cutucavam-no de brincadeira no braço enquanto outras davam um abraço carinhoso. Imaginei como seus horizontes seriam expandidos quando elas assistissem ao jornal das 18 horas.

Os policiais planejaram fazer uma coletiva de imprensa na delegacia, mas desistiram quando viram a capa dos jornais com reportagens que salientavam a liberdade de expressão. Nesse mesmo dia, a União dos Escritores do Canadá enviou uma carta para o governo dizendo que "investigações desse porte — numa tentativa de obter as fontes confidenciais de um escritor — constituem violação da liberdade de expressão, um aspecto essencial de uma sociedade livre e democrática".

Stephen achou humilhante todo o processo de tirar foto de frente e de lado e de tirar suas impressões digitais, o que é exatamente a intenção desse ato. Respirei fundo antes de assistir aos jornais naquela noite. Eu devia ter gravado, a imagem de Wally e Stephen jogando futebol do outro lado da rua da delegacia antes de o advogado chegar. Não importa o que acontecesse, tínhamos Wally nos acompanhando.

19

Instinto natural

Os concursos para cachorros são somente uma questão de aparência, mas a funcionalidade também é levada em consideração. Os greyhounds são cães de velocidade por um motivo — para caçar alces e gazelas, e até coelhos. Os inuítes* usavam os malamutes do Alasca como um cão com todas as funções, desde perseguir ursos-polares em nevascas a puxar trenós pesados e aquecer crianças durante as noites absurdamente frias do noroeste. Os galgos escoceses, os foxhounds e todos os tipos de retrievers e pointers já possuem seu trabalho determinado pelo nome. As raças de cachorro são tão encantadoras quanto seu gênero sugere. Os bull terriers ficaram refinados devido ao passado cruel, mas ainda possuem o instinto natural de todos os terriers de tentar descobrir o que mora dentro de um buraco.

Wally checava os buracos de marmota constantemente, indo de um em um, cheirando e andando em círculos, procurando um sinal de vida. Uma vez, observei-o expressar-se de maneira

---

*Os inuítes formam a mais populosa nação indígena de Quebec, no Canadá. (*N. da T.*)

definitiva para uma marmota defecando no que parecia ser a entrada de um esconderijo subterrâneo. Às vezes, ele carregava uma bola, e se sentisse um odor pungente ou um cheiro particularmente interessante, com frequência, largava a bola no buraco, para onde ela rolava até ele não alcançar mais, sepultando-a junto às marmotas sujas. Ele largou tantas bolas nos buracos que eu fantasiava sobre as marmotas terem uma pista de boliche subterrânea no final de seus túneis, na qual as bolas de Wally moviam-se derrubando os pinos.

A coleção de bolas de Wally era uma diversificada variedade de bolas babadas de tênis, de vôlei, de basquete e de futebol, todas em vários estágios de decomposição e esvaziamento. Pouco tempo depois esgotei-me em viagens semanais até a loja de esportes para repor as bolas capengas. Eu, simplesmente, não podia ter minha vida bancária destruída toda vez que ele furasse uma bola cara, da mesma maneira que eu estimava a necessidade de o gerente da loja de esportes mandar seus filhos para a faculdade. Wally fora treinado para usar um brinquedo de borracha dura chamado Kong como um guardião de sua boca todas as vezes que ele jogava futebol ou zunia suas bolas grandes.

Os bull terriers são conhecidos por sua audição seletiva, mas quando se trata do privilégio de associá-la a bolas, eles obedecem a qualquer regra só para terem o direito divino de acesso. Se Wally deixa cair o guardião de sua boca no meio de um jogo, ele se lança para recuperá-lo, não importa o joelho de quem esteja na frente. Quando isso acontece, a cabeça dura como um osso de Wally transforma-se em um saco de cimento oscilante. Eu já tive uma parcela considerável de contusões.

Experimentei todos os tipos de bolas. Tornou-se uma forma de obsessão tediosa. Wally amava bolas de borracha e a vastidão de seus pulos, mas ele podia rapidamente transformá-las em um pesadelo de pedaços mastigáveis. Meu pai doou algumas bolas de críquete que ele guardara de sua infância inglesa, mas elas não quicavam, e remover a "presa" aleatória imitando ações de bolas as tornavam desinteressantes. Um amigo me mandou uma bola de plástico denso feita na Inglaterra, mas era muito pesada e muito grande para brincadeiras rápidas. Eu precisava encontrar uma pequenina bola duradoura que aguentasse o poder da mandíbula de Wally.

Reduzindo o problema às bolas de lacrosse, comecei a testar a qualidade de várias marcas, uma vez que nem todas são feitas da mesma maneira. Finalmente, encontrei uma que poderia durar, em uma loja cara especializada em equipamento de lacrosse para campeonatos. E para imensa alegria elas também vinham em outras cores além de branco, pois era desastroso quando perdíamos uma bola na neve. Tinha até uma que brilhava no escuro. Imaginei que essas seriam muito práticas quando precisássemos procurar por bolas embaixo dos móveis.

Wally estava trotando com uma bola em sua boca enquanto andava pelo bosque com Stephen no final do outono. Os caminhos traçados no meio das plantas são lineados por galhos de pinheiros frágeis e pontudos. É um lugar de paz que controla um estado contemplativo. Conheço algumas pessoas da cidade que dizem não conseguir se imaginarem passando cinco minutos em silêncio interior. Se fossem colocados nesse caminho entre os galhos pontudos talvez mudassem de ideia.

Perdido em seus pensamentos naquele mundo silencioso, Stephen foi abruptamente retirado do meio místico por uivos de Wally que ele jamais ouvira antes. Esse não era um uivar surpreso de um filhote que levou uma mordida no nariz de

Diva por a estar importunando. Não era o "caim, caim, caim" comovente que ouvimos quando Wally caiu da ponta do muro de um poço de pedregulhos e escorregou por três andares arrastando suas costas sensíveis. Não era o choro dolorido que ouvimos quando ele arrancou uma unha dianteira correndo numa pista coberta de neve, transformando nossa primeira filmagem dele mais em *Cachorros empalhados* do que em *O primeiro inverno de Wally*. Esses eram gritos que faziam gelar o sangue e não acabavam nunca.

Confuso, Stephen correu em direção ao horror e achou Wally batendo a cabeça no chão, com a cara coberta de espinhos de porco-espinho. Nessa hora, a almofadinha de alfinetes cinza que havia gerado todo aquele estrago já fugia para a floresta. Stephen colocou Wally em seus braços e correu com ele para casa, para o carro, para mim e para o veterinário.

A mídia rapidamente notou que Stephen era um homem "grande", e era exatamente isso o que essa situação exigia. Anos de treinamento com pesos e levantando halteres na saleta/quarto de pingue-pongue que ele transformara em um ginásio particular permitiram que Stephen carregasse um cão de 32,5kg agonizando de dor por 12 hectares de galhos de pinheiros e pasto. Encontrei os dois do lado de fora do portão do pasto, ambos exaustos e apavorados.

Wally queria esfregar seu focinho repleto de espinhos no chão para se livrar deles. Eu o segurei enquanto Stephen trazia a picape. No banco de trás, eu envolvi Wally com uma toalha para tentar evitar que ele esfregasse os espinhos com as patas, para não quebrá-los nem empurrá-los ainda mais para dentro. Ele tinha espinhos na língua e no céu da boca. Alguns estavam perigosamente perto de seus olhos. Retirei alguns enquanto o segurava.

A veterinária levou uma hora para retirar todos os espinhos do pobre Wally, sedado. Stephen não podia nem pensar em olhar e deveria ter sido sedado também. Fiquei ali do lado até que a Dra. Kim, perto do último mês de gravidez, tirasse os espinhos com um hemostato em formato de tesoura, arrancando-os com uma força impressionante. Wally acordou abanando o rabo. Ao contrário do que dizem os mitos populares, não existe nenhum veneno nos espinhos, e eles não têm formato de gancho. A ponta do espinho é espiralada com uma protuberância pontiaguda projetada para trás, com a função de penetrar e não de retroceder. A veterinária falou que era, de certa forma, um desafio tirar espinhos do focinho, devido à textura "cartilaginosa" do focinho do bull terrier. Aham! Eu não mencionei que os beijos dele eram mais doces do que vinho.

Os ferimentos com pequenos buracos cicatrizaram normalmente, eu só precisava emplastar alguns com uma pomada veterinária, a qual eu também obtive sucesso usando em mim. Muitos espinhos foram gradualmente sendo empurrados para a superfície, onde eu os arrancava com o alicate do meu canivete suíço. Um espinho em particular estava atravessado por baixo da pele logo abaixo do olho esquerdo de Wally. Estávamos levando os cachorros para tomarem o reforço da vacina de raiva e eu queria um profissional para remover aquele espinho.

Alguns dias antes da consulta notei Diva movendo-se mais devagar do que o normal. Alguma coisa na maneira como ela se equilibrava estava diferente, e seu pelo não tinha mais aquele brilho preto-azulado. Ela comia, mas sem vontade. Coelhos estavam agrupando-se embaixo dos arbustos de lilases na neve de dezembro, e ela não tinha interesse algum em subir no braço do sofá para observá-los. Eu acariciei suas bochechas macias e ela gentilmente lambeu minha mão. Algo estava errado.

O espinho de Wally fora removido, e um check-up geral em sua pele constatou que ele estava sem riscos de infecção e pronto para voltar à floresta, na coleira. Antes, ele só havia tomado vacinas da amável Dra. Kim, que agora estava de saída, preparando-se para o nascimento de seu bebê. Eu não gosto muito de agulhas. Quando era pequena, só deixava que o Dr. MacKenzie aplicasse injeções em mim, pois ele me confessara que tinha uma borracha especial de agulhas que ele só usava em mim. Talvez a Dra. Kim tivesse enganado Wally da mesma forma. Quando outro veterinário dava vacina nele, Wally latia e uivava, e tinha de ser levado para a picape debatendo-se no caminho. Os bull terriers oscilam entre serem absolutamente estoicos e absolutamente covardes.

Liguei para falar de Diva no início da semana, mas como ela não tinha febre e parecia não estar sofrendo, nós esperamos. O veterinário tirou sangue, que estava grosso e escuro. Outros testes e raios X foram feitos. Nada era óbvio, mas ele queria fazer uma cirurgia exploratória depois de ela ficar estável com um remédio intravenoso durante a noite.

Minha querida menina me deu a patinha como se fosse um gato, e eu desmoronei sobre ela, abraçando-a com cada parte de mim. Desconsiderando tudo ao redor — o cheiro de hospital, as luzes fluorescentes, o miar dos gatos enjaulados e o medo que pairava entre nós —, lembrei-me de uma noite de inverno em que eu e Diva ficamos sozinhas na fazenda. Algo do lado de fora tinha deixado Diva agitada, e nós fomos andar na neve macia. A aurora boreal jorrava pelo céu aberto, e foi a primeira e única vez que eu a vi. Ela se derramava como laços vermelhos e verdes, formando uma cobertura sobre a velha fazenda. Deitei no chão para assistir ao show, mexendo os braços e as pernas para cima e para baixo para fazer um anjo na neve enquanto Diva lambia os flocos de neve do meu rosto. Esse foi nosso momento perfeito.

O veterinário ligou na manhã seguinte anunciando que Diva estava mais corada e muito brincalhona. Ele disse que estava vendo um cão completamente diferente daquele que tinha entrado andando vagarosamente no dia anterior. Apesar de ela ter 12 anos, ele achou que o prognóstico estava bem melhor. Eu queria muito ir ficar com ela, mas Stephen tinha uma apresentação na corte judicial e eu não podia fazer nada a não ser esperar.

Diva morreu na mesa de operação, tomada pelo câncer. Que animal forte! Ela escondeu qualquer fraqueza que tenha sentido até o último segundo.

Stephen tinha sido fotografado na delegacia. Wally tinha se machucado no bosque. A cachorra Diva era uma memória meiga.

Aquele Natal foi excepcionalmente silencioso.

20
Nada muito estranho

Preciso admitir que estava aliviada de chegar ao final do ano de 1998. Para mim, parecia um ano que virou de cabeça para baixo, começando com uma tempestade de gelo que paralisou a maior parte do nordeste dos EUA e do Canadá. A economia russa entrou em colapso. O furacão Mitch destruiu a América Central, matando mais de 10 mil pessoas. Um filme desastroso, *Titanic*, ganhou o Oscar, e Celine Dion fez uma interpretação de peito estufado da música-tema *My Heart Will Go On* para mais de 50 mil espectadores na televisão. Dizia-se que um saudita chamado Osama bin Laden estava por trás das explosões do lado de fora das Embaixadas americanas em Nairobi e em Dar es Salaam. Quando Frank Sinatra faleceu, no dia 14 de maio, a música morreu para mim.

Fiquei imaginando que tipo de sinal poderia ser o fato de meu primeiro discurso em 1999 ser em uma unidade psiquiátrica de um hospital no centro da cidade. O programa trouxe poetas e autores para a instituição; esperava-se reunir pacientes calmos e funcionários em uma seção interessante e uma rápida pausa da maluquice local. Minhas despesas de viagem foram pagas, e meu editor concordou em pagar a conta do hotel por uma causa que valia a pena. Comecei a missão com certo medo, sem saber o que esperar.

Após minha experiência de infância com um membro quebrado, eu pensava em hospitais com ternura. Vinte anos depois, o surgimento de um câncer na cervical em estágio inicial seguido de uma cirurgia desastrosa numa tentativa de corrigir problemas de fertilidade mudou minha visão. Eu vi a aflição da equipe de médicos e a infraestrutura que permeava os grandes centros de tratamento. Eu vi a política. Vi-me em quartos de hospital que não eram limpos e higiênicos. Toda vez que eu era a paciente, checava meu nome no quadro para me certificar de que eles tinham o corpo certo na cama certa. Fotos de minha família, de minha fazenda e de meu cachorro coladas na parede salientavam que eu era humana e tinha uma vida para seguir.

Wally e Diva, às vezes, ficavam num canil do bairro quando viajávamos. Eles faziam excelentes traquinagens. Sheila cuidava deles como se fossem dela, e eles tinham um jardim enorme para brincar livres. Eu tinha a sensação de que nenhum dos dois jamais dormira na área do canil, e estou completamente confiante de que Wally deu um jeito de dormir nas escadas a caminho do quarto de hóspedes. Nós sempre sentimos um toque de traição quando os cães ficavam animados ao virarmos a esquina indo para a casa de Sheila. Eles trotavam em direção ao jardim sem nem mesmo olharem para trás. Quando íamos buscá-los, Wally latia e uivava durante todo o caminho de casa, contando-nos as histórias de sua estada.

Sheila aposentou-se, e eu hesitei em deixar Wally com outra pessoa. Não que ele estivesse sofrendo pela morte de Diva. Ele ficou aborrecido por um dia. No dia seguinte, casualmente subiu no sofá, tomando o lugar dela. Não interpretei essa ação como um sinal de insensibilidade. Os cães, mais espertos que nós, aproveitam e comemoram cada dia e, em vez de ficarem de luto por uma coisa que não existe mais, eles seguem com a vida.

Ficamos, então, com a tarefa de encontrar um hotel na cidade que aceitasse Wally e que fosse financeiramente confortável para nós. As idas à corte judicial e às reuniões, com o que estava virando um time de advogados, requisitavam uma base. De acordo com nossa necessidade, achamos um hotel para cães bem bacana a uma distância que dava para ir a pé tanto para o Fórum quanto para um parque.

O Metropolitan na rua Chestnut, em Toronto, é uma coisa estranha na controlada rede da indústria hoteleira, pois tem um único dono. Isso significa que a gerência é discreta e tolerante com relação a excentricidades e preferências. Quanto ao proprietário, Henry Wu, um homem de negócios de Hong Kong e engenheiro químico gourmet, criou um restaurante chinês, Lai Wah Heen (tradução: Lugar de Encontros Luxurioso), que a revista *Gourmet* afirmou dar uma "sensação do novo design da culinária de Hong Kong". O *New York Times* saudou o *dim sum** como "talvez o melhor da América do Norte". O lobby é todo de mármore preto polido; as toalhas são italianas; os artigos de arte são diferenciais e nenhum pedido é estranho demais.

Stephen exigiu um preço especial para escritores humildes. Ele também queria uma suíte, e explicou que Wally precisava de espaço para jogar futebol. Foram iniciadas as negociações. Queríamos um valor que incluísse estacionamento e taxas, mas, como todos sabem, taxas não podem ser evitadas. Nós nos comprome-

---

*Prato típico da culinária chinesa. (*N. da T.*)

temos, e o acordo estava feito. Eu poderia voltar da instituição psiquiátrica e deitar em uma Jacuzzi.

A leitura ocorreu em uma sala usada para sessões de treinamento dos funcionários do hospital. Era suficientemente confortável e alegre. Os pacientes vestiram suas próprias roupas em vez de pijamas de hospital. Uma mulher veio enrolada num lençol. Ao contrário dos fazendeiros, que normalmente escolhem sentar nas últimas fileiras de qualquer reunião, os pacientes estavam determinados a sentarem-se o mais perto possível de mim, enquanto seus supervisores rumaram para o fundo da sala.

Comecei me apresentando e contando minhas histórias quando um homem de meia-idade claramente animado levantou a mão. Ele estava contorcendo-se como uma criança que sabe a resposta à pergunta da professora na sala de aula.

— Sim.
— Eu tenho uma pergunta.
— Pode dizer — falei.
— Seus dentes são de verdade?

Eu garanti que sim.

Eles eram um público atento e compreensivo. Contei uma história sobre uma tentativa de domesticar um porquinho para um programa de tevê, e a sala encheu-se de barulhos de roncos de porcos, que acredito terem sido iniciados por um dos assistentes.

Depois fiz uma breve referência a nadar nu, pois acredito que toda criança nascida no interior que more a uma distância de um lago perto o suficiente para ir de bicicleta já nadou nua. Foi como se, de repente, todos na sala tivessem um nariz de palhaço. O mesmo homem animado imediatamente levantou-se e contou uma história sobre o dia em que foi nadar nu com seu irmão e suas roupas foram roubadas. A jovem enrolada no lençol começou a removê-lo de uma maneira sedutora.

— Eu gostaria de experimentar nadar nu — anunciou um homem alto com uma expressão envergonhada.

Todos tinham uma história sobre estarem pelados em algum lugar, em algum momento. Uma mulher com um rosto triste disse:

— Uma vez eu andei pelada pela rua Main e ninguém percebeu.

Achei que tivesse sido um desastre. O organizador me garantiu que tinha sido ótimo. O homem que achou que gostaria de experimentar nadar nu nunca tinha falado em público. Minha agente disse que estava planejando me recomendar para o programa de leitura dos pacientes de diálise.

Era um dia exageradamente frio e chuvoso. O hospital ficava a três quadras do hotel, então fui caminhando depressa, arrependida por não estar de calça de moletom, que era uma fixação nos meus trajes de inverno na fazenda. Stephen estava com seu advogado, e Wally precisava passear.

Existe uma regra que os cães da raça bull terrier são difíceis de ser obrigados a fazer algo. Se eles fazem uma coisa uma vez, esperam poder fazer sempre, não importa se faz sentido ou não. Por exemplo, quando Wally veio para casa pela primeira vez conosco, ele passou boa parte do tempo deitado em uma manta no meu pé na picape. Logo em seguida, ele cresceu e virou um rapaz que batia nos meus joelhos, com o peito largo e os músculos densos. Ele tentava recuperar seu lugar aos meus pés de vez em quando, convencido de que ainda caberia ali.

Wally ficou em hotéis sem nenhum incidente desde seu primeiro encontro inesperado com "Ivan, o terrível" no Westin.

Mesmo assim, a memória de um bull terrier é muito profunda, mesmo eles tendo a capacidade misteriosa de esquecer que acabaram de ser alimentados e ficarem à espera de repetição.

O porteiro do Metropolitan usava botas de couro cor de búfalo e um casaco preto longo com dragonas e botões de metal, iguais aos de Ivan. Meu objetivo era fazer Wally passar por ele sem incidentes. Eu queria ensinar a Wally que não era para ele agachar ou levantar a perna na frente do hotel, e sim andar uma distância considerável, mesmo que isso significasse ter de correr.

Todos que trabalhavam no hotel ficaram felizes de ter Wally como hóspede. O porteiro nos via chegando e já abria a porta automática para nós. Os passos largos determinados de Wally me mostraram que isso queria dizer negócios. Eu vi os olhos dele encolherem-se quando ele viu as botas do porteiro, e ele foi em direção a elas. Felizmente, uma tripulação de pilotos saltou em um ônibus em frente ao hotel, e o porteiro estava ocupado demais conduzindo um grupo de alemãs lindas da KLM para dentro do hotel. Direcionei Wally para um canto em frente a um outdoor, longe da propriedade. Esse virou seu comportamento natural, e fez com que Wally ganhasse o respeito dos funcionários daquele lugar.

Lutamos contra a neve até a área do parque repleta de castanheiros e com dois pinheiros, embaixo dos quais Wally resolveu ficar durante um longo período, confuso. Eu nunca tivera outra raça de cachorro que fizesse tal coisa, mas Wally, assim como outros cães da raça bull terrier, tem a tendência de entrar num estado meditativo quando galhos macios ou vestígios de grama escovam a cabeça dele. No meio de uma tempestade de neve, Wally levou os poemas haiku do mestre Basho ao pé da letra: ele estava aprendendo sobre o pinheiro com o próprio pinheiro — a "coisa zen", como um dos meus amigos disse.

Não parou de nevar um minuto durante aquela noite. Amanheceu, e a cidade estava obstruída pela neve grossa, caindo do céu e se amontoando, levando golpes das rajadas de vento. O trânsito desapareceu. Nada entrava ou saía da cidade. Era um apocalipse branco, do tipo que só acontece de tempos em tempos. Nós nos acocoramos no quarto rezando para que a tempestade passasse. Não passou. Um vizinho checou os animais na fazenda. Mas como eles tinham uma vasilha d'água aquecida automaticamente e aqueles enormes fardos de feno, tudo estava sob controle. Se passarinhos com pernas do tamanho de lâminas de grama sobrevivem a uma tempestade brutal, ovelhas fortes cobertas de óleo de lanolina em um celeiro coberto à disposição não deveriam ter problemas.

Nós, por outro lado, estávamos paralisados pela tempestade. Acho que seríamos bem-vindos se quiséssemos acampar do lado de fora do hospital psiquiátrico, mas o editor concordou que, em situação tão extraordinária, mais uma noite no hotel estaria no pacote. O único problema é que eu não tinha mais comida para Wally, e o supermercado mais próximo era a sete quadras de distância num frio de tirar a consciência, e numa neve tão alta que impedia carros de transitar pelas ruas.

— Vamos chamar o serviço de quarto — disse Stephen.

Nada no cardápio do serviço de quarto enquadrava-se na dieta de Wally, então liguei direto para o restaurante. Nenhum pedido era estranho demais para a cozinha do Lai Wah Heen. Pedi uma porção grande de carne moída sem gordura, cozida na água, com uma porção de arroz e algumas sementes e cenouras no vapor. Era uma refeição que seria parecida com a comida na fazenda.

A comida de Wally chegou em um carrinho aquecido enfeitado com uma orquídea. Veio em uma caixa laqueada de comida chinesa. O cheiro estava delicioso. Enquanto Stephen assinava o recibo da comida de Wally, eu mexi a carne para esfriar um pouco e não pude resistir a uma provinha. A carne moída estava molinha e mais suculenta do que qualquer fornecedor de fast-food poderia sonhar. Misturei o arroz na carne e piquei os vegetais em cima. Depois que coloquei o prato de Wally no chão, observando-o cortejar a vasilha em seu ritual de andar na pontinha das patas, dei uma rápida olhada na nota fiscal.

Contando com a gorjeta, Stephen tinha pagado sessenta dólares, descontados diretamente da editora. Algum tempo depois, contei a história para um amigo que tem um bull terrier e também é escritor, e, portanto, entende a reação que os editores devem ter quando encontram itens nada comuns nas contas dos hotéis, tais como "jantar para Wally".

"Você tem bolas de plástico inglesas!", exclamou Dede. Espero que alguém se lembre disso quando eu precisar de um pseudônimo.

21
"Vi você na tevê"

Debater sobre o que viemos a chamar de "os aborrecimentos" não levaria a lugar nenhum. Era o tipo de coisa que tínhamos de dividir em compartimentos, colocando em uma caixa escondida em nosso cérebro para lembrarmos só quando fosse requisitado. Publiquei dois livros em 1999, um de anedotas e o outro de histórias da vida no interior do país. Em termos editoriais, eu estava no caminho certo.

Eu não havia me tornado workaholic de repente, mas precisava lançar livros no mercado para manter a boa vida de Wally. Eu tinha um mundo competitivo lá fora para alcançar. *A história de Monica* estava nas prateleiras, uma biografia "daquela mulher" que era o motivo principal do possível impeachment do presidente Bill Clinton. Minhas histórias e anedotas tinham de competir com prosas como: "Como sangue escorrendo por baixo de uma porta fechada, a verdade começou a se revelar." Minhas palavras não eram boas o suficiente.

Um dos riscos de ser um autor é a publicidade. Alguns autores abominam colocar-se no circuito e promover seu trabalho. Eu sou exatamente o oposto. Uma das primeiras coisas que fiz quando meu primeiro livro chegou em minhas mãos de uma exuberante editora foi correr para comprar um clássico "uniforme de autora" da Liz Claiborne. Era uma roupa simples horrível — da Marinha, com pequenas manchas brancas, uma saia pregueada, longa, de fitas, com uma blusa branca coladinha de decote em V e um monte de botõezinhos. Eu usava com um colar feito de bananas de vidro pintadas à mão que nunca falham para iniciar uma conversa e sapatos finos. Acho que me faz parecer a mãe de uma noiva. Nunca usei para outra coisa além de noites de autógrafo e palestras.

Autores possuem editores que dão duro para fazer seus livros venderem, e, principalmente, para colocá-los na televisão. As pessoas acreditam que você é um escritor sério quando aparece na tevê. Tagarelei em programas de rádio durante anos, mas somente uma aparição na tevê eleva um autor ao status de celebridade.

"Vi você na tevê", estranhos lhe dizem no supermercado, de um jeito familiar, como se o conhecessem porque o viram em suas salas de estar ou na tevê de seus quartos. E, uma vez que muitos programas no universo da tevê a cabo passam sua programação milhões de vezes, é possível que alguém veja você em um programa de tevê que passou há meses ou até há anos. Isso pode ser, de certa forma, inquietante, já que nunca se sabe qual programa era e se você estava ou não bem nele. Pelo menos, sempre sei o que eu estava vestindo.

Mas aparecer na tevê não é nada fácil. Um jornalista precisa de algo a mais para trabalhar do que simplesmente: "Esse livro tem uma capa azul, muitas páginas, e não foi escrito por alguém com o nome de Monica."

Foi em um dia quente de verão que me vi em um estúdio de tevê com Wally de brinde. Já que o cão virara grande parte de minha vida, ele também assumira parte da minha escrita. Histórias sobre ele apareciam em meu livro novo de contos rurais, então eu, naturalmente, o quis na capa.

Um fotógrafo profissional (e amigo) chegou à fazenda para tirar fotos para a capa. John tem raízes no mundo rural — seu pai tinha uma plantação, criava porcos e pintava todas as vistas bonitas com creosoto na fazenda onde cresceu. Portanto, John é acostumado com as excentricidades e odores da vida no campo, mas não é muito fã de cachorros. Fotografar Wally não era uma prioridade. Não obstante, enquanto ele estava no campo tirando fotos das ovelhas e das galinhas-d'angola, juntei alguns fardos de palha atrás da porta holandesa de entrada do celeiro. Esse é o lugar onde a "foto do autor" para as capas de meus livros é tradicionalmente tirada. A foto me retrata segurando um cabritinho com um galo em meu ombro ou um cabritinho com um cavalo olhando sobre meu ombro, essas coisas. A luz fraca, junto ao talento de John, parece ser perfeita para tirar 15 anos e 15 quilos de mim, o que me agrada bastante.

Quando John voltou ao celeiro, chamei Wally e peguei o menor e mais fofo cabritinho que encontrei no cercado. Wally não gosta de ficar em pé nas patas traseiras. Pular nas patas traseiras para pegar uma bola é outra coisa. Por outro lado, suas patas dianteiras são incômodas e pesadas, e eu sei disso muito bem devido às diversas vezes que ele se esparramou em meu colo.

Enquanto John ajeitava sua máquina fotográfica e murmurava algo sobre colocar um peru na foto dessa vez, eu coagia Wally a escalar os fardos de palha atrás da porta. Imaginei que, se conseguisse fazê-lo apoiar-se nas patas traseiras, suas patas dianteiras e seu ombro apareceriam por cima da porta, enquanto eu segurava o cabritinho em uma pose semelhante do outro lado. Desconsiderei o fato de que isso significaria que teria que levantá-lo com apenas uma das mãos e colocar o cão na posição correta ao mesmo tempo em que segurava o cabritinho berrante e tentava olhar para a câmera com um sorriso amável. Deixei o cabrito cair nos fardos algumas vezes, e Wally fugia e abanava o rabo. John ficava dizendo que deveríamos tentar a foto com o peru, mas eu estava determinada. Finalmente, conseguimos uma foto boa — a cara do grande Wally sorrindo e sacudindo a língua ao lado de um cabritinho adorável, comigo esmagada entre eles parecendo totalmente tranquila, levando em consideração que o cabritinho não estava usando fraldas.

Finalmente, meu agente tinha algo com o que trabalhar. "Essa pessoa escreveu um livro, e ela vai levar o cachorro para o estúdio." Na mosca. Produtores de tevê amam qualquer alternativa que fuja do padrão de autores tagarelando sobre seus livros. Os apresentadores de tevê se deram conta, imediatamente, de que eles não precisariam nem sequer ler o livro. Poderiam somente falar sobre o cachorro de aparência engraçada.

Nossa primeira aparição foi agendada em um programa num canal fechado que tinha um segmento semanal especial sobre livros. O hotel onde ficamos hospedados era tão perto do estúdio que podíamos ir andando. Entretanto, com uma onda de calor de verão se formando, achei que fosse derreter usando calça de náilon. Em vez disso, levei um tubo de bronzeador e vi, com espanto, minhas pernas ficarem douradas e bronzeadas.

Lá fomos nós: eu em meu uniforme de autora, com um par de sandálias de tiras, e Wally em sua coleira azul.

Depois de passar correndo pela segurança, fomos guiados por um corredor comprido por uma eficiente jovem com uma prancheta cheia de papéis, que teve a perspicácia de oferecer um ossinho para Wally. Ela ganhou a atenção dele. Fomos deixados em uma "sala verde". É um tipo de prisão para convidados que não é, na realidade, verde, apesar da luz nesse tipo de sala ser desfavorável ao extremo, fazendo as pessoas parecerem meio verdes. Isso era particularmente verdade naquele dia tórrido, pois o ar-condicionado da emissora não estava funcionando.

Ao assistir à tevê na sala verde, vi que a mulher que lia as notícias e que conduziria a entrevista era do tipo loira e atrevida, e provavelmente tinha uns vinte e muitos anos a menos do que eu — vinte quilos, 20 anos, vinte pontos no QI etc. Assim que o apresentador de esportes assumiu as notícias, ela escapuliu do estúdio e atacou-nos na sala verde, ficando de joelhos para fazer festa em Wally no nível de altura dele. Obviamente, ela era muito mais esperta do que eu supunha. Gostei muito dela. Wally deu um sorriso atrevido para ela e cheirou suas orelhas.

Andamos na ponta dos pés até o estúdio enquanto o homem do tempo explicava o índice de poluição do ar e dizia não haver trégua na onda de calor.

O set de entrevista consistia em duas cadeiras rotatórias e uma mesa de canto no estilo cubista, onde o livro estava à mostra. Colocaram um microfone em meu peito, e Wally plantou-se em meus pés, de costas para a câmera. Tentamos fazer com que ele olhasse para a câmera robótica, mas quando ele tem a opção de olhar para uma coisa com orelhas ou para uma coisa sem orelhas, Wally sempre escolhe as criaturas com orelhas. Em sincronia com o assunto, a entrevistadora começou a acariciar Wally atrás das orelhas e, como previsto, quando entramos no ar ao vivo, Wally foi pego em cheio pela câmera, com as patas traseiras totalmente esparramadas enquanto sua mais nova melhor amiga falava amavelmente sobre o "cãozinho mais lindo do mundo".

A câmera recuou e começamos a falar do livro, ou tentamos. Se eu tentasse contar uma história sobre minha primeira experiência vendo galinhas chocando um ovo, a entrevistadora virava para Wally, fazendo biquinho, e perguntava: "E Wally gostou dos pintinhos?" Wally até que gosta quando humanos transformam-se em brinquedos estridentes. Ele agachou-se em sua "posição para brincar" e deu um latido precisamente na hora certa. A entrevista ia excepcionalmente bem. Na hora dos comerciais, todos os expectadores já sabiam que estavam assistindo a uma mulher que tinha escrito um livro com um monte de bobagens. E mais importante, tinha um cachorro na tevê chamado Wally que sempre esparramava suas patas traseiras quando alguém acariciava atrás da sua orelha. Wally gostava de lamber orelhas de humanos e não cabia na mesinha de canto, mas fez uma bela tentativa, considerando que ele tinha de derrubar o livro antes.

Completamente ciente de que era o centro das atenções, Wally não fazia ideia de quantas pessoas assistiam a humilhação que ele me fazia passar na tevê. Após rearrumar o set durante os comerciais, a entrevistadora me fez uma pergunta, e quando eu estava no meio de minha resposta semigenial, Wally deu um grande suspiro e deitou no chão. Ali, ele encontrou meu tornozelo nu e artificialmente bronzeado e começou a lambê-lo, gentil e silenciosamente.

Sou tão habituada às lambidas em meu tornozelo que nem me incomodei, até porque isso me deu a chance de falar do livro. Enquanto eu falava, notei que a câmera da tevê parecia estar dando zoom na demonstração de afeto de Wally em meu tornozelo. Quando uma pessoa já tem certa idade e está transpirando sob luzes quentes em um estúdio de tevê abafado, ter a câmera focando algo que não seja sua própria testa brilhante pode parecer uma bênção.

A entrevista terminou assim que Wally resolveu abandonar meu tornozelo e experimentar o da entrevistadora. Muitos uivos de alegria e mais um latido barulhento. A câmera foi desligada, e acariciei Wally enquanto devolvia meu microfone e trocava gentilezas.

Vi, então, o estado de meu tornozelo: ele estava quase transparente. Wally tinha lambido todo o meu bronzeado. Toda a situação havia sido televisionada.

O produtor do programa me deu uma fita para que eu pudesse assistir no meu tempo livre. E lá estava eu, falando ao fundo, contando histórias sobre truques idiotas de ovelhas e sobre meus excêntricos vizinhos rurais, enquanto a câmera estava grudada na cara de Wally e em sua devoção a limpar qualquer vestígio de bronzeamento artificial do meu tornozelo. Abaixo das tiras da minha sandália tinha bronzeamento, e minhas panturrilhas redondas e firmes estavam bronzeadas — mas o tornozelo estava cuidadosamente limpo, como um ovo na caixa.

Caminhei de volta para o hotel com Wally, arrependida por não ter usado meias. O "bronzeamento" foi fácil de se reparar, mas jurei que usaria meias de náilon em qualquer programa filmado no futuro, e que meu tornozelo ficaria todo coberto.

No mês seguinte, eu estava no supermercado e uma mulher que eu já vira diversas vezes me parou e disse: "Vi você na tevê." Sorri pensando que a tevê é mesmo um milagre e imaginei qual programa ela tinha visto. Mas não precisei perguntar.

Ela estava olhando para meus pés.

22
Golpes baixos

Wally curtiu sua fama. Em todas as cidades que visitamos, ele conheceu um novo publicitário com um pacote de biscoitos para cachorro. Wally sentiu-se muito confortável em um estúdio de tevê com VJs modernos e câmeras de vídeo que se moviam. Ele jogou futebol no estúdio e correu com a bola por um longo corredor — obviamente, em volta de si mesmo.

"Nem chegamos ainda ao ano 2000 e esse cachorro já parece um atacante na Copa do Mundo!", declarou o produtor. Logo depois ele descobriu o quão a sério Wally levava o futebol, quando a bola rolou para debaixo de sua cadeira.

Uma equipe de tevê veio até a fazenda e filmou Wally correndo com uma bacia na qual ele pôs uma bola de futebol. Alguns cabritinhos estavam no caminho e um deles resolveu trombar com Wally. Ele chorou de dor e correu para se esconder atrás das minhas pernas. É exagero pensar que os cães das raças "bull e terrier" são criaturas agressivas e más.

Entramos no novo milênio sem incidentes. Computadores continuaram funcionando e aviões permaneciam no céu. Todos os medos de Armagedon foram postos de lado. Foi só mais uma desculpa para soltar fogos.

Todos os nossos arranjos domésticos tinham algo de Copa do Mundo naquele verão. Era um ótimo medidor de tensão — assistir a homens correndo para cima e para baixo num campo com uma bola controlada por seus pés ou por suas cabeças.

As rodas da justiça rolaram como pneus vazios. Após mais de um ano a única "evidência" que a polícia conseguiu encontrar para apoiar a acusação de desobediência a uma ordem judicial foi o livro de Stephen em si. Eles alegaram que 27 das 648 páginas de *Invisible Darkness* não poderiam ter sido escritas sem o acesso às fitas que eram restritas por ordem judicial. Eles não mostraram nenhuma teoria de quem, o que, quando ou por que alguém teria mostrado essas fitas fora do tribunal. Além disso, eles haviam destruído as fitas das quais dependiam em uma fogueira, com a intenção de conceder um término às famílias das vítimas.

No que parecia ser um caso caótico, o professor de Direito que representava Stephen procedeu metodicamente, argumentando assuntos constitucionais eruditos e liberdade de expressão. Se fosse permitido que o processo entrasse no livro como "evidência" contra Stephen, ele poderia ser questionado, e se ele se recusasse a dar nomes, ele seria processado por desrespeito à lei e preso.

Jack Olsen, aclamado como o maior jornalista investigativo nos Estados Unidos, rapidamente veio em defesa de Stephen. Tendo escrito trinta livros do mesmo gênero, o depoimento de Jack declarou que o livro de Stephen "critica com primor a incompetência e o trabalho malfeito da polícia e do Departamento de Justiça". E acrescentou: "Isso não agrada ninguém que esteja em posição de autoridade, nem a polícia nem o Departamento de Justiça."

David Kidwell, um repórter jurídico do *Miami Herald* que foi sentenciado a 77 dias na prisão por recusar revelar suas fontes, percebeu que se recusar a quebrar a confidencialidade que ele havia prometido o ajudou profissionalmente, e as fontes agora confiavam nele muito mais do que antes.

Todas as 13 testemunhas escreveram com emoção. O juiz ficou inquieto e sucinto, cortando o advogado de Stephen quando ele tentava ler partes do livro e dando pouco tempo para que ele falasse, protegendo as fontes confidenciais. Quando vi o juiz segurar o livro de Stephen como se precisasse de uma pinça, tive uma sensação muito ruim.

— Esse cara vai colocar você na prisão — eu disse a Stephen.

Algumas pessoas respondem ao estresse ficando paralisadas. A reação de Stephen foi exatamente o oposto. De repente, ele estava tomando uma quantidade enorme de remédios para pressão alta e para todo tipo de doença causada por estresse.

Esse tipo de experiência muda a vida de uma pessoa. O romancista Dashiell Hammett, que inventou o poderoso detetive Sam Spade em *O falcão maltês*, estava fisicamente frágil quando foi mandado para a prisão por seis meses por se recusar a revelar suas fontes em 1951. Ele cumpriu cinco de seus seis meses de sentença e saiu da prisão destruído. Sua esposa, a dramaturga Lillian Hellman, escreveu que ele era "um homem magro mais magro, um homem doente mais doente".

Naquele outono, o professor abandonou o caso. Ele não tinha mais nada em sua sacola de truques para oferecer à corte judicial. Todos os seus argumentos constitucionais e de liberdade de expressão haviam falhado. A PEN, a União dos Escritores e uma associação de jornalistas pediam em vão para que o caso fosse encerrado, e o apoio deles foi bem-vindo, assim como as doações depositadas em um fundo de defesa. Alguns escritores de sucesso contribuíram com o que puderam; entretanto, o que mais me emocionou foram as doações de poetas e de escritores ainda em busca do sucesso que queriam mostrar sua solidariedade.

O que ninguém poderia prever — e o que o tribunal pôde antecipar — era que o advogado que substituiria o professor seria um dos advogados criminais mais respeitados da América do Norte, Edward L. Greenspan.

Stephen e Eddie eram colegas havia muitos anos, mas eu nunca cheguei a conhecer "a lenda". Ele falava com calma, era elegante e capaz de tirar uma soneca no meio de uma conversa sem perder nenhuma informação. Nós o conhecemos em seu escritório em um banco moderno e reformado, onde ele caminha em suas meias rodeado de livros de Direito, alguns dos quais ele mesmo escreveu.

As pessoas nem sempre gostam de gastar com advogados. Como os dentistas, a maioria das pessoas não quer precisar de seus serviços e reclama bastante do dinheiro despendido em um período de tempo doloroso passado com eles. Porém, os melhores, os Johnny Cochranes e os F. Lee Baileys, todos compartilham um traço similar que transmitem de alguma forma. Como clientes, nos sentimos seguros.

Eddie planejava conversar com o promotor.

Hora de seguir com a vida. Enchemos a picape com o máximo de coisas que conseguimos e seguimos numa expedição de pesquisa pelo circuito Maine e a costa leste do Canadá, no auge das folhas do outono. Wally se distraía com o mar, latindo para as ondas, cuspindo água salgada e "salvando" algas marinhas nas praias rochosas. Se houvesse um peixe em decomposição ou uma gaivota morta escondidos, ele acharia.

Eu estava pesquisando sobre um culto presbiteriano em Cape Breton no século XIX, para um conto curioso que eu tentava reproduzir em um romance histórico. Enquanto me aprofundava em registros históricos, Stephen e Wally foram conhecer celebridades locais. O homem e o cão eram inseparáveis. À noite, fomos jantar numa cabana com vista magnífica do lago Bras d'Or, onde Alexander Graham Bell inaugurou voos experimentais utilizando pipas monumentais no início do século XX. Colecionei pedras, cascalho e cascos de árvores para levar para casa e guardar a sensação daquela montanha gaélica.

Ainda faltavam alguns dias para voltarmos para casa quando nosso amigo Harvey ligou cedo numa manhã. Harvey e sua esposa, Sandra, estavam fugindo da cidade e passando um fim de semana de descanso em nossa fazenda. Acho que eles queriam ficar sozinhos. Em visitas anteriores, Wally invadira o quarto de hóspedes fazendo seu ato diabólico tasmânico na cama, com eles em cima. Estávamos no meio de uma obra em casa, e eu tinha dito a eles que ignorassem o pequeno caos.

— Stephen, cadê sua tevê grande? — Harvey perguntou.

A tevê da sala de estar não fazia parte da obra.

— Na verdade, parece não existir nenhuma tevê na casa — continuou Harvey.

Não me pergunte como nem porquê, mas por alguma razão havíamos acumulado meia dúzia de televisões de diversos tamanhos. Acho que tinha uma tevê em cada cômodo. Não perdíamos nem um segundo de uma partida de futebol da Copa do Mundo em nossa casa.

Da forma mais gentil que conseguiu, Stephen disse a Harvey que, aparentemente, havíamos sido roubados. A porta da casa estava destrancada quando ele e Sandra chegaram tarde na noite anterior. Eles notaram coisas estranhas, mas estavam cansados e foram direto para a cama. À luz do dia, parecia que todos os eletrônicos da casa haviam sido roubados.

— Ah, sim — disse Harvey —, e parece também não ter nenhum lençol e nenhuma manta.

Claro que não, os ladrões tinham enrolado e amarrado suas mercadorias com cuidado. Meus hóspedes dormiram cobertos por toalhas.

Harvey chamou a polícia, e eles reportaram especificamente as áreas que tinham algum vestígio de poeira em volta, mostrando que algo fora removido dali. Foi um trabalho profissional. Os ladrões levaram itens que eles sabiam que podiam retirar com rapidez e facilidade. Não tocaram nas antiguidades. Eles não levaram minha Medalha de Humor de prata nem nossa coleção de bastões de vidro para coquetel feitos a mão. O computador, a impressora, o scaner e a copiadora de Stephen foram levados, mas ele tinha backup de todos os arquivos.

Dei sorte. Meu computador velho foi deixado para trás, assim como algumas televisões antigas. O backup de minha máquina fora deletado, e eu estava em pânico de ter perdido toda minha pesquisa, meus textos, manuscritos e pensamentos. O fato de ele ser velho demais para ser roubado era ótimo para mim.

Por meio do trabalho de detetives experientes a polícia estimou que o crime ocorrera algumas horas antes de Harvey e Sandra chegarem. Isso foi sorte grande, uma vez que o evento poderia ter tomado outras proporções se eles tivessem interrompido o processo do roubo. O que foi roubado eram somente coisas, embora eu tenha lamentado a perda das colchas que minha bisavó fizera.

Quando voltamos para a fazenda, estávamos prontos para entrar em contato com os agentes de seguro. A polícia disse que não havia esperança de recuperar nossos pertences. Provavelmente, já haviam sido revendidos e não voltariam para nós nunca mais.

Estávamos numa loja comprando roupas de cama novas quando alguém do escritório do Sr. Greenspan ligou.

— Você precisa vir ao escritório imediatamente. Houve um progresso no caso de Stephen que precisa ser discutido pessoalmente.

Após receber essa ligação, nós não abandonamos imediatamente nosso projeto. Comprei a roupa de cama em um tempo recorde de 15 minutos. Wally tem essa coisa de querer lençóis de qualidade em sua cama, e eu não podia decepcioná-lo.

Em seu escritório, Eddie recostou na cadeira, e foi tão para trás que achei que ele ia cair. A brasa de seu charuto brilhou na cor laranja. Sentei no sofá da sala, um móvel baixo com objetivo de dar conforto aos clientes que sua esposa, Suzy, tentava substituir há anos. Stephen mudou-se para uma cadeira, e a assistente de Eddie, Marie, que fizera todo o trabalho chato, sentou-se ao lado dele.

— Tenho boas notícias — disse Eddie, fitando o teto alto. — Falei com o promotor. A esposa dele é uma grande fã do livro de Marsha e disse a ele para encerrar o caso, para que Marsha não sofra futuramente.

— O quê? O quê? — Stephen e eu gritamos como verdadeiros baluartes da literatura.

— É sério — Eddie falou, voltando com a cadeira para a frente, com um brilho de malandro nos olhos. — Eles sabem que não têm como ganhar. Eles estão recuando completamente. Stephen vai obter absolvição total.

Chorei, perdendo a noção de qualquer coisa naquele momento. Ser liberado de uma acusação tão terrível era maravilhoso. Eddie sorriu gentilmente.

Stephen franziu a testa.

— Você me deve 25 pratas — brincou Eddie.

Ele e Marie fizeram uma aposta sobre a reação de Stephen. Eddie apostou que Stephen ficaria totalmente decepcionado que a justiça o liberaria tão facilmente, quando mereciam uma humilhação pública.

A data do julgamento era dali a semanas. Planejamos uma festa para aqueles que haviam nos apoiado na casa de nossos queridos amigos Barry e Claire, que são anfitriões incríveis. Barry ajudou a avisar a todos, enquanto Claire me ensinava a negociar com os fornecedores e prestadores de serviços. O editor de Stephen comprou todo o vinho. Ia ser uma festa fabulosa.

A única condição que o promotor impusera era que o anúncio da absolvição não fosse liberado para a imprensa até o dia que fosse lido pela justiça. Se qualquer informação vazasse, o acordo seria desfeito. Nossos amigos foram comunicados enfaticamente, incluindo um repórter que reclamou e disse que esse tipo de notícia sempre vazava.

Como previsto, um dia antes de irmos ao tribunal com uma tropa de defensores a história saiu no jornal, escrita por um jornalista que sentia um ódio incontrolável de Stephen. O promotor ligou para Eddie imediatamente. Eddie ficou uma fera e recusou-se a atender aos telefonemas de Stephen.

Por sorte, Marie ouviu Stephen quando ele explicou que não falara com esse jornalista e que era fato que eles não se gostavam — um sentimento que Stephen expressou com floreios. Marie deu alguns telefonemas e anunciou para Eddie que não havia nenhuma possibilidade de Stephen ser responsável pelo vazamento da notícia. E, depois, a linguagem estava errada. O artigo anunciava a "permanência" das acusações, o que é bem diferente de uma prova de inocência. Eddie falou com o promotor. O furo não tinha sido de Stephen. Tinha sido de policiais descontentes que queriam estragar o acordo e sabiam exatamente com que jornalista poderiam conseguir isso. Eu já vira golpes baixos nesses anos todos, mas esse foi demais.

O tribunal estava cheio, e podia até ter tido um clima alegre, se não fosse um banco cheio de policiais carrancudos no fundo da sala. Quando levantamos e o juiz sentou-se, foi como um grito de *Aleluia!*

Com uma voz baixa, o promotor resmungou algo a seu favor sobre "o interesse público" e declarou que não apresentaria mais nenhuma prova. O juiz parecia que ia explodir, contorcendo o rosto como num desenho animado, em tons de vermelho de raiva beirando o roxo. Quando um promotor recua e declara não ter provas, o juiz é obrigado a absolver o réu desconsiderando sua opinião pessoal do caso. Stephen fora salvo.

Edward L. Greenspan levantou-se e graciosamente agradeceu ao promotor por encerrar o caso.

— No centro desse caso estava o risco de, pela primeira vez em nossa longa e excelente história, um autor ir para a cadeia pelo crime de escrever — ele disse em tom uniforme. — Isso é algo que se vê no Iraque, no Irã ou na China. Não é algo que devemos sequer tolerar numa sociedade livre e democrática.

Sim, nós festejamos naquela noite. Foi uma reunião de amigos que claramente separaram o joio do trigo em nossas vidas. Eu sentia orgulho de estar entre eles. Nessa comemoração literária tínhamos a obrigação de fazer discursos e dizer palavras de agradecimento.

— Não me digam que fiz isso em *pro bono* — implicou Eddie.

23
Faça a dança do *hucklebutt*

A absolvição de Stephen coincidiu com a nossa 25ª estada no hotel Metropolitan, e fomos transferidos para a luxuosa suíte London, que tinha uma mesa de jantar para dez pessoas. Acordamos numa cama do período elisabetano, de quatro colunas, como uma família feliz, com Wally desmaiado entre nós, roncando tão alto que até as cortinas tremiam.

Stephen tinha algumas entrevistas com a imprensa. O espaço elegante era ideal para as equipes de tevê, que entravam e saíam como fragmentos de névoas com cabos. Meu trabalho no meio dessa confusão era manter Wally longe. Sempre que ele vê pessoas, tenta pegar um voluntário e transformá-lo em seu parceiro de futebol. A participação no grupo seria perfeita caso ele conseguisse. Wally acredita que a vida deveria ser uma bola.

A última entrevista estava quase no fim. Mantive Wally no quarto comigo e nós brincamos de bola, no maior silêncio possível, para frustração de Wally. Quando dei uma olhada lá fora e vi que as luzes tinham sido apagadas, abri a porta e saímos para cumprimentar as visitas.

A equipe gostava de cachorros, então deixei Wally fora da coleira e ele começou a lamber a orelha do técnico do som, que tentava arrumar as coisas. Stephen sentou-se no sofá, e algo engraçado certamente foi dito, pois, de repente, ele e o entrevistador estavam gargalhando.

Algo naquela hora chamou a atenção de Wally. Gosto de pensar que foi a alegria em ouvir tal risada incontrolável de novo. Ele ficou em posição de brincar e começou a fazer os sons esquisitos de cantoria que ele emite antes de algo que é bom demais para ser verdade — como um jogo de futebol ou uma caminhada pela floresta. Não é o "auuu, auuu" de contar história, mas um murmúrio atrapalhado entre um latido e um resmungo que chamamos de "lasmungo".

Com esse aviso, Wally iniciou a dança do *hucklebutt** perfeitamente articulada pelo quarto todo. Guiado por seu poderoso bumbum, o animal malhado com patas musculosas impulsionou-se com o nariz na frente, como um tamanduá sob o efeito de Ritalina, correndo pelo quarto em alta velocidade. Na mesa de jantar, ele desviou por entre as cadeiras como se elas fossem objetos de tecer. A mesa tremeu como se ele fizesse cócegas nas pernas dela sem parar.

Ele tinha acabado o show na sala de estar, onde saltou no ar e girou como um helicóptero desequilibrado, lançando seu ombro numa cadeira com braços, com o resto de suas partes seguindo em uma espécie de ordem anatômica. Ele seguiu da cadeira para a poltrona, inclinando-se na parede em uma perfeita aterrissagem em direção ao armário com objetos de cristal.

---

*Esta palavra é um trocadilho com a palavra original *Hucklebuck*, explicada pela autora ao longo do texto. O final diferente *butt* brinca com a palavra "bumbum" em inglês, devido à dança que o cachorro faz usando o bumbum. (N. da T.)

Desconhecendo a dimensão de sua incerteza, eu o desviei em direção ao hall de entrada, onde ele saltitou no chão de mármore — suas patas dançando rápido como os bastões de Lionel Hampton em um telefone vibratório. Então, ele disparou para pular no colo de Stephen, levando uma luz de tevê e uns cabos junto. Ele sentou com um olhar inocente, como um carro da Nascar entrando na garagem.

Não sei quem inventou a palavra *hucklebutt*, mas o tom da palavra combina com a ação. Suspeito que as origens estão em uma música infame do meio do século XX, que se recusa a ser esquecida. Chamava-se *The hucklebuck* e foi composta por Andy Gibson, com refrões em saxofone criados por Charlie Parker. A batida de blues e a buzina do sax de Paul "Hucklebuck" Williams mandou-a para os topos das paradas de rhythm'n'blues em 1949, onde ficou por um ano, gerando uma dança louca, frenética. Roy Alfred adicionou uma letra alegre e a música fez sucesso novamente nos anos 1950, em uma gravação de Frank Sinatra retratando instruções que envolviam sincronizar as costas arqueadas com um movimento da região sacroilíaca para que o dançarino fizesse o seguinte: "Rebole como uma cobra, balance como um pato."

Devo ter assistido ao episódio, de *The Honeymooners*, de Jackie Gleason, em 1956, no qual Ed Norton tenta ensinar a Ralph os movimentos desse "número quente". Na verdade, a dança tinha duplo sentido. Porém, foi legitimada nos anos 1960 quando artistas como Annette Funicello e Count Basie gravaram a música. Mas, nos anos 1970, ela era música de elevador. Já houve versões de jazz, de rock e até de punk-reggae. Whoopie Goldberg fez um *hucklebuck* maldoso no especial da HBO em 2005. Reconheço que nenhuma música que fala da região sacroilíaca tivera tanto poder.

Acho que a equipe de tevê que estava no quarto do hotel não sabia o que tinha acontecido com eles naqueles trinta segundos da apresentação da dança do *hucklebutt* de Wally. Novamente, muitas risadas, e meu alívio em silêncio porque nada nem ninguém fora danificado.

A história clássica sobre a dança do *hucklebutt* de um bull terrier foi escrita há quase uma década pelo californiano Robert Bollong, e logo virou lenda pela comunidade da internet apaixonada por cães. Entre as pessoas que têm um bull terrier é simplesmente conhecida como "A história de Cosmo".

Robert escreveu:

Aconteceu há alguns meses, quando Cosmo tinha 6 meses. Acordei naquela manhã me sentindo triste, mas, por ser um funcionário dedicado, fui para o trabalho. (Odeio usar minha licença de doença quando estou de fato doente!) Quando cheguei em casa, estava pronto para ir direto para a cama, pois agora eu tinha febre e dores no corpo. Mas, para minha tristeza, tinha esquecido o treino de softball da minha filha. Eu não podia pressionar minha esposa para levá-la, pois ela já estava levando meu filho para o treino de hóquei no gelo.

Eu, então, saí de casa com minha filha e voltei umas duas horas e meia depois. A primeira pista de que algo estava errado apareceu quando abri o portão da garagem. A garagem estava inundada.

— De onde vem essa água? — perguntou minha filha.

Andei até a porta da casa pela garagem e a abri. Ouvi o som da água vindo do quarto de minha filha.

O que será que aconteceu?, pensei.

Corri para o quarto de minha filha e fui surpreendido pelo som da água no tapete debaixo de meus pés. Olhei para o canto, para o aquário dela de 320 litros, que abriga raros e exóticos ciclídeos africanos do vale Rift do lago Tanganica (e sim — é claro — caros). O aquário estava praticamente vazio. Toda a água tinha saído, molhado o tapete e escorrido pela parede até a garagem.

— Meus Deus, meu Deus, meu Deus — gritei. — Meus peixes!

Minha filha me acompanhou enquanto fui abrir o armário de equipamentos debaixo do aquário para ver que tipo de defeito mecânico tinha causado aquela tragédia. Abri a porta do armário e, para minha surpresa, Cosmo estava ali dentro.

A mangueira de saída de água do aquário estava na boca dele, enquanto ele bebia as últimas gotas d'água que restavam e a sacudia feito um maníaco. Ele olhou para cima, com um olhar surreal de satisfação — seus pequenos olhos pretos brilhando no armário escuro. Ele tinha um olhar estranho, quase um sorriso na cara.

Um milhão de pensamentos percorreram minha mente. Como um cachorro entrou num armário fechado de equipamentos para aquário? Como ele entrou em casa? Não levou muito tempo para que eu colocasse a culpa na minha mulher! Ela tinha esquecido de colocar Cosmo do lado de fora quando saiu para o treino de hóquei.

Tirei Cosmo dali e o levei para sua casinha, e meus pés faziam barulho no carpete encharcado. Enquanto eu andava, avaliava a destruição. Ele tinha ficado dentro de casa por duas horas, sozinho.

Ele havia sistematicamente tirado todos os cabos das tomadas, deixando os plugues pendurados das saídas como rabinhos de porco. Não sei como não fomos eletrocutados.

Cosmo também mastigara o capacete novinho de hóquei do meu filho e, numa tentativa de pegar um brinquedo debaixo do sofá, ele rasgou todo o tecido do assento.

Tinha virado a lixeira da cozinha e espalhado todo o lixo pela casa.

Mas o coup de grâce, a pièce de résistance, o último toque que apenas a mente diabólica de um cão-porco poderia pensar, atingiu-me então e me levou ao limite.

Quando andava em direção ao meu quarto, senti o cheiro de alguma coisa, e reparei algumas manchas na parede, saindo do meu banheiro e entrando em meu quarto, passando pelo corredor e chegando à cozinha. Entrei no banheiro e a realização total aconteceu. Um dos meus filhos, um dos meus amáveis e preciosos filhos, que eu amo... mas que tem o péssimo hábito de não dar descarga, tinha feito o "número dois" e não finalizara o trabalho dando descarga, ou simplesmente abaixando a tampa.

Cosmo achou esse objeto interessante flutuando no vaso e puxou-o para fora. Ele então fez a dança do hucklebutt *pela casa, lançando o objeto pelos ares, como claramente fez, e como mostraram as provas estampadas nas paredes.*

Foi demais para mim, perdi a cabeça. Assim que minha mulher chegou em casa, comecei a xingar e não conseguia parar. Eu nunca grito, e agora eu estava gritando com toda a força dos meus pulmões. Meus vizinhos saíram de suas casas espantados. Finalmente me acalmei, depois de quase chorar, física e mentalmente acabado, e passei as quatro ho-

ras seguintes limpando a bagunça. Um limpador de tapetes profissional foi chamado tarde da noite para uma limpeza de emergência por muitos dólares extras. Meus filhos foram obrigados a limpar a "arte" nas paredes.

Naquela noite, depois que eu já tinha caído no sono, acordei com um pensamento. Entendi, então, o que era aquele olhar misterioso na cara de Cosmo quando ele estava no armário do aquário.

Era um sorriso de comedor de merda!

Aposto com qualquer dono — que tenha um cão que faça a dança do *hucklebutt* — que ninguém tem uma história melhor do que essa para contar.

24

Intestino sacana

Aprendi muito sobre as diferentes expressões que os donos de cães da raça bull terrier usam para descrever o comportamento maluco desses bichos num fórum da internet de pessoas do mundo inteiro. Foi confortante saber que não estou sozinha. Algumas pessoas têm cães que tinham os pés com cheiro de salgadinho de milho. Outras pessoas recusam-se a comprar um sofá ou uma cadeira em que caiba uma bola embaixo. Outras pessoas têm cães pequenos que pesam 32kg e que usam suas cabeças como aríetes.

Aquela "coisa zen" de Wally, o estado meditativo no qual ele entra quando galhos de árvore acariciam sua cabeça, também é chamado de "transe", "cão da selva", "cão primordial" e "drapejar". O "comando de rastejo", no qual o cachorro rasteja ao redor de si mesmo com as patas dianteiras, é também chamado de "deslizamento", "rastejo engatinhado", "G.I. Joe", "cobra sorrateira" e "escorregadela". O nome quase universal dos bull terriers é "cão-sapo" — pelo fato de eles se esticarem como mosquitos amassados e coçarem a barriga. É assim o jeito que Wally se arrasta para fora da cama, não é pulando, é "sapeando", até cair no chão em seu tapete especial.

"O queixo" refere-se ao hábito afetuoso que os bull terriers possuem de apoiar o queixo em sua perna ou em seu braço e fitá-lo longamente enquanto você come. Eles babam ao mesmo tempo. Os cachorros foram apelidados de bull terroristas, cães-sapos, cães-porcos, cães diabólicos e caçadores do inferno. Todo mundo concorda que a descrição "uma criança de 3 anos numa roupa de cachorro" aplica-se perfeitamente a um bull terrier. Todos querem que seus cachorros durem para sempre.

Eu mal tinha me apresentado ao grupo, que possui mais de mil pessoas, quando Wally ficou muito doente. Começou com um ataque de "urka gurka" — o termo usado para descrever o som do estômago de um cachorro. Isso era incomum. Wally só havia vomitado uma vez na vida, e tal incidente envolveu um pé de coelho e toneladas de grama e sementes. Cachorros, às vezes, comem grama vorazmente quando sentem que precisam remover do estômago alguma substância desagradável. Sem a ajuda de um veterinário, de livros ou de ferramentas de pesquisa, eles sabem que a mudança repentina para herbívoros irá despertar uma reação devastadora.

E, então, Wally não queria comer. Não queria fazer nada. Se sua cara pudesse ficar mais comprida, ficaria, e o olhar travesso havia desaparecido.

— Ei, cara, como cê tá? — Stephen perguntou no dialeto que ele usa quando fala com Wally, que sempre responde abanando o rabo.

Não teve nenhum rabo abanando em resposta.

Wally rejeitou sua bola.

Fomos ao veterinário. Inicialmente, vimos que Wally estava com febre, e algumas taxas em seu exame de sangue estavam um pouco baixas. O veterinário deu a ele uma injeção que levantou seu espírito e o fez dar uma corrida na sala, e também alguns antibióticos. No dia seguinte, voltamos aos vômitos e ao estado letárgico. Todas as possibilidades de doença foram cogitadas: pancreatite, doença de Cushing, doença de Addison e até hepatite. Entre as definições em meu manual do veterinário da Merck e pesquisas na internet, tudo indicava que fosse catatonia. Liguei para o criador de Wally, que sugeriu que fizéssemos raios X e um ultrassom para checar alguma obstrução interna.

Na minha experiência, emergências animais parecem sempre ocorrer em fins de semana ou, pior, em feriados. Tive uma experiência profunda com uma ovelha — expelindo seu útero — em uma noite de sábado quando todos os membros da organização internacional Kiwanis, que também eram veterinários, estavam na maior reunião do ano para angariar fundos. Suspeitei que eles tiraram no palito quem ia sair no meio da noite para reembalar um carneirinho em meu celeiro congelado. Quando tinha 8 meses, minha égua palomino, Karma, cheirou um porco-espinho — num domingo. Era o fim de semana do feriado do Dia do Trabalho quando Lindy, minha vaca francesa, começou a dar os sinais clássicos da raiva. Wally estava seguindo os padrões.

Naquela manhã de domingo, corremos com Wally para a Clínica Veterinária de Ontário, na Universidade de Guelph, um estabelecimento da melhor qualidade que possui toda a assistência para diagnósticos conhecidos da medicina interna — humana ou canina. Sua temperatura era de se preocupar, e um raio X mostrou uma possível massa do lado de fora de seu intestino. Ele foi admitido na UTI, e nós fomos mandados para casa.

Existem pessoas que não entendem o apego emocional que se forma quando você ama um animal. Elas rejeitam a noção de que uma ligação entre humano e cachorro é semelhante ao amor e ao medo que um pai sente por seu filho. Para elas, um animal doente é uma causa perdida, e não vale a pena gastar dinheiro com ele. Não somos esse tipo de pessoa e autorizamos a universidade a fazer todos os testes que achassem necessários e a recrutar a opinião de todos os especialistas que quisessem para salvar nosso menino. Stephen sacou um cartão de crédito e disse a eles que ficassem com o número.

O silêncio foi desesperador na volta para casa; nossas mentes confusas com memórias. Quase tropecei em uma das bolas de Wally e chorei pensando que ele estava sozinho numa jaula sem sua amada bola. Pela primeira vez em anos tinha um espaço vazio em nossa cama. Se eu me sentia na escuridão, Stephen estava vivendo num buraco negro.

O veterinário nos ligou logo de manhã para dizer que Wally tinha acordado e estava agitado. Os testes dele tinham sido agendados e ele estava fazendo uma consulta neurológica. Éramos bem-vindos para visitá-lo e para revisar os testes no fim da tarde. No estado fraco em que se encontrava, a UTI foi o melhor lugar para ele. Stephen desligou o telefone aos prantos, de alívio.

O ultrassom não mostrou nenhuma massa nem algum outro problema prontamente identificável em seus órgãos. Um quadro de sangue completo e uma análise de urina não deixou ninguém na dúvida. O ecocardiograma revelou que não havia nenhum sinal de infecção, e o sopro no coração que Wally tinha quando era filhote ainda era brando. Os veterinários estavam animados. Wally balançou com fraqueza quando nos viu. Deixei uma bola com ele naquela noite, e fomos para casa nos abraçar em nossa cama king size que, agora sim, parecia um plano de férias.

Nesse meio-tempo, consultei alguns dos criadores mais experientes de bull terrier do mundo através do fórum na internet. A informação rápida que eu estava recebendo levou os veterinários a fazer uma curva de aprendizado sobre os bull terriers. Eles falavam sobre fazer uma cirurgia exploratória e possivelmente checar as articulações de Wally para achar pistas quando minhas fontes da internet apresentaram uma alternativa: ingestão de bário.

Seguir o bário pelo sistema intestinal de Wally mostraria se ele tinha ou não uma obstrução orgânica que não aparecia em outros testes. Um criador disse ter achado algo "flutuante" em um de seus cachorros. Era a lingueta de um sapato de couro que o cachorro havia mastigado quando filhote. Havia ficado no estômago do animal durante anos, ocasionalmente bloqueando a digestão, até que foi finalmente descoberto por uma lamacenta ingestão de bário. Tentamos em Wally. Ele estava limpo como um apito, poupando-o da cirurgia invasiva e cara. Os veterinários criaram um novo termo técnico que definia a condição de Wally. Um dos meus conselheiros da internet colocou de forma sucinta: "Wally tem intestino sacana."

Já no terceiro dia de UTI a febre de Wally diminuíra. Apesar de ele ter um tubo intravenoso de alimentação de 2,5m em sua patinha direita, nos rebocou para o corredor da clínica para jogarmos futebol. A comida preparada em casa que levei para ele foi celebrada com entusiasmo. Alguns dos técnicos e outros pacientes que viram o pote na geladeira ficaram com inveja da comida de Wally.

Quatro dias depois e quase 2 mil dólares mais pobres, trouxemos Wally para casa com uma garrafa de antibióticos.

Algumas pessoas podem perguntar se valeu esse dinheiro todo. Nós não somos esse tipo de pessoa.

25

Para a prisão

Com Wally completamente recuperado e o inverno se transformando em primavera, havia uma sensação geral de bem-estar no mundo de Wally. Stephen e eu estávamos correndo contra o tempo com nossos projetos no mundo da escrita. Eu estava me familiarizando com os presbiterianos em meu romance, assim como com as idiossincrasias como a interpretação gaélica da natureza e das cores dos ventos. Stephen havia desvendado uma "figura no tapete", como disse o escritor Henry James, durante as horas que tinha passado assistindo ao seu caso criminal já resolvido. Ele descobriu o motivo real por trás da sentença de vinte anos barata que a esposa assassina de seu primeiro livro recebera, e ele decidiu transformar isso em um novo livro. Logo em seguida ele escreveu para a megera na prisão. E, ainda mais extraordinário, Karla Homolka escrevera de volta.

É macabro ver o homem da sua vida receber cartas de vinte páginas de uma monstra que já havia chegado no limite no Texas sem pensar duas vezes, como Karla Faye Tucker. Às vezes, ela escrevia com caneta rosa e decorava as cartas com flores e desenhos do Ursinho Poh. Outras vezes, ela escrevia com letra de fôrma dos dois lados da página para economizar a tinta da caneta e papel. Eles nunca falavam dos crimes, mas debatiam amplamente desde o gosto dela por leitura (de Dean Koontz a Sylvia Plath) a sua opinião sobre o advogado das famílias das vítimas: "Era um idiota." As correspondências resultariam numa parte notável de um livro que prometia ser tão censurável para a polícia, para os promotores e para os políticos quanto o primeiro.

Parte da pesquisa de Stephen incluía visitar prisões especiais para mulheres, particularmente as habitadas por suas perigosas amigas de cartas. Naquele verão, nós visitamos duas, ambas na província de Quebec, ao norte da cosmopolita Montreal. Enquanto jornalistas só são autorizados a entrar nas prisões com *tours* cuidadosamente organizados, Stephen cultivou o interesse de um político de alta classe cujo trabalho era inspecionar qualquer prisão que quisesse, e podia levar com ele quem quisesse também. E lá fomos nós para a prisão — com Wally, é claro.

A primeira era chamada de Clube Federal pela mídia, pois era composta de casas geminadas onde as prisioneiras viviam de forma cooperativa. Tinha um ginásio para esportes, uma escola e uma cantina onde as internas podiam comprar alimentos que iam de alface fresca a jujubas. As mulheres vestiam suas próprias roupas e trabalhavam em empregos diversos, como costurar as cuecas dos prisioneiros homens. O carcereiro nos deu um panorama geral e nos levou para um *tour*. O que poderia soar como um lugar reformado impróprio para sua proposta era exatamente o oposto.

A porta de correr fecha-se nas prisões, e essa é a verdade imutável do confinamento. Uma pessoa até consegue viver naquele mundo controlado — onde a medicação (uma quantidade enorme de antidepressivos) é distribuída duas vezes ao dia, e câmeras de segurança inspecionam todos os cantos e fendas — mas esse inferno não é vida.

Não consigo imaginar que viver numa casa cheia de estranhos — alguns com problemas de saúde mental e de drogas que os tornaram perigosos para si mesmos e para os outros — possa ser algo que não um castigo. E mais, com raras exceções, não é permitida a entrada de cachorros na prisão.

Quando finalmente fomos embora, tive uma sensação de alívio e não podia mais esperar para chegar ao conforto do hotel Ritz-Carlton, onde Wally estava deitado como um rei num edredom de penas.

Nos dias em que passamos em Montreal antes do *tour* seguinte, passeamos pela vizinhança com Wally. Stephen descobriu que quando ele andava sozinho com Wally eles viravam um "ímã de mulheres". Mulheres atrevidas falando francês com lábios carnudos de Brigitte Bardot os abordavam nas ruas e agachavam-se ao nível de Wally.

"*Asseyez-vous*", Stephen instruía, e Wally sentava para ser acariciado.

"*Son nom est Wally*", dizia Stephen, sempre gerando uma risada e — com maior frequência — uma resposta em inglês.

Quando eu andava com Wally sozinha, atraíamos moradores de rua que já tiveram um cachorro em algum lugar de seu passado. Eles só queriam o conforto de acariciar Wally, e alguma moeda para guardarem no bolso.

O Ritz-Carlton é um hotel muito amigável com os cães, gerenciado de maneira exuberante e elegante. No Ritz, você não anda pelo corredor procurando uma máquina de gelo. Até porque, não tem nenhuma. Em vez disso, o serviço de quarto traz gelo em baldes de prata. Qualquer coisa que *Madame*, *Monsieur*, e *Le chien* quiserem está a uma ligação de distância.

Numa noite, os elevadores estavam cheios devido a uma convenção, e resolvi descer alguns andares com Wally para passear com ele. Longe da simplicidade, os andares da escada com arte fina da virada do século transformaram-se em um quebra-cabeça de corredores e portas trancadas. Quando finalmente encontrei uma porta que se abria sem disparar nenhum alarme, saímos no final de um salão de baile deslumbrante. Mesas estavam sendo arrumadas e uma banda estava chegando para o que seria, obviamente, uma sofisticada festa particular.

— Wally! — falou um dos gerentes que havia nos recebido no hotel quando chegamos. Ele jogou as mãos para o ar e veio efusivo para nos acompanhar pelo salão de dança até a porta da frente. Senti como se estivesse acompanhada de uma celebridade.

O conforto do Ritz fazia um contraste gritante com a prisão de segurança máxima para homens que havíamos visitado. Era uma cadeia que poucos podiam sequer entrar se não tivessem cometido um crime horrendo. Numa ala ficavam as piores das piores criaturas — bandidos notórios e assassinos de crianças. Uma outra área funcionava como central para avaliação de novos presos. Em um pequeno enclave, haviam celas ocupadas por seis perigosas mulheres assassinas, incluindo Karla Homolka, que havia recentemente acrescentado Stephen em sua lista de visitantes.

Essa prisão era algo bem diferente do que aparecia nos filmes de James Cagney — afastada da civilização, rodeada de quilômetros de plantações de milho, envolvida por cercas altas de metal com rolos de arame farpado no topo. Do lado de dentro, as portas se fechavam em cada corredor. Devido ao nosso *tour*, os prisioneiros foram trancados. As únicas celas que vimos foram as ocupadas por prisioneiros que tinham conseguindo o privilégio de trabalhar na prisão. Suas celas eram do lado oposto à unidade idêntica na qual as mulheres ficavam. Eram lugares apertados, com vista para os campos de milho ou para os estacionamentos. Mesmo assim, era melhor do que o confinamento solitário, com camas sem lençóis e vasos sanitários de metal.

Existe algo no concreto usado nas paredes das prisões que transmite uma sensação de densidade. O único lugar que parecia mais humano era a biblioteca. Estávamos do lado de fora, andando por um dos longos corredores, quando a prisão foi toda trancada. As portas foram fechadas com estrondo nos finais de cada corredor e nós ficamos esperando, enquanto um prisioneiro perigoso corria de algemas de um lado para outro. Se durasse um segundo a mais, Stephen sentiria claustrofobia. Fiquei aliviada ao ouvir o último som de portas sendo trancadas naquela prisão e muito feliz de voltar para o luxo do hotel, com a orelha lavada por um cachorro que sempre soube que as portas se abririam para ele.

Naquela noite, em um bistrô em Montreal, pensei em pedir patas de sapo, um prato com bastante alho, muito popular na parte francesa do Canadá, mas raramente servido em outro lugar. Alguma coisa muda sua atitude em relação à vida e às vivências quando você vê o interior de uma cadeia. Patas de sapo soavam brutais, e resolvi pedir uma sopa grossa de cebola e ratatouille.

No dia seguinte, voltamos para o miserável local. Era dia de visita, e Wally e eu não fomos convidados. Enquanto Stephen passava pela entrada de segurança ao lado de uma pequena torre onde guardas munidos com armas fiscalizavam o perímetro, eu fui jogar futebol com Wally num terreno de mato baixo. O sol estava queimando. Wally jogou a bola e correu pelo campo. Imaginei que os prisioneiros que tinham aquela vista estavam grudados às suas janelas, assistindo a algo diferente — nada diferente — para livrarem-se da monotonia. Eles jamais veriam algo como Wally.

Depois de uma partida dura, nós dois estávamos bufando. Da maneira típica de Wally, ele caminhou pelo mato e deu um jeito de encontrar a única poça de lama em quilômetros. Eu o encontrei rolando na lama como um porco contente. Ele estava todo esticado, arrastando a barriga em minha direção, sorrindo de orelha a orelha.

Eu não sei o que eles colocam na lama penitenciária, mas tinha um cheiro desagradável. Eu não podia colocá-lo de volta na picape, de forma alguma, e muito menos entrar com ele no lobby do Ritz. Foi então que entretive os prisioneiros e os guardas que estavam assistindo em seus poleiros altos dando um banho em Wally com duas garrafas de Perrier e uma toalha de rosto.

Quando terminei, pensei que Wally merecia honestamente as listras que possuía.

26
A bondade de estranhos

O ano de 2001 será sempre assombrado pelo do 11 de Setembro. Eu me lembro de estar em minha mesa naquela manhã olhando para uma das televisões onipresentes na casa. Estava ligada na CNN, mas sem som. Notei as linhas de notícias se espremendo na parte de baixo da tela. Dizia que todo tráfego aéreo da América do Norte estava cancelado. Falei a Stephen que algo estava muito errado.

Naquele dia meu coração se partiu e tive medo do mundo, do mesmo jeito que tive antes naquele mesmo ano, quando milhões de bovinos, ovelhas e suínos na Grã-Bretanha foram sacrificados devido à epidemia da febre aftosa. Aquilo assustou o mundo e me fez temer por meu rebanho.

Cinquenta anos antes, o romance de J. D. Salinger, *O apanhador no campo de centeio*, fora publicado. Em eventos recentes, finalmente entendi o que a profundidade da angústia do protagonista, Holden Caulfield, queria dizer quando ele contou a sua irmã, Phoebe, sobre suas aspirações e, nesse processo, explicou o título do livro:

"*Fico imaginando todas essas crianças brincando nesse campo enorme de centeio e tal... Estou em pé na beira de um penhasco gigantesco. O que tenho que fazer é pegar todo mundo que se aproximar do penhasco — digo, se eles correrem e não olharem para a frente, eu preciso sair do meio do nada e apanhá-los. É isso o que faço o dia inteiro. Eu seria o apanhador no campo de centeio.*"

Tantas pessoas precisavam de proteção. Tantos estavam à beira de um penhasco.

Era isso. Precisávamos de um descanso da realidade e do trabalho. Como de costume, pensei em ir para um concurso de cachorros, mas somente para assistir.

A carreira de Wally nos concursos acabou com a absolvição de Stephen. Wally jamais gostou de estar dentro do ringue tanto quanto gostava de quicar suas bolas de tênis no nariz para a multidão do lado de fora dos ringues. Quando ficava entediado no ringue, ele tentava tornar as coisas interessantes colocando a cabeça dentro das saias das juízas, que pareciam árvores. A maquiagem branca de palhaço e a maisena que eu aplicava para cobrir os calos das bolas em seu nariz não ficava muito bem nele, e eu terminava ficando mais branca do que ele. Evidentemente, não é para se usar maquiagem nos concursos de cachorro, mas se você tiver a chance, um dia, de olhar dentro de um camarim de um concurso, pode apostar que encontrará muito mais do que pentes e escovas.

Os concursos tinham seus momentos. Durante minha última volta num ringue de um concurso de cachorro fiquei presa numa coleira e tropecei em Wally. Ele se aproveitou dessa situação para lamber minha orelha, e foi quando descobri que meu nariz estava sangrando profundamente em minha jaqueta amarela chamativa. Cambaleei e continuei, peguei a esponja de maquiagem de Wally no meu bolso para estancar o sangue e deixei toda a minha cara pintada de branco, feito um palhaço. O juiz era um cara bacana, com senso de humor.

— Você está cada vez mais parecida com seu cachorro, senhora — ele disse, me dando uma piscadela.

Jurei que da próxima vez que eu levasse Wally para um concurso seria em Marte.

E então ocorreu que, em um dia no meio do mês de outubro, nós enchemos a picape e fomos para Mars,* na Pensilvânia. O concurso para cachorros que eu queria ir seria no Mars Four Points Sheraton, a uns 32km ao norte de Pittsburgh, e era só para cães da raça bull terrier. O concurso chamava-se Silverwood e, todo ano, em alguma cidade da América do Norte, centenas de donos, famílias e cachorros peregrinavam para lá para irem aos ringues conseguir troféus, festejarem como malucos e comprarem qualquer coisa que tivesse um bull terrier na embalagem, não importa o quanto custasse. As pessoas vinham de lugares distantes como Austrália, Japão e Inglaterra. Eu queria ver isso, e podíamos apresentar Wally para as "cachorras da vida".

Isso não seria suficiente para Stephen investir em uma viagem de férias, então incluí uma visita ao sonho arquitetônico celeste projetado por Frank Lloyd Wright, a Casa da Cascata, a poucas horas de Mars, assim como um possível jogo dos Steelers e uma visita ao Museu Andy Warhol. Pittsburgh é a casa de Andy. E, então, numa ótima coincidência, Stephen recebeu uma liga-

---

*O planeta Marte em inglês chama-se Mars, o mesmo nome da cidade da Pensilvânia. (N. da T.)

ção para fazer um trabalho nos Estados Unidos — em Pittsburgh. Não só poderíamos tirar férias, ir ao concurso para cachorros e ver alguns pontos turísticos, como também o trabalho de Stephen pagaria boa parte das despesas.

Ouvi falar de Silverwood pelo fórum de bull terrier da internet, cujos membros me deram conselhos quando Wally estava doente. Agora, algumas dessas pessoas já se tornaram colegas de e-mail, apesar de eu estar mais interessada em seus cachorros do que em detalhes de suas vidas.

Eu também seria uma vendedora, pois recebi permissão para comprar as bolas de lacrosse que Wally tanto amava em uma promoção. Então, resolvi me concentrar no trabalho de fazer um adesivo para colar nas bolas, tornando-as oficialmente as Bolas de Wally. Mastigadores de bolas profissionais da Califórnia ao Maine haviam testado para garantir que a bola era resistente. Coloquei na mala caixas de bolas de diferentes cores para exibi-las em um vaso enorme de vidro. Meus adesivos tinham uma lâmina de metal, e levei aproximadamente trinta horas para desenhar a cara de um bull terrier sorrindo com uma bola na boca.

Já que essa foi uma decisão em cima da hora, temi que não tivesse lugar no hotel. Portanto, consegui reservar o último quarto disponível no Sheraton — a suíte presidencial John F. Kennedy. Transformamos a viagem em um passeio sem pressa, parando na cidade de Buffalo, no estado de Nova York, para comer as asas de frango que deram origem ao nome da cidade, no bar Anchor.

Em 1964, a dona do restaurante, Teressa Bellissimo, fez a primeira leva de asas fritas envolvidas em um molho picante, ideais para serem acompanhadas de molho de queijo ou de aipo crocante. Naquele tempo, elas também eram acompanhadas dos vocais no estilo jazz de Dodo Green, a primeira mulher que lançou um disco pela Blue Note Records e transformou-se numa lenda.

No dia seguinte, partimos para Mars, chegando precisamente na mesma hora que as outras pessoas. Não éramos os únicos que sabiam arrumar uma caminhonete com bagageiro de teto, exceto que muitos dos veículos estavam lotados com cães em suas casas, que também queriam sair delas. O saguão do Sheraton foi dominado por latidos e uivos, o que acabou compensando o dinheiro utilizado na acústica do Carnegie Hall, reformado recentemente. Enquanto algumas pessoas enchiam os carros de bagagem com seus cachorros, Wally e eu passeamos pelo lobby para fazermos o check-in.

— Sejam bem-vindos a Mars — disse o atendente no balcão.

Senti como se tivesse chegado em algum lugar fora da galáxia. Enquanto Stephen lutava com a bagagem, Wally e eu fomos conhecer a suíte presidencial no quinto andar. Pegamos o elevador decorado de espelhos com um bull terrier branco que parecia o Spuds MacKenzie. Eles estavam por todos os lados.

Não pude deixar de cantar a marcha presidencial *Hail to the Chief* quando entramos no quarto — uma suíte espaçosa e bem equipada com vista panorâmica de todo o lobby do hotel. Uma característica distintiva foi a diferença óbvia nos tons do carpete, em que um tapete fora removido, certamente para se proteger de futuros estragos de cachorros. Era um lugar ótimo e amplo para Wally jogar futebol. Arrumei a comida e a água dele em vasilhas perto do bar e fiquei olhando Stephen carregar as malas ao lado de uma mulher que tinha quatro casas de cachorro e, pelo menos, a mesma quantidade de camas de cachorro com estampa de zebra presas ao seu carrinho de bagagem.

Senti como se conhecesse muitas pessoas e cachorros no concurso. Algumas delas me reconheceram pelas fotografias em meus livros, mas eu não fazia ideia de quem eram, a não ser que me dissessem o nome de seus cachorros. As conversas eram algo do tipo:

— Oi, Marsha. É mesmo você?

— Sim, é ótimo estar aqui.

— Eu sou Lynn, a mãe do Pacman.

— Prazer em conhecê-la. Como vai ele?

Também conheci pessoas que só sabiam quem eu era pelo nome do endereço do e-mail que eu havia escolhido: "Hucklebutter." Uma pessoa que foi muito prestativa durante a doença de Wally foi um criador que se denominava TOM, em letras maiúsculas, em seus e-mails. Ele era um oficial da reserva da Marinha com uma inteligência sagaz e um olhar de juiz para cachorros. Quando vi uma figura usando um boné de beisebol da Marinha, sentado sozinho em um banco em frente ao hotel, olhando os cachorros chegarem, imaginei que só podia ser ele. Wally voltava de seu passeio, e nós nos aproximamos.

— Tom? — perguntei. Ele fez que sim com a cabeça. — Eu sou Marsha. Você me ajudou muito e eu queria lhe agradecer.

— Qual é o seu apelido na internet? — ele questionou, sem tirar os olhos de Wally.

— Eu sou Hucklebutter — admiti.

— Ah, então esse deve ser Wally. — Eles se sentaram em um banco e passaram bons momentos juntos.

Também conheci Marty, a mulher do oeste que me deixou vender as Bolas de Wally em seu estande. Uma mulher objetiva, de coração grande, que tinha tudo de bull terrier para vender, desde camisas a esculturas em pranchas de surfe. Tínhamos um estande de esquina, e levei Wally para nos fazer companhia. Ele era uma criatura que agradava as pessoas, andando pelos corredores lotados de vendedores e de cachorros, levando uma bola dentro de uma bacia.

Wally subiu na cadeira de Marty e continuou com seu "auuuu" para o meu vaso cheio de bolas. Coloquei a mão dentro do invento e dei a ele uma bola laranja para mastigar e brincar. Ele a empurrou para fora da cadeira e esta para baixo da mesa do nosso lado, a qual exibia imagens de bull terriers pintadas à mão em cerâmica e em vidro. A mesa inteira tremeu quando Wally ziguezagueou atrás da bola. Acabei tendo de comprar uma caneca sem a alça como souvenir.

Depois de voltar com Wally para o quarto, assisti a uma sessão de fotografia de uma festa de casamento no saguão. Conheci algumas das damas de honra no elevador. Elas não tinham nada a ver com os bull terriers, mas disseram que tanto a noiva quanto o noivo tinham alergia a pelo de cachorro. E agora tinham dificuldades para tirar uma foto sem que um cachorro aparecesse no fundo. Eu não imagino que a pergunta "por que está acontecendo um concurso de cachorro no hotel?" ocorra a muitos planejadores de casamentos. Talvez para esse, sim.

A televisão do lobby estava ligada na CNN, mas sem som. Dessa vez, as linhas na parte de baixo da tela diziam que o antraz tinha matado alguns entregadores do correio. O mundo estava maluco, e eu em um concurso de cachorros vendendo bolinhas.

Naquela tarde, Stephen voltou de sua reunião de trabalho e nós fomos para Pittsburgh visitar o Museu Andy Warhol. Tudo estava excêntrico e muito bonito, até que fizemos um *tour* em uma exibição de fotografias e cartões-postais tirados durante a era em que os afrodescendentes eram linchados frequentemente. Essas imagens perturbadores enlouqueceram minha mente. O mundo já era louco antes de 2001.

Marty jantou conosco à noite em uma churrascaria em que serviram bebidas gigantescas e porções de carne tão grandes que os garçons soltavam o prato na mesa. Stephen estava, inicialmente, desconfiado das "pessoas da internet", achando que poderia conhecer assassinos em série ou loucos desse gênero. Quando Marty começou a contar histórias de seu bull terrier, Rocky, Stephen começou a contar histórias de Wally também. Eu mal consegui falar uma palavra.

Na manhã seguinte, era o dia do grande show. Levantei cedo para levar Wally para fazer suas necessidades, antes que Stephen saísse para mais um dia no estúdio de tevê. Era um dia amargo e chuvoso, e eu não tinha nem um guarda-chuva.

Uma área com grama fora cercada para os cachorros fazerem suas necessidades, e também havia saquinhos para limpar. Atravessamos o estacionamento, e eu podia dizer pelo comportamento de Wally que ele tinha necessidades a fazer. Com outros cachorros no local, a atitude dele mudou. Wally não é um cachorro tímido, mas prefere ter privacidade. Como uma dona responsável, recolho o que sai dele, mas ele prefere que eu evite olhar na hora H. Saber que outros cachorros estavam olhando sabotou sua vontade.

Andamos para lá e para cá sem nenhuma ação. Meus tênis de corrida ensopados faziam barulho na grama molhada, e eu devia parecer tão deprimente quanto meus pés se sentiam.

— Você está tendo problemas? — uma voz perguntou.

Afastei os olhos de Wally e vi um homem amigável com três brincos numa orelha só.

Expliquei que estávamos havia trinta minutos na chuva e eu sabia que Wally tinha mais do que sua bexiga para esvaziar, mas recusava-se a aliviar-se na companhia de outros cães.

— Você tem um fósforo? — perguntou o estranho.

Achei que ele não tivesse ouvido direito devido aos brincos, e repeti meu dilema.

De repente, ele pegou um fósforo e me aconselhou a inseri-lo no buraco constipado de Wally.

Não sou o tipo de pessoa que aceita conselhos de estranhos sem considerar as fontes. Porém, esse cara tinha um bull terrier lindo na ponta de sua coleira. Era um macho robusto, com tons marrom-amarelados e avermelhados, e tinha vírgulas pretas no lugar das sobrancelhas, com uma listra branca que descia por sua cara sorridente. Wally e o cachorro vermelho cheiraram-se amigavelmente. Imaginei que alguém com um cachorro tão bonito provavelmente teria boas intenções.

— Apenas insira o fósforo no ânus dele e isso vai resolver tudo — disse o estranho, segurando o fósforo na chuva. — Não solte dentro dele.

Confusa, levei Wally para um espaço entre dois carros e, de forma obediente, inseri a ponta sulfúrica do fósforo e tirei-o depressa, rezando para que ninguém tivesse visto meu ato de indignidade.

Voltamos para a grama e continuamos andando, ainda sem benefícios. Do outro lado da área cercada notei o cão vermelho obtendo sucesso no que Wally havia falhado. Olhei impaciente. Ele me deu um outro fósforo e me disse para deixar ali por um tempo maior do que a minha tentativa anterior de dois segundos.

O cão alegre e seu dono estavam ainda no meio do estacionamento quando o fósforo fez efeito. Como Blanche DuBois em

Um bonde chamado Desejo, eu estava em débito com "a bondade de estranhos".

No lobby do hotel, Wally sacudiu-se em cima de uma cadela cuidadosamente arrumada de uma de minhas amigas de e-mail, Naomi. Sua cachorrinha, Six, era a sexta de sua ninhada. Uma lindeza preta que jurei que tinha flertado com Wally, e ele estava aflito. Mais tarde, vi Naomi na área de arrumação alisando o pelo úmido de Six enquanto os outros arrumadores juntavam-se cantando um excessivo refrão de *Who Let the Dogs Out* (Quem deixou os cachorros saírem?).

Podia-se ouvi-los do restaurante do hotel, onde o casal em lua de mel espirrava sobre o café da manhã.

"*Who let the dogs out? Woof. Woof.*"

O concurso de Silverwood era um grande evento, onde desfilavam campeões atrás de campeões. Eu tive a sorte de sentar ao lado de uma mulher que já tinha cães dessa raça "desde a Era do Gelo". Engraçadíssima, ela me alegrou com comentários sussurrados de cachorros e de seus donos.

— Olha! Aquela cadela precisa de mais maquiagem na cara — ela falou. — E devia saber mais do que simplesmente trazer esse cachorro desclassificado para o ringue. E vá consertar esse par de orelhas caídas.

Quando terminou, eu já sabia todas as falhas que Wally poderia cometer.

No banquete naquela tarde, diverti meus novos amigos com a história do fósforo. Eles riram, e aprendi que esse é um truque antigo usado por domadores nos concursos e em testes de obediência. Esfregar uma coleira sobre a área é outro método de estimulação. Após ouvir isso, reparei que eu olhava para as coleiras dos domadores com outros olhos.

Descobri também quem era o estranho gentil. O ganhador de Silverwood era o cão vermelho, do Ch. Rocky Tops Sundance Kid, popularmente conhecido como "Rufus". O estranho era Tom Bishop, um de seus donos. Cinco anos depois vi Tom novamente. Ele estava comemorando no Concurso do Kennel Club de Westminster, onde o mesmo cão risonho ganhava o prêmio de Melhor Cão do concurso.

Eu, certamente, podia incomodá-los com um fósforo.

27
"Deixem as rugas da velhice aparecerem"

A residência provisória era espetacular. A Casa da Cascata, sucesso do arquiteto Frank Lloyd Wright em Bear Run Creek, é maravilhosa. Uma sensação zen de transe natural ocorre dentro daquele refúgio de madeira, com terraços suspensos por colunas de concreto sobre a água, piso polido de pedras escavadas e vista da floresta através de janelas sem emendas. As folhas do outono levantavam do chão enquanto caminhávamos para o parque nacional.

A serenidade da Casa da Cascata permaneceu em mim durante dias. Eu queria ficar naquele estado para sempre, mas sabia que não podia. Ao chegar em casa, marquei uma consulta com meu médico.

Acho que eu sabia que algo estava fora de ordem por um instante, mas foi o papel higiênico de baixa qualidade do motel de beira de estrada em que dormimos uma noite em circunstâncias menos luxuosas do que o Sheraton que gerou o sangramento. Apoderada da peça de Eve Ensler, *Monólogos da vagina*, eu podia saber que havia algo errado com a minha. Havia mudanças sutis na pele, e uma parte com uma superfície lisa como uma pérola. Eu tentava me convencer de que algo natural da idade havia se tornado algo suspeito.

O médico de minha família é também um amigo e dono da melhor adega de vinhos da cidade. Ele possui um par de cavalos Clydesdale que ele arreia para desfiles e negocia o preço. Sua esposa é enfermeira, e o deixa por alguns meses de tempos em tempos para viajar para o norte e cuidar das doenças dos aborígines. Ao fazer isso, ela também socorre os cachorros perdidos que aparecem por lá — cães que normalmente passam fome. Ela fundou um programa chamado Friends of Animush (Amigos dos Cães), que leva veterinários do sul para comunidades remotas, onde montam clínicas — castrando-os, vacinando-os e educando-os. A casa dela tem as portas abertas para animais aflitos e abandonados.

Eu sabia pela cara do meu médico que o diagnóstico não era bom. Ele chamou o que eu tinha de célula escamosa de carcinoma *in situ* — uma forma de câncer de pele. Essa era novidade para mim. Agora eu acho que se pode ter câncer nas unhas da mão ou nos pelos do nariz.

A parte difícil foi dizer isso a Stephen. Quando ainda estavam casados, sua ex-mulher ficou hospitalizada por dois anos como consequência de um tumor cancerígeno. Todos os outros pacientes que tiveram essa mesma forma de doença morreram. Por três vezes disseram a Stephen que não esperasse vê-la novamente. O tratamento envolvia tantas drogas tão pesadas que a personalidade dela mudou de maneira significante. Quando se recuperou, ela entrou em um trailer com um promoter de esportes da Costa Oeste e viajou com ele, deixando Stephen e as crianças para trás. As palavras *câncer* e *hospital* são sinônimo de problema para ele.

Uma biópsia feita por um especialista dermatológico confirmou o diagnóstico. Agora eu estava ficando assustada. Seguindo o processo normal, fui enviada para um ginecologista e, depois, para um oncologista. Stephen não se metia no processo. Ele estava no telefone com Erica quando saímos do estacionamento da clínica.

Como um dínamo moreno, Erica e seu marido, David, eram um casal atraente e empolgante, capaz de falar sobre qualquer assunto. Erica também é médica, e está sempre a par de quem está fazendo o melhor pela comunidade. Qualquer pessoa que a conheça e tenha um sinal de doença liga para ela para obter conselhos e orientação. Ela foi santificada pela população. Erica marcou uma consulta em um oncologista para mim dali a duas semanas.

— Eu mandaria minha filha para ele — ela disse.

Isso já era suficiente para mim.

Naturalmente, eu estava fazendo minha própria pesquisa, fuchicando na internet links que dessem sentido ao termo "grande rede da Web". Encontrei também um grupo de apoio de aproximadamente cem mulheres que enfrentavam a mesma situação que eu. Essas vozes da experiência não exigiam nada, somente dividiam suas histórias de cirurgias e de recuperação, de maneira livre e aberta, às vezes até com humor negro. Elas moravam na Austrália, nos Estados Unidos, no Canadá, na Inglaterra, na Escócia e nas Bahamas. Algumas eram formadas, outras, não, mas todas eram unidas pelo câncer e pelo que elas chamavam, ironicamente, de "VDs". Quando perguntei ao que se referiam, um grande coro berrou em seus e-mails: "Vaginas Desenhadas, é claro."

Fiquei chocada, ainda mais quando aprendi que existem clínicas de cirurgias plásticas que fazem variações dessa operação por questões de vaidade. Sempre fui mais parcial à teoria da babá do conto de Shakespeare *Romeu e Julieta*: "Com risos e alegria, deixem as rugas da idade aparecerem."

Meu oncologista era um homem baixinho que não olhava no meu olho, e preferia fixar os olhos na ponta de uma mesa ou em um pote de algodão. O assistente dele era mais comunicativo — um rapaz dinamarquês que acabara de retornar de um trabalho com os Médicos sem Fronteiras na África. Ele estava apaixonado por esse trabalho e me contou tudo enquanto tirava mais amostras de sangue e me preparava para uma colposcopia, permitindo que o oncologista tivesse uma visão ampla da área. Eu tinha feito tudo isso alguns anos antes, quando células pré-cancerígenas foram removidas da minha cérvix. A mesma frase aplicava-se: "Isso vai incomodar um pouco."

O diagnóstico era de neoplasia intraepitelial vulvar grau III. Fui agendada para fazer uma cirurgia a laser, e a enfermeira podia responder a qualquer pergunta que eu tivesse.

— Noventa por cento das recorrências que tenho visto são em fumantes. Você deveria parar de fumar — disse o oncologista, quase sem esperanças. E foi embora.

— Você vai ter a pele linda e rosada depois que cicatrizar — a enfermeira contou em segredo.

Uma pequena recompensa por adquirir queimaduras de segundo grau e não poder cruzar as minhas pernas por duas semanas, pensei. Dei a todos no consultório cópias de meus livros e deixei um kit completo autografado para o oncologista. Essa foi minha maneira de dar um rosto à minha vagina.

Naquela tarde, quando escrevi para os "gingirls" sobre minha consulta, descobri que um membro de nosso grupo havia morrido. As estatísticas sugeriam uma taxa de sobrevivência de cinco anos, dependendo — sempre dependendo — da porcentagem entre noventa por cento e cinquenta por cento. Espantada com a realidade que eu estava enfrentando, dediquei fazer de minha casa uma zona livre de fumantes em homenagem a Terri e prometi largar o vício nas seis semanas que precediam minha cirurgia.

Stephen não fumava há anos, e alguns de meus amigos nem sequer sabiam que eu fumava, pois eu tentava respeitar o ar dos outros. Entretanto, o cinzeiro do meu escritório estava completamente vazio. Quando palavras faltavam para escrever, eu fumava, e elas vinham. Descobri, depois, que mesmo sem o cigarro as mesmas palavras vinham. Parei um pouco de escrever o romance e voltei aos contos.

O vício é uma coisa poderosa, mas eu estava na circunstância ideal para largar meu hábito de trinta anos. A motivação era salvar minha própria vida. Eu não podia fumar escondido em casa, pois Stephen tem um nariz de tamanduá. Era dezembro, e fumar do lado de fora da casa era congelante. Gradualmente, parei de fumar. Stephen brincava que se alguém tivesse me dito que ser um fumante passivo pode ser prejudicial para Wally, eu já teria parado anos antes.

Meu último cigarro virou cinza do lado de fora do consultório de um médico que pratica hipnose em seus pacientes. Ele propõe sugestões para obter uma memória melhor para atores inseguros e para remover bloqueios de roteiristas presos à rotina. Agora, ele iria me ajudar a aniquilar meu vício para sempre.

Lembro-me claramente de minha hipnose. Foi quase uma experiência fora do corpo. Eu ouvia minha respiração e a voz do médico. Ele me fez imaginar que eu estava descendo em um elevador. Minha cabeça tombou para a frente. E para baixo eu fui. Então, era para me imaginar sozinha numa praia. Senti-me linda. Flutuei nas nuvens, onde coloquei meu último maço de cigarros numa caixa cintilante e o vi voando embora. Minha saúde era importante, e eu ia protegê-la. Eu podia voltar para esse lugar seguro a qualquer hora que tivesse desejo de fumar ou alguma tensão para aliviar. Voltei para o elevador — subi e saí.

Tentei induzir esse estado algumas vezes antes da cirurgia. Funcionou. Graças ao meu grupo de apoio, nossa casa estava mais do que preparada para minha recuperação. Eu tinha livros para ler, filmes para assistir e chocolates na minha mesa de cabeceira. O freezer tinha estoque de canja feita em casa. Eu não podia ir ao celeiro por, pelo menos, um mês, portanto Stephen experimentou fazer as tarefas e ver os truques bobos das ovelhas.

Wally sabia que algo estava acontecendo, algo que não tinha nada a ver com ele. Ficava deitado sobre minha mesa e entre meus pés. Na manhã em que fomos para o hospital, ele jogou futebol freneticamente no gramado da frente. Tudo isso era uma forma de dizer "Olhem para mim. Olhem para mim". Tive de rir. Ele estava incontrolavelmente ridículo.

Todo bem-vestido no hospital, Stephen ficou comigo até que me levassem para a sala da cirurgia. Disseram a ele que voltasse em uma hora e meia, quando eu estaria pronta para ir embora. A emoção era intensa. Disse a meu orelhudo que se certificasse que Wally tinha água e me despedi com um abraço.

Um enfermeiro deixou-me a alguns metros da sala de cirurgia. Após me dizer que não demoraria muito, uma enfermeira colocou-me em lençóis de algodão desconfortáveis. E esperei, escrevendo histórias em minha cabeça, já que não havia revistas nem livros no ambiente clinicamente limpo. Um alvoroço de atividades seguiu-se no corredor. Um acidente com feridos atrasou minha cirurgia iminente. Fui levada para outro corredor e lá fui abandonada.

Jurei que não me desesperaria e entrei num estado de hipnose prazeroso que me fez induzir o sono profundo.

Stephen estava visitando alguns amigos com Wally, cronometrando o tempo e ligando para o hospital de meia em meia hora para saber se eu já havia saído da cirurgia. Ele reduziu o tempo de intervalo das ligações para 15 minutos, depois que uma hora e meia já haviam se passado. Então, ele foi para o hospital e começou a fazer perguntas. Ninguém parecia saber onde eu estava.

Eles checaram o necrotério. Finalmente, uma enfermeira tomou a frente do problema e foi vasculhar o labirinto de corredores do andar de cirurgias, até que me encontrou — dormindo profundamente, com o lençol por cima de minha cabeça como um bom papagaio. Ao levar-me de volta para a área dos elevadores, Stephen pôde se aproximar e ter a certeza de que eu não fora incluída na lista de um médico-legista.

Quando, enfim, chegou a hora da operação, entrar na sala de cirurgia foi como entrar num set de televisão. Certamente, isso não é real, pensei. Aquelas luzes enormes, pessoas usando máscaras, e aquele barulho — aquele barulho que é o batimento cardíaco do paciente, ou seja, o meu. Tinha um molde em formato de um donut feito de plástico gelatinoso na mesa de operação. Eu disse a eles que precisariam de um maior para acomodar minhas nádegas. Isso gerou algumas risadas, uma vez que o objetivo da almofadinha era para apoiar minha cabeça. Eles conseguiam rir. Era um bom sinal.

A sala ficou em silêncio total quando o oncologista — que eu chamava, secretamente, de "Dr. Deus" — entrou com um olhar intenso e cansado ao mesmo tempo. Eu queria tanto cumprimentá-lo em minha voz de fazendeiro do velho oeste — "Boa tarrrde, querido" —, mas resisti, e somente perguntei se havia recebido os livros que eu deixara para ele. Minha língua começou a enrolar um pouquinho.

— Recebi, sim, mas não tenho muito tempo para ler — ele respondeu. — Mas devo me mudar para o interior qualquer dia desses. Portanto, muito obrigado.

Detrás da máscara, uma das enfermeiras piscou para mim. Ao posicionar minha cabeça na almofada, ela cochichou:

— Ele *nunca* fala no meio da cirurgia.

Satisfeita por ter obtido uma resposta, segui as instruções do anestesista de contar até cem de trás para a frente. Logo antes de apagar eu deixei escapar:

— Eu parei de fumar.

Já esvaindo-me no esquecimento, ouvi um aplauso fraco e leve.

Stephen estava comigo quando sacudi minha cabeça grogue e voltei ao mundo. Tudo tinha dado certo. Tudo que eu precisava fazer era melhorar. Stephen colocara um colchão para mim no banco reclinável da picape. A viagem para casa foi tranquila, e Wally foi descansando a cabeça em meu ombro.

Durante as seis semanas seguintes fui mimada, paparicada e muito bem alimentada. Sob os cuidados de Stephen, as ovelhas ficaram redondas e prepararam-se para a temporada de parir. Wally foi gentil comigo. Normalmente, pularia em cima da cama e se enfiaria sob as cobertas, sem se preocupar com qualquer coisa que pudesse estar no caminho, mas dessa vez ele deitou satisfeito ao meu lado.

Logo, eu já estava de volta à minha mesa, onde terminei um livro de contos. Dei a todos eles o que eu intensamente desejava para mim: um final feliz.

28

Direcionando o osso

Apesar de eu ter sobrevivido àquele inverno, nossas galinhas e aves exóticas não resistiram. Uma marta* assassina os atacou. Uma criatura ousada, menor do que meu antebraço, vivia num esconderijo subterrâneo embaixo do celeiro. Com sede de sangue, ela, sistematicamente, comeu ave por ave, não importando quantas redes de proteção colocássemos. O animal sempre achava uma linha fraca ou um buraco para passar para dentro da área de assassinatos. Por ser muito veloz para ser capturada e muito esperta para Wally, a chamávamos de marta talibã. Quando ela foi finalmente capturada, acabou a guerra.

A marta tinha dentes afiados, muito piores do que os dentes de piranha que Wally tinha quando era filhote. Agora, quando eu rolava Wally de costas e olhava para dentro de sua boca, notava que os caninos dele estavam lisos. Era como se os caninos pontiagudos tivessem sido podados.

Talvez tenha sido por isso que nosso gato preto de 22 anos, Webster, nunca se incomodara com o fato de Wally segurá-lo

---

*Mamífero mustelídeo carnívoro, com uma pele muito apreciada. (N. da T.)

com a boca e carregá-lo pela fazenda como um palito. Nenhum procedimento médico havia eliminado o corte dos dentes de Wally; ele simplesmente mastigara tantas bolas e levantara tantas bacias de plástico que os dentes se gastaram.

Tem também o hálito do cachorro. Em uma fazenda, um cachorro pode comer todos os tipos de alteradores de bafo que não se encaixam em nenhum grupo de comidas. Wally prefere fezes de racum. Ele gosta de caminhar entre as árvores perto do campo de milho, onde as criaturas de olhos negros fazem orgias alimentícias. Suas narinas ficam em alerta, e a próxima coisa que se vê é ele com a cabeça enfiada nos excrementos dos guaxinins.

Consequentemente, tive de comprar um tipo de fantoche de dedo de látex, muito caro, com uma borracha macia peludinha. Ao colocá-los em meu dedo, eu emplastava-os de pasta de dente para cachorro — que também era muito cara.

Wally trincava os dentes quando eu tentava esfregar a pasta marrom neles. Depois ele descobriu que a pasta tinha gosto de carne, e não queria parar de comê-la, o que tornava a escovação inútil.

Como parte de sua dieta, e para ajudar a limpar os dentes naturalmente, comecei a dar para Wally ossos de boi. Primeiramente, ele os ignorou, cheirando com cautela e deixando de lado. Então, se permitiu provar. Sempre com muito cuidado, ele parou em frente ao osso, rosnando, sem deitar, e o capturou com as patas, como outros cachorros fazem. Seu comportamento mais esquisito era "direcionar" o osso. Ele passava cheio de pompa pelo osso, enquanto este ficava em sua cama. Parado com a cabeça erguida, ele latia para o osso uma vez. Eu não fazia ideia do que isso significava. Talvez ele só estivesse se certificando de que não havia nenhuma vaca escondida ali dentro.

Quando mostrei para o veterinário os caninos lisos de Wally, concordamos que ele precisava da atenção de um especialista. Como os humanos, os cachorros podem precisar de tratamento de canal — às vezes, ele até precisam colocar coroas nos dentes.

Eddie, o Jack Russell terrier de um antigo seriado de televisão, *Frasier*, tinha sete canais em seus pequenos dentes, devido a uma obsessão por bolas de tênis. Conhecido fora das telas como Moose, seus criadores só descobriram o problema quando o cachorro se recusou a pegar uma boneca Barbie numa cena do seriado. Animais não podem nos dizer onde, exatamente, dói. Com um cachorro como Wally, que não se acovarda quando bate com a cabeça na porta e bate o rabo até quando um carrinho de bebê está em cima de suas patas, pode ser difícil dizer o que ele está sentindo em qualquer momento.

Liguei para o consultório odontológico veterinário para marcar uma consulta, e o próprio Dr. Fraser Hale atendeu ao telefone. Conversamos longamente sobre a boca de Wally, sobre os procedimentos para checar os dentes dele e, é claro, sobre o impacto em potencial na minha conta bancária.

Como meu pai era dentista, entendi a maioria do que Dr. Hale explicou. E eu já havia feito alguns canais. Na verdade, parecia que eu precisava de um canal toda vez que meu pai voltava de um dos cursos tecnicamente conhecidos como endocrinologia. Não é um procedimento que eu gostaria de ver em um cachorro — mas lá estava eu, marcando uma consulta para o Wally-nariz-de-Snoopy.

Para examinar os dentes e fazer raios X o Dr. Hale daria uma anestesia geral em Wally. Ele fez jejum por 12 horas antes da consulta. De manhã ele parecia uma criança faminta, daquelas que aparecem nos pôsteres contra a fome. Stephen dividiu seu sofrimento e me fez levar o café da manhã de Wally para a clínica para que ele pudesse comer assim que estivesse em condições.

O Dr. Hale já havia tratado todo tipo de animais, de furões a focas, já havia aplicado ortodontia em gatos siameses e instalado coroas de cerâmica em pastores alemães. Se o problema é no dente, o Dr. Fraser Hale resolve. Ele também tem um ótimo hábito canino — é aberto, amigável e comunicativo. Eu o deixaria afagar minha cabeça, como em cachorros, se ele quisesse. Rapidamente, o Dr. Hale virou simplesmente Fraser.

Falamos sobre dentes de cachorro por algum tempo e olhamos desenhos, ponderando o mistério do por que os cachorros rangem os dentes quando estão ficando inconscientes. Os assistentes de Fraser não tiravam as mãos de Wally, e ele estava, obviamente, encantado.

Chegou, então, a hora de iniciar o procedimento. Primeiramente, Wally foi sedado. Stephen e eu sentamos com ele na sala de espera vendo seus olhos fecharem. Uma mulher passou com um gato enorme nos braços. Wally nem sequer os viu. Acariciei a cabeça, e o rabo, que nunca para de abanar, despencou no chão. E, então, ele se encolheu.

Stephen carregou os 32,5kg de Wally à sala de operação. Fraser nos convidou para ficar e observar os procedimentos, ou poderíamos esperar do lado de fora até que ele terminasse os exames e tivesse um plano de tratamento para discutirmos. Stephen saiu imediatamente, provavelmente precisando de um sedativo para ele próprio. A vista de seu amado Wally deitado inconsciente era demais para ele. Assisti enquanto Wally era ligado a todos os tipos de monitores, e o anestésico foi injetado.

Em todos os seus anos de vida, eu nunca vira Wally, o Cão Fantástico, tão completamente imóvel. Acariciei suas patinhas e suas orelhas, confortada pelo monitor do coração, que me mostrava que ele estava ali e acordaria em breve.

Fraser e sua equipe moviam-se com eficiência, checando e mapeando cada dente antes de começar o processo do raios X. Não sei quantos foram tirados. Na conta descriminada, tudo o que apareceu foi: "Raios X — muitos."

Fraser me mostrou cada um deles, apontando as áreas marcadas e os locais onde pontos de infecção poderiam existir. Em cada ângulo novo havia uma revelação. Finalmente, chegou a conclusão de que eram oito "dentes preocupantes": quatro caninos e quatro molares — todos com canais em potencial.

Os dentes em questão tinham raízes fortes, apesar de as raízes dentárias supostamente enfraquecerem e afinarem com a idade. Fraser disse que nosso cão de 5 anos tinha as raízes de um cachorro de 1 ano. O quão excitante é isso? Infelizmente, quando ele os viu nos raios X, achou que todos os oito estivessem mortos, como canários enjaulados. Ao examiná-los minuciosamente, entretanto, não havia sinal algum de infecção. Eu simplesmente tenho um bull terrier enorme com raízes gordas em seus dentes mortos.

Wally tinha alguns problemas com a gengiva, que era a causa de seu hálito desagradável, relacionado aos guaxinins. Fraser tratou os dentes e iniciou uma limpeza completa.

Quando tudo acabou, Wally foi enrolado em uma manta e colocado no chão, onde recebeu muitos abraços. Nessa hora, toda a equipe dentária estava cantarolando minha música sem sentido "Wally Menino Wally", com uma letra limitada e nenhuma melodia.

Gradualmente, a luz voltou aos olhos de Wally. Ele sacudiu a cabeça em vez do rabo, ainda meio drogado, mas amável. Imaginei que alguns gatos poderiam sair dessa cirurgia com certa atitude, mas Wally, não.

Fraser explicou que Wally ainda estava sob o efeito de narcóticos do sedativo. A solução era aplicar nele uma injeção que reverteria o efeito. Fraser avisou que o efeito seria dramático.

Foi dramático ao nível de Stephen King. Em trinta segundos Wally transformou-se em um bull terrier sob efeito de anfetamina cristalizada. Suas orelhas levantaram-se e seus olhos triangulares aumentaram. Com as costas arqueadas e o bumbum curvado, ele saiu correndo pela sala de espera como um morcego saindo do inferno.

Em segundos, Wally subiu na mesa da recepção e começou a lamber a orelha da secretária, fazendo voar pela sala panfletos de seguros de animais.

E, então, foi correr novamente, deslizando pelo chão até chegar à sessão de ração. Rasgou um enorme saco de Science Diet, deixando cair pedaços de ração pelo chão. Enquanto Stephen prendia a coleira, Wally entrelaçou-se nas cadeiras da sala de espera, derrubando algumas e prendendo a coleira ao redor dos pés das cadeiras. Ele correu para a sessão de brinquedos, saltando quase dois metros de altura para pegar a perna de um Garfield de pelúcia. Acrescentei um saco de comida e um brinquedo à conta e considerei pedir um remédio para reverter o efeito colateral da droga.

Depois de certo tempo, Wally voltou a si e despediu-se de toda a equipe lambendo-a. Seus dentes estavam como pérolas polidas, sua gengiva, rosada, e o sorriso era o mesmo que todos os cachorros fazem quando acabaram de engolir sua carteira. E eu o amava muito.

29
Sinônimos de confusão

Em 2002, os reality shows viraram suas câmeras para a vida do Príncipe das Trevas, Ozzy Osbourne, e sua família, inclusive Minnie — a pequena pomeranian branca com franjas presas com diamantes.

A rainha Elizabeth II condecorou o prefeito de Nova York, Rudy Giuliani, nomeando-o Cavaleiro Honorário, e Martha Stewart mentiu para os investigadores federais sobre uma venda de ações. As empresas Enron e WorldCom lideraram uma onda de escândalos corporativos, enquanto a Igreja Católica foi abalada por alegações de sexo ilícito e molestamento.

"Servos do diabo" e "armas de destruição em massa" tornaram-se frases populares na "guerra do terror".

Ao mesmo tempo, incidentes com tiros em Maryland transformaram os postos de gasolina e centros comerciais de bairros ricos em locais de caça, matando dez pessoas e ferindo mais três. Serena Williams venceu a irmã Venus em Wimbledon.

Eu poderia acrescentar que Stephen Williams terminou seu segundo livro, *Karla*, uma vez que este também era destinado a causar polêmica.

Tudo já começou caótico, com a editora de Stephen indo à falência e deixando o trabalho, temporariamente, sem poder ser publicado. Apesar do interesse existente no caso do assassinato e do que um repórter chamou de "o furo do século" nas correspondências que Stephen trocou com a prostituta na cadeia, editoras recusavam o livro. Algumas delas não queriam sequer lê-lo.

— Minha sensação é que as editoras querem ficar longe de confusão, e esse livro, e Williams em si, são sinônimos de confusão — opinou um professor de jornalismo que não tinha lido o livro.

Uma editora disse que o livro era "excelente", mas alguns de seus funcionários ameaçaram aposentarem-se em vez de envolverem-se no caso.

Finalmente, uma pequena editora francesa aceitou, e o livro foi publicado em uma língua em que nem eu nem Stephen somos fluentes. Alguns dias depois, com a incitação do advogado das famílias das vítimas, o procurador exigiu uma investigação policial para saber se as correspondências de Stephen com Karla Homolka violavam o fiel acordo que seu precursor havia feito.

Foi reação típica de um imbecil.

A mídia fervilhou feito mosquito, e o público apoiou a ideia de que o caso deveria ser reaberto, dando chances para que uma sentença apropriada fosse aplicada. O que se seguiu foi Jerry Springer enviando produtores para o Canadá, tentando conseguir entrevistas nas prisões.

A controvérsia transformou o livro em um best seller francês, apesar de ter sido uma tempestade num copo d'água. As condições impostas pelo acordo com o diabo meramente restringiam Karla Homolka de falar ou de gerar lucros através de seus crimes "para a finalidade de qualquer livro, filme e afins". Ela e Stephen nunca conversaram sobre os crimes.

A investigação policial parou porque não havia nenhum oficial que falasse francês disponível para traduzir o livro. Eles tiveram essa chance somente no início de 2003, quando o livro foi publicado em inglês. As críticas foram brilhantes, elogiando o livro como "jornalismo investigativo sólido, revelando incapacidades em escala massiva". Foi comparado a Truman Capote e Norman Mailer.

Se a recepção da crítica do livro fosse positiva, a percepção do público seria envenenada. Em uma virada teatral inédita, o advogado das famílias das vítimas fez uma conferência com a imprensa transmitida ao vivo em dois canais abertos. Ele enfureceu-se e fulminou o livro, sugerindo que o conteúdo era ilegal, e encorajou os donos de livrarias a voluntariamente removerem-no de suas lojas.

A confusão alçou o livro para a lista de best sellers e a investigação foi transferida para a Unidade de Crimes Hediondos.

Não existe "vida normal" quando o centurião está alerta. Senti dificuldade em me concentrar em meu próprio romance. O estresse nunca tinha afetado meu trabalho antes, então pedi ao meu médico uma tomografia computadorizada para ver se havia algum problema físico me afetando. Ele ligou para dizer que sim, eu tinha um cérebro e ele parecia estar funcionando normalmente, pelo menos de uma perspectiva fisiológica.

Stephen e eu juramos ser gentis um com o outro. Isso soa simples, mas precisou de um esforço que nunca havíamos precisado. Eu tinha aparições e discursos para fazer enquanto promovia meu próprio trabalho. Transformamos esses eventos em miniviagens para escapar da confusão. Eu estava lendo com um amigo em uma comunidade perto do lago e nós todos saímos depois e tivemos um jantar ótimo. Na manhã seguinte, andamos com Wally por uma praia deserta que se estendia por quilômetros.

Era estranho viver com um autor de best sellers em casa e também vê-lo massacrado e excluído. E então tinha eu: "Uma moça legal e engraçada, que gosta de cachorros." Se meus leitores ou ouvintes do rádio entrassem em contato conosco, como eles apaziguariam essa diferença entre nós? Uma colunista de jornal colocou da seguinte forma: "Ela é divertida, ele, não." Mesmo assim, eu ainda achava um humor enorme na companhia de Stephen. Como poderia não achar, quando eu o via brincar com Wally? Agarrando aquelas orelhas pontudas e girando-as, enquanto dizia: "Você precisa de um ajuste de atitudes, amigão. Não, não e não." Como consequência, Wally girava ao contrário, chicoteando a cabeça numa mesinha e caindo em veneração.

Percebi que até as pessoas das mídias mais ríspidas tinham dificuldade de concordar com a fama de "mau" de Stephen quando o viam brincando com o cachorro. Ao escrever um perfil biográfico na capa de um jornal de uma cidade com milhões de pessoas, o repórter que visitou a fazenda começou sua história: "Wally é teimoso à beça, um cão resistente que quer brincar e não aceita 'não' como resposta."

Ao final de abril, tínhamos dois compromissos: uma festa de minha editora na cidade e uma leitura que eu faria em uma cidade rural modernizada. Nossas despesas seriam pagas; tínhamos dinheiro no bolso e a estrada alongava-se de quilômetro em quilômetro.

Em tempos como esses, tudo o que alguém precisa para alcançar o nirvana é de uma coleira e de um cachorro como Wally.

30

Pelo livro

Durante os meses de controvérsia Stephen esteve cansado e ocupado como um filhote. Quando ele não dava entrevistas, ficava em seu escritório, brincando em sites da internet que ele estava criando para nós dois. Eram trabalhos em progresso que se estenderam por muitos anos.

Meu site era todo de sóis e pirulitos, fotos da fazenda, de Wally, e extratos dos meus livros. O site de Stephen era maior, e continha os bastidores de seus livros, incluindo informações de material de pesquisa, entrevistas policiais e relatos. Ele comprou *Como criar websites para iniciantes* e um programa de software. Assim, brincava com a tecnologia quando estava entediado e se consultava com um webmaster solícito. De vez em quando, ele me mandava um link por e-mail para o que ele estava fazendo, e eu dava uma olhada, apesar de confrontar com minha imersão romancista no âmbito de um culto escocês presbiteriano nos anos 1800.

Alguns dias antes da festa da editora, Stephen aprofundou-se em uma troca de informações com um repórter conhecido dele. Os dois constantemente lançavam ironias e implicavam um com o outro. O repórter disse que Stephen estava na fazenda olhando pela janela. Stephen reagiu dizendo que, na verdade, ele estava trabalhando em algo bastante interessante, e mencionou seu site. Algumas horas depois o repórter ligou para dizer que iria fazer uma história sobre isso — não importava que o site estivesse em construção e não importava que ainda não tivesse em nenhuma ferramenta de busca.

A história resultante era desordenada e sombria, sugerindo que Stephen eventualmente planejava postar vídeos com conteúdo sexual na internet, junto a detalhes extensivos da investigação. O endereço do site era revelado no artigo, pois, se não, ninguém o encontraria.

Entre os primeiros a entrar no site naquele dia, e, sem comparações, com maior número de acessos, estava a polícia. Enquanto dezenas de milhares de pessoas visitavam uma ou duas páginas do site, alguns poderiam se irritar com a lentidão e com os muitos links vazios. Stephen me mostrou seu site. Quando ele abriu a primeira página de um relato policial, ao descer a tela, eu vi o nome de uma vítima de assédio sexual cuja identidade era protegida. Meu estômago revirou. Stephen mandou um e-mail imediatamente para o servidor da internet, pedindo que todo o site fosse tirado do ar.

Fui passear com Wally. Ele trotou pelo corredor do hotel sem nenhuma cautela, e eu desejei substituir meu tumulto pela sua feliz ignorância. Andamos pelo parque até o Fórum, um prédio tão familiar que pensei que fizesse parte de meu passado.

Na festa e no jantar que se seguiu, meus pensamentos me perturbaram. Erros como esses acontecem em jornais o tempo todo, sem intenção. Houve incidentes em que uma pessoa que estava no programa de proteção de vítimas foi identificada, para o perigo mortal deles. A organização do jornal pediu desculpas, e o juiz os aconselhou a serem mais cautelosos. A mídia responsável não sai por aí identificando vítimas de assédio sexual, e Stephen tinha deixado isso claro na nota do autor para seu primeiro livro, dizendo que havia modificado nomes para proteger "a privacidade de muitas vítimas inocentes". Não adiantava chorar pelo leite derramado, e o conserto foi feito sem hesitações. De alguma forma, não pensei que isso fosse gerar problemas.

No dia seguinte, quando dirigíamos para meu compromisso, o advogado de Stephen, Eddie Greenspan, ligou. Se Stephen havia cometido um erro, Eddie falou que havia feito exatamente a coisa certa. Eddie disse a ele que já estava a par da situação e lidaria com qualquer discussão sobre acusações com as autoridades.

— Diga a Marsha para parar de se preocupar. Você não vai para a prisão — Eddie falou. E com uma risada acrescentou: — Até porque, se você for realmente para a prisão, ela pode visitá-lo ou largá-lo.

O Festival Literário Tri-County foi um grande sucesso. Autografei mais de cem livros com a ajuda dos organizadores, já que Stephen ficara no hotel, tentando contactar o webmaster para ter certeza de que suas instruções tinham sido seguidas.

Um dia de primavera seguiu-se. Começamos o fim de semana dirigindo pela costa até uma vila ao lado de uma baía, onde havia uma empresa que fazia réplicas de telhas de metal antigas que achei serem ideais para a fazenda. Continuamos seguindo, pegando estradas de terra e parando em parques vazios onde Wally pudesse brincar, subindo nos escorregas e deslizando do meu colo até o chão. Em casa, eu tinha uma hora antes do pôr do sol para plantar uma fileira de rabanetes e alface, enquanto

Stephen fazia um churrasco e as ovelhas pastoreavam na entrada da fazenda.

Na manhã seguinte, começamos a trabalhar quando ouvimos um barulho no sistema de segurança, indicando que havia alguém na entrada da fazenda. Três carros da polícia estavam na frente de nossa casa. Cinco oficiais apareceram, três com armas apontadas para os lados e para os fundos da casa. Meu primeiro pensamento foi: Onde está Wally? Meu segundo pensamento foi: Onde está Eddie?

Guiados pelo livro, um oficial local e um "pacificador" foram enviados para prender Stephen. Após terem "assegurado o perímetro" e descoberto que ele não estava armado e não era perigoso, os outros policiais foram embora.

— O que é isso, Henry? — Stephen perguntou, reconhecendo um jogador do time de beisebol Master Batters da liga na qual ele havia jogado anos antes.

— Você está sendo preso e indiciado por violar uma ordem judicial, Stephen. Mandaram que viéssemos buscar você — respondeu Henry.

— Aqui está o documento da acusação — disse o pacificador, em sua voz de "Eu sou apenas o mensageiro".

Henry nos contou que eles sempre enviam um pacificador quando os generais acham que a prisão pode ser de confronto.

— Pode me chamar de Bill — ele disse, com um sorriso discreto.

Conversamos e insistimos o quanto pudemos. Os homens estavam tranquilos com Wally, mas ele não se levantou de sua cama, nem sequer tentou brincar com eles. Uniformes são coisas intimidantes, da mesma forma que armas, mesmo dentro do coldre. Nenhum tom de voz ou jeito artificial complementa a moda paramilitar.

Stephen deixou um recado no escritório de Greenspan, e Henry foi colocar as algemas.

— Puxa — disse Stephen —, achei que só íamos para a delegacia, para outra sessão de fotos e digitais, e depois eu seria liberado pagando fiança.

— Nós vamos para a cidade, mas depois disso não temos mais instruções — completou Bill, obviamente perturbado por estar sendo mantido no escuro e tratado como um entregador de pizza. — Só para prevenir, pode ser que dure a noite toda.

— Você só pode estar brincando — falei, mas Henry fez que "não" com a cabeça.

— Bem, ele certamente não vai a lugar algum vestido dessa maneira — respondi.

Stephen entrou para trocar a bermuda e a camiseta, e fui arrumar uma mala para ele. Não havia nenhuma possibilidade de meu marido aparecer diante da Senhora Justiça malvestido e com feno na cabeça.

Em outra sacola, arrumei acessórios de higiene, e também diversos comprimidos que Stephen tomava agora — pílulas para o estômago, pílulas para a pressão, pílulas para os nervos —, todos os que ele reconhecia só de olhar. Então, joguei dentro da sacola queijo cottage e frutas, enquanto me arrependia de não ter feito biscoitos em vez de plantar rabanetes na noite anterior.

As algemas apareceram de novo, e a bile de meu estômago veio até minha garganta. Eles levaram Stephen como se fosse um traficante de drogas, comprimindo-o no banco de trás do camburão. O rosto dele esmagado contra a janela, porque um homem daquele tamanho usando algemas não cabe no carro.

Em regimes estrangeiros torturadores, escritores, intelectuais e professores haviam desaparecido por expressarem suas opiniões e publicarem fatos.

Agora eu sabia como era o sentimento aterrorizante de ver meu amado carregado pelas autoridades que ele tanto critica. Wally ficou sentado a tarde toda comigo, em silêncio. Ele não me interrompeu trazendo bolas até meus pés nem golpeando minha panturrilha com seu nariz enquanto eu falava ao telefone.

Mais tarde naquele dia fomos caminhar pela floresta. À procura das bolas, Wally correu feito um louco pelas árvores, fazendo zigue-zagues tão próximo dos troncos que ele poderia até se arranhar. Tudo o que ele fazia queria dizer "Olhe para mim. Olhe para mim". Era como se ele pensasse que podia fazer tudo ficar bem, ou pelo menos me fazer sentir melhor. Cachorros não precisam nem tentar serem afetuosos.

O que era para ser, seria. Eu não poderia mudar nada — somente a raiva, e até isso estava se esgotando.

31
A visão do túnel

Sem Stephen naquela noite, nossa cama deve ter ficado do tamanho de um campo de futebol. Wally gosta de apoiar-se contra seu "pai", empurrando Stephen para a beira da cama. Eu não sou tão maleável.

Dividir a cama com um bull terrier é um jogo para bobos. Eles maximizam o espaço deles com criatividade, esticando-se na horizontal por cima dos travesseiros, ou na diagonal na cama, deixando suas patas rígidas como pilares. Wally é um "fazedor de túneis". Diversas vezes durante a noite ele acorda sob a coberta, percebe que está sufocado, arrasta-se para a ponta da cama e escorrega para o chão, fazendo um estrondo. Há muito tempo abandonei qualquer tentativa de entrar embaixo do lençol, para que não seja pega como uma salsicha enrolada.

Depois de um breve ronco no tapete que ameniza a queda, ele se sacode para acordar, alonga-se com um gemido e caminha pelo escuro para sua vasilha d'água, submergindo toda a parte de baixo do focinho e borrifando água para todos os lados. Então, ele arrota — fazendo um som humano demais, que lembra um brutamontes que acabara de consumir uma jarra cheia de cerveja em uma Oktoberfest. Voltar para a cama significa me escalar primeiro, depois alongar-se sobre o ombro de Stephen, atingindo-o na cabeça com aquele nariz de bigorna. Acordado ou dormindo, Stephen responde automaticamente, levantando a coberta para que Wally faça um túnel entre nós, até que ele se sinta sufocado novamente e o processo recomece.

Wally nem tenta me acordar, pois sabe que é inútil. Durmo como uma pedra. Uma vez, dormi durante um voo no céu nublado em uma aeronave leve, com pilotos que haviam lutado no Vietnã e estavam acompanhando o governador da Louisiana em uma viagem de pesca à Costa Rica. Estávamos voando entre montanhas a oeste de São José para Parismina, no Caribe, em um nevoeiro grosso como *vichyssoise*. O avião não tinha instrumentos, e os rádios não funcionavam nas montanhas. O piloto, que parecia ter 12 anos, ouvia marimba em seu walkman. Ao meu redor, os homens estavam alternadamente xingando, rezando ou tentando vomitar. Stephen ficava me perguntando "O que devemos fazer? O que devemos fazer?". E, então, ele notou que eu havia colocado uma camiseta sobre a cabeça e dormia profundamente. Acordei quando estávamos pousando, fazendo zigue-zague na pista cheia de buracos, para evitar atingir as tartarugas-do-mar.

Portanto, dormi durante a escandalosa noite de Stephen na prisão. Wally e eu na cama king size com o edredom de penas gigante que havíamos feito, para que tivéssemos a chance de nos cobrir, mesmo quando Wally o puxava. Não fiquei na fazenda por opção. Simplesmente não tenho habilidades no volante para enfrentar o tráfego urbano. Eu me senti uma idiota. Aqui estava eu, "golpeadora" de ovelhas, palestrante sem inseguranças e pescadora de um peixe de quatro quilos numa linha fina, porém, dirigir em estradas de quatro pistas estava muito além de minha capacidade. Eu queria estar ao lado de Stephen, orgulhosa. E mais, eu queria pagar a fiança dele.

O promotor exigiu um pagamento de 25 mil dólares para garantir a liberação de Stephen, e isso só podia ser feito pessoalmente. Passei o dia todo em contato com nossos anfitriões de festa, Barry e Claire, e então falei logo o que queria para eles. Por ter ficado detido na prisão na África do Sul durante o período do apartheid, o autor/locutor/poeta/contador de histórias Barry Callaghan é muito familiar com o tratamento que os investigadores do que ele chama de "a palavra" podem confrontar sob regimes fascistas e ditatoriais. Ele não queria ver seu amigo apodrecer na prisão, e concordou em providenciar a fiança de Stephen.

Stephen passou a noite atrás das grades usando cuecas, em uma cela de concreto, sem travesseiro nem lençol. Uma luz era direcionada para ele toda hora, e uma mulher foi levada para sentar do lado de fora da cela e observá-lo durante a noite toda, desviando os olhos somente quando ele quisesse ir ao banheiro. Apesar de a polícia pensar que a claustrofobia de Stephen era mentira, eles deixaram a porta que dava para a entrada da delegacia ligeiramente entreaberta.

Quando criança, a mãe de Stephen costumava amarrá-lo na cama para impedir que ele fosse à noite para o quarto dos pais. Um dia, quando os filhos dele ainda estavam conosco, nós visitamos seus avós. A mãe de Stephen estava passando roupa, como sempre. Dessa vez foi diferente, porque ela estava pressionando as roupas de bebê de Stephen, as quais ela guardava por alguma razão inexplicável e lavava religiosamente uma vez por ano.

Curiosos para ver as roupas que o pai vestira quando era bebê, as crianças perguntaram para que serviam as tiras de couro azul. A mãe de Stephen nem sequer olhou por cima do vapor.

— Essas tiras eram para amarrar seu pai — ela disse diretamente, e a história se seguiu sobre a necessidade de manter uma criança de 3 anos confinada na cama. Depois disso, nunca questionei a claustrofobia de Stephen.

Seu café da manhã foi a maçã que mandei para ele. Stephen não podia usar sabonete, toalha nem escova de dente, e a polícia esqueceu de devolver o relógio Porsche *vintage* dele. Cachorros encurralados eram mais bem tratados, e imaginei que Stephen tivesse comunicado esse sentimento. As algemas foram colocadas de volta.

Antes do pagamento da fiança, ele foi metido em um porão da corte judicial, onde as celas são cheias de almas desesperadas e esperanças abandonadas. Nessa hora, todos na corte judicial sabiam quem Stephen era, pois a mídia tinha invadido o estacionamento com equipes de câmeras. Uma guarda amigável removeu as algemas de Stephen e o levou para uma grande cela particular.

— Sou sua maior fã — ela disse. — Se eu soubesse que estavam trazendo você para cá, teria trazido meu livro para você assinar.

Algemado novamente por insistência da polícia, Stephen foi levado à presença de um juiz de paz. A promotora disse as condições de fiança. Então, o Sr. Greenspan aproximou-se, fazendo uma breve brincadeira com o juiz, que fora seu aluno. Ele falou sobre a educação de Stephen, seu bom caráter e a falta de registros criminais prévios. Do lado de fora da corte, Eddie reprimiu o procurador-geral e chamou as circunstâncias da prisão de "uma mancha na democracia em que vivemos".

Eddie também questionou a relevância do envolvimento de uma promotora, notando que ela fora retratada "de forma desagradável" no primeiro livro de Stephen, *Invisible Darkness*. Quando era procuradora júnior, ela teve um caso com seu chefe casado, um promotor sênior. Ele era um dos arquitetos do acordo que deu uma sentença insensata de 12 anos de prisão para a assassina. Agora eles estavam casados, e seu chefe era seu marido. Ele a colocou no processo de Stephen, e ela se assegurou de que Stephen passasse uma péssima noite na prisão. Quando as algemas finalmente foram retiradas e Stephen saiu da corte judicial, estava rodeado de repórteres.

— Sempre achei que havia um espírito de vingança no ar — ele disse aos repórteres.

Ainda furioso com todos os aspectos da situação, Eddie levou Stephen ao centro da cidade para seu bar e refúgio preferidos, o Bistrô 990, e disse a ele que tivesse um almoço decente. Então, em um gesto elegante, enviou uma limusine para levar seu esgotado cliente para a fazenda.

Capotamos naquela noite, com lençóis limpos e nossas cabeças em travesseiros de pena. Wally fez túneis, golpeou, fez barulho bebendo água e arrotou a noite toda, feliz por seu mundo ter voltado ao normal.

32

Wally no Metropolitan

Agora éramos novidade em nosso próprio bairro. Na verdade, já éramos novidade mesmo antes da prisão de Stephen. Sem sabermos, os carros da polícia e carros particulares faziam patrulha em frente à nossa casa dois dias antes de voltarmos para a fazenda.

— Ah, sim, eles estavam observando e só esperando vocês chegarem em casa — disse um vizinho. — Eles pareciam estar migrando para cá.

Uma mensagem deixada em nossa secretária eletrônica deve ter gerado toda essa confusão, e Stephen poderia ter simplesmente se entregado com a presença do advogado. Não dissemos nada, sabendo que a maioria das pessoas, quando veem a polícia, recua, se cala e foge — mais ou menos nessa ordem.

Simultaneamente às mentiras das acusações criminais, Stephen foi ordenado a entregar o material pesquisado e os arquivos do computador. Uma contestação precisava ser apresentada.

Apesar de Stephen nunca ter se proposto a ser o garoto-propaganda da liberdade de expressão, ele não tinha outra opção a não ser se defender. Levando seus arquivos e imponentes princípios jornalísticos em consideração, nós nos disponibilizamos a perder tudo, incluindo a fazenda e a cama de Wally para os "danos não específicos" que os promotores governamentais incluíram numa maliciosa ação civil. Não sei se anjos existem, mas sei que bons amigos estiveram ao nosso lado acima de qualquer coisa, para o que desse e viesse. Eles nos apoiaram usando as palavras; nos proporcionando firme apoio; preenchendo cheques altos quando nossos cofres já estavam vazios.

Mesmo sendo tecnicamente contra a lei o governo processar um cidadão enquanto conduz um processo criminal no mesmo nível, os governos fazem o que querem. Somente tempo e dinheiro podem parar esse rolo compressor. Tentamos ajudar os advogados, mas naqueles dias nunca entendemos o que realmente estava acontecendo.

No dia em que entramos no tribunal para solicitar que o mandado fosse revogado, um dos advogados olhou para nós e disse:

— Eu vou perder muito tempo hoje, pois esse juiz detesta minha coragem, mas vamos ganhar apelando.

Dá vontade de atear fogo no cabelo e sair dali correndo, mas não é possível.

Passamos quase seis semanas morando na cidade, falando com advogados. Poderia ter sido muito estressante, mas fizemos nosso quartel-general no hotel Metropolitan, onde Wally era tratado como um pequeno príncipe.

A cidade estava tomada pela epidemia da Síndrome Respiratória Aguda Grave (SARS, sigla em inglês), que teve início na China, em Hong Kong e em Singapura e se espalhou por 29 países do mundo, afetando 8.098 pessoas e causando 774 mortes, sendo 44 em Toronto — a capital da SARS na América do Norte. Turistas eram mantidos afastados, em grupos, transformando-se em presas da RATS (sigla em inglês para Síndrome do Turismo Relutante Americano).

Cerca de 1.500 trabalhadores de hotéis perderam o emprego durante o verão. O Metropolitan nos recebeu de braços abertos e sorrisos enormes, colocando-nos em uma suíte de luxo com todo o conforto e um desconto considerável. Em troca, Wally serviu de entretenimento.

A ideia de morar em um hotel é uma fantasia normal. A realidade não é nem um pouco normal. Saíamos com Wally para seu passeio matinal, tomávamos café e comíamos frutas e voltávamos para o hotel, com nosso quarto limpo, os lençóis trocados, a cama feita e um vaso de flores.

Wally adorava Eduardo, o vigia, da América do Sul, que fazia malabarismo com a bola de futebol, na ponta dos dedos e direcionava a bola com todo tipo de artimanhas. Stanley atingira uma posição elevada em sua família asiática porque conhecia o famoso autor que fora preso. Stanley queria passear com Wally desesperadamente, mas Wally só ia até o ponto determinado, fazia suas necessidades e puxava Stanley de volta para o hotel. Brian, que conseguia qualquer coisa que quiséssemos, de dia ou de noite, às vezes vinha até o quarto só para jogar bola com Wally e fofocar sobre as novidades no hotel. Sentimos falta de Ronnie na porta e de vários atendentes da recepção, consequências da SARS e da RATS.

Uma das arrumadeiras, que era muito tímida para dizer seu nome, ficou com medo de Wally logo que chegamos ao quarto 2.007. Ao longo das semanas, ela começou a conhecer Wally e nós. Muitos de meus livros foram traduzidos para o chinês, e eu os dei para ela. Acho que ela gostou, mas não faço a menor ideia se a tradução era boa. Durante o processo, recebi solicitações enigmáticas de tradutores perguntando coisas do tipo: "Se uma pessoa está a dois picles abaixo de um jarro, para onde foram os picles?" e "Onde é o seu 'pescoço da floresta' e porque está no seu pescoço?". Eu tinha escrito uma história sobre uma vaca que espantou os "exus" de mim e fiquei com medo dos leitores no Taiwan pensarem que os fazendeiros do Oeste têm uma fixação estranha com sua anatomia.

Gradualmente, a tímida arrumadeira ficou amiga de Wally. Ela jogava a bola para ele e não se incomodava quando ele deitava no tapete, rolando as costas como um sapo de cabeça para baixo. Quando mostrei para ela o lugar atrás da orelha de Wally onde o pelo é mais macio, ela sorriu, observando-o entrar em um estado místico.

— Esse é o cachorro Wally — ela disse em seu inglês cuidadoso, apresentando uma nova arrumadeira para ele. — Ele é um bom cachorro. Não late. Brinca com a bola nos pés. É um cachorro macho. Não é circuncidado.

Eu não havia nem reparado no olhar dela.

Esfriávamos a cabeça em relação aos advogados descobrindo parques e vizinhanças, e passeando com Wally por eles. Ravinas cheias de folhagem, vielas estreitas e ruas lotadas encheram nossa mente com algo mais do que o ritual constitucional.

De volta ao hotel, Wally brincou de *Eloise no Plaza*, fugindo do quarto para fazer a dança do *hucklebutt* nos corredores e deslizando pelo chão de mármore do lobby. Ele tinha muitos admiradores. Todos que trabalhavam no Metropolitan pareciam ter um cachorro — desde o preguiçoso Nova Scotia retriever, que não se recuperava nunca, do gerente Jeremy, até o rottweiler preto e marrom do porteiro Paul. Todos eles tinham tempo para

Wally e sabiam exatamente onde esfregar para que sua pata traseira ficasse coçando o ar.

Os hóspedes do hotel também eram amigáveis. Eu sempre sabia quando Wally e Stephen corriam para o lobby para encontrar a equipe de voo da KLM, porque os dois voltavam para o quarto cheirando a perfume e sabonete franceses.

Ocasionalmente, conhecíamos um hóspede que ficava nervoso com Wally.

— O nome dele é Wally, e ele é bastante amigável — eu dizia, fazendo carinho nele. — Se olhar para a cara dele, verá que ele parece um assento de bicicleta com olhos. — Quem teria medo disso?

Não me lembro o que ou como comemos durante aquelas longas semanas. Amigos eram uma fonte constante de churrascos. Comi saladas e sanduíches no quarto. Às vezes, conhecíamos poetas nos arredores da cidade e comíamos peixe com cabeça, enquanto conversávamos sobre questões existenciais. No meio da semana, íamos passar um ou dois dias na fazenda, para checar os animais e supervisionar o jardim. Misturei grandes sacos da comida de Wally e congelei para os dias seguintes.

Enquanto estávamos na cidade, um jovem de uma família de fazendeiros cuidava dos animais e do terreno. As ovelhas e os cavalos estavam no pasto, com reposição automática d'água, portanto, podiam se virar sozinhos. Greg mantinha a grama cortada e as galinhas alimentadas. Ele estava fazendo alguns trabalhos nos dias antes da prisão de Stephen, e a polícia o havia seguido e checado sua licença de trabalho. Saber que uma pessoa tão honesta e inocente tinha sido perseguida ofendia-me profundamente.

Quando voltávamos para o hotel, era sempre a mesma coisa. Uma grande recepção para Wally e um bilhete do gerente no quarto dando boas-vindas a ele, cuidadosamente amarrado em biscoitos para cachorro. Nós nos sentíamos seguros lá, quase como se estivéssemos rodeados por uma família rica e carinhosa.

Como o litigante civil havia previsto, o juiz finalmente declarou-se contra todos os argumentos apresentados a ele, e a liminar foi revogada. As caixas seladas de Stephen que foram entregues, contendo seus arquivos, documentos do computador e qualquer outra coisa, pareciam relevantes para a corte, e eles foram trancados em uma sala onde provas de escutas telefônica eram mantidas. Era julho, o melhor mês do verão, e hora de ir para casa. Nós voltamos bem na hora de prender os gatos.

Uma família de gatinhos perdidos tinha aparecido na pilha de madeira no início de fevereiro. A mãe cinzenta e seus sete filhotinhos apareciam e desapareciam — um dia estavam correndo e brincando pela cerca de ferro e madeira e, no outro, sumiam de nossas vistas. Eventualmente, três gatinhos malhados ficaram no celeiro para administrar a população de ratos e comer ovos de galinha pequenos. Eram fêmeas espalhafatosas que não perturbavam ninguém, mas gostavam de carinho. Também estavam quase entrando no cio.

Stephen fez um acordo com o veterinário para castrar todos os gatos. Nesse meio-tempo, eu os mantive em um cerco de galinhas forrado com serragem. Toda vez que dirigíamos pela rotatória, na entrada da fazenda, passávamos pelos gatos, estendidos como cortesãos nos poleiros das galinhas.

Sempre tem uma semana em julho que o verão atinge seu máximo. O jardim fica repleto de vegetais que nascem sozinhos. Folhas de brócolis esvoaçantes rodeiam cabeças verdes brilhantes e vagens crescem milímetros durante a noite. As espigas de milho crescem e os girassóis dão flores, enquanto rabanetes grossos como punhos de bebês são retirados do chão para enfeitar potes de saladas cheios de folhas verdes. Lírios, flores de flox, amores-perfeitos e margaridas exóticas florescem, coloridas, enquanto clematites, onze-horas e ervilhas escalam grades e cercos. Wally corre como um louco pelo jardim e aparece com um leve cheiro de orégano.

Tivemos aquela semana gloriosa no verão de 2003. E, então, fomos expulsos não só de nossa casa, mas também de nosso país.

33

Uma busca de madrugada

No meio de um sono profundo, ouvi *pi, pi, pi* umas seis vezes. Achei que o sistema de segurança estivesse alertando para um rebanho de alces atravessando a rua. Então, ouvimos um esmurrar na porta de entrada tão forte que chacoalhou as janelas do hall do andar de cima. Eu estava de pé, de pijamas, olhando para uma abundância de carros da polícia, com as luzes das sirenes girando no meio da madrugada. Stephen vestiu uma roupa. Era uma busca policial.

Wally acordou em um piscar de olhos quando Stephen desligou o sistema de segurança e abriu a porta, antes que acabasse a bateria do radar. Vesti uma roupa qualquer e desci com Wally, usando um cinto como coleira, com medo que ele fosse atingido por um tiro se se jogasse na varanda da frente como um homem-bomba, como ele normalmente faz de manhã.

Foi todo aquele lenga-lenga dos filmes. Para mim, foi como um breve replay da prisão, mas com uma equipe e um elenco maiores. Dois oficiais uniformizados apresentaram o mandado de busca enquanto muitos outros oficiais "faziam a segurança do perímetro". Alguns vestiam o uniforme completo; outros, incongruentes blusas de golfe havaianas.

Eddie Greenspan nos avisara que eles talvez tentassem isso, mas após dois meses e meio a possibilidade parecia remota. Ele nos aconselhara a ficar calmos e cooperar, o que é geralmente minha intenção quando confrontada por homens com armas e um mandado para utilizá-las.

Levei Wally para fora em sua coleira e o apresentei pelo nome para cada um dos oficiais sem nome. Olhando-os dentro do olho, eu disse a eles que Wally era um cão amigável. Perguntei, então, se eles se incomodavam se eu tirasse a coleira dele em seu próprio jardim, porque não queria que ele levasse um tiro. Após muitos resmungos, soltei Wally. Ele não tentou chamar nenhum deles para brincar. Nem sequer fez xixi nos pneus dos carros.

Fiz minhas tarefas, alimentando as galinhas e os gatos e chamando as ovelhas para o campo para uma contagem. A cena na estrada era chocante. Já era uma "sexta-feira casual" — o oficial uniformizado preparava uma câmera de vídeo, filmando o exterior de nossa casa, enquanto outro oficial tirava fotos. Depois, um juiz perguntaria a eles:

— Por que estou olhando para fotos de galinhas?

Stephen tentara contactar Eddie, e queria falar com ele em uma linha segura, pois agora era provável que nossos telefones estivessem grampeados. Quando voltei para casa, comecei a arrumar uma mala, já que estávamos sendo expulsos. Tudo o que eu colocava, incluindo roupas íntimas, tinha de ser inspecionado pelo "apaziguador", um sargento-detetive de cabelos grisalhos que se apresentou como "me-chame-de-Alec". O outro oficial uniformizado ficava seguindo Stephen pela casa. No andar de cima, usei o computador tentando mandar um e-mail para meu grupo de apoio ao câncer e dizer a elas que guardassem todos os meus arquivos pessoais e fotos no site, pois temia que meu computador não fosse mais seguro. Não era em benefício algum. Após um ano e meio da minha cirurgia, o grupo tinha dobrado de tamanho. Uma vez que faz parte daquela irmandade, você se torna ferozmente protetora. Agora eu temia pela privacidade delas, sem mencionar a minha.

Me-chame-de-Alec me deu seu cartão, com o número do seu celular, o número do pager e o e-mail. Ele disse que ligariam quando pudéssemos voltar para casa. Ao colocar o cartão em minha carteira, sorri. Agora a mídia teria um contato específico.

Fomos para o apartamento de minha mãe, na cidade, presumindo que a linha telefônica dela fosse segura. Após explicar o que estava acontecendo, ela me feriu dizendo:

— Ainda bem que seu pai não está aqui para ver isso.

Meus pais tinham se mudado para perto de nós uns anos antes. Tinham um apartamento independente em um prédio anexo a um asilo, para que pudessem aproveitar os programas de alimentação e as atividades de entretenimento, se quisessem. Não era ideal, mas funcionou em uma circunstância em que minha mãe, algumas vezes, me ligava querendo entrar em um curso para fazer sanduíches de salada de ovo.

Meu pai falecera quase um ano antes da primeira busca policial. Após 82 anos, o corpo dele desistiu. Ex-viciado em comprimidos e alcoólatra, ele gastara parte do dinheiro fundando um programa chamado Dentistas Aflitos, para atender às necessidades dessa comunidade peculiar de profissionais que ganham a vida na boca das pessoas.

Em seu computador, ele escreveu suas memórias de atividades secretas como oficial dentista da Marinha, e também serviu como tradutor de códigos secretos durante a Segunda Guerra Mundial. Acho que ele nunca superou saber da invasão da Normandia antes do ocorrido, nem saber dos perigos que os soldados, cujos dentes ele havia cuidado, tiveram de enfrentar. A osteoporose dominou sua espinha dorsal, mas ele ainda tocava guitarra. Meu pai sempre tivera muito orgulho de mim. Foi doloroso pensar que ele não sentiria o mesmo se estivesse vivo.

Enquanto minha mãe e eu fomos tomar um café, Stephen falou com Eddie e tentou entender um pouco do que estava acontecendo. Eddie nos disse para retornar imediatamente e informar à polícia o local exato onde estavam meu escritório e meu computador. A posição dele era a seguinte: se meu nome não estava no mandado, meu material não poderia ser tocado. Ao dirigir de volta para a fazenda, comecei a fazer ligações para a imprensa, e Me-chame-de-Alec começou a receber mais atenção da mídia do que ele já recebera em sua carreira.

Carros e picapes com motoristas curiosos encheram a estrada na entrada da fazenda, bloqueada por um camburão e uma policial. Anotações obedientes foram feitas levando em consideração a opinião do Sr. Greenspan quanto ao meu escritório e ao meu computador. E fomos embora do espetáculo que havia se tornado nossas vidas.

Estávamos de volta ao hotel, nos preparando para jantar, quando recebemos uma ligação dizendo que a polícia estava deixando nossa casa. Eles haviam confiscado os computadores e outros itens que seriam identificados em algum momento, incluindo um rifle e um revólver.

Como escritores, nossas ferramentas haviam sido levadas. Como fazendeiros, não poderíamos mais proteger nossos animais. Como pessoas, estávamos mudados para sempre.

34
Quando a casa não é mais lar

Com mais tribulações do que eu já havia enfrentado em toda minha vida, voltamos para a fazenda no dia seguinte. Parecia um lugar desconhecido. Os móveis tinham sido rearrumados. A mesa da cozinha não tinha mais a bagunça de livros de sempre. Tudo parecia ter sido mexido e deixado em algum canto qualquer.

Claro que checamos, e nossos computadores foram levados, junto com CDs de backup, documentos e os manuscritos de Stephen e meu. O que mais era difícil de dizer? Stephen sentiu falta do livro *Como criar websites para iniciantes*. Nossos cadernos de anotações foram empilhados, e muitos estavam faltando. Mais tarde descobrimos que receitas de comida foram também levadas. Sei que meu refogado de carneiro com alcachofra é lendário, mas não imaginei que chegaríamos a tanto.

Livros e papéis foram remexidos em meu escritório. A licença de posse de armas que eu guardava num dos armários da cozinha foi colocada em cima da minha mesa, talvez para me mostrar que agora eu estava na mira deles. Também senti falta de CDs do computador, onde eu tinha guardado as histórias de família de todos da vila para um livro de história local que eu editara. Que graça teria para a polícia ler sobre quem gerou quem na vila de Minto e as origens do Instituto da Mulher?

No quarto de hóspedes, os álbuns com fotos de família que normalmente ficavam na gaveta de um armário estavam espalhados na frente da cama, presumidamente para nos mostrar que nossa privacidade fora profundamente invadida. Imaginei oficiais da polícia esparramados na cama, olhando fotos minhas e de Stephen, ao lado de peixes maiores do que eles jamais sonharam pescar. Assim como essas, uma caixa de fotos no quarto de exercícios fora saqueada, e diversas fotografias de décadas atrás, em que eu aparecia vestindo um biquíni, estavam por cima. Limpei-as para tirar as impressões digitais.

Minha gaveta de lingerie foi vasculhada. Estavam procurando o quê? Tudo o que estava nas gavetas do closet foi para a lavanderia, e embarquei numa maratona de lavagem e secagem.

Quando fomos roubados, voltamos para uma casa que havia sido atacada. Mas não nos sentimos violados. Furtos são compreensíveis. Ainda era nossa casa, sem algumas coisas.

Após a polícia realizar a busca e confiscar nossas coisas, voltamos para uma casa que fora violentada. Pela primeira vez em mais de vinte anos não me senti segura em minha própria casa. Tínhamos de ir embora.

Preparei comida para Wally, encomendei refis para toda nossa medicação e arrumei nas malas tudo o que pudéssemos precisar, para onde quer que fôssemos.

As ovelhas e os cavalos vieram do pasto quando assobiei para eles. Foi lindo, de partir o coração — os palominos com crinas e rabos brancos e as ovelhas, algumas pretas e outras brancas, como dominós no pasto verde. Eles amontoaram-se ao redor do cocho para comer as sementes, e chorei pela primeira vez desde a confusão da manhã da busca.

Não tínhamos planos nem noção de tempo, mas o que quer que acontecesse eu não podia pressionar os vizinhos nem o fazendeiro-amigo Greg para alimentarem gatos enjaulados o dia todo. Do mesmo modo, abri o cercado das galinhas, e os galos ansiosamente atiraram-se na grama e nos insetos que eles almejavam. Comida para gatos e sementes para galinhas foram colocadas em um longo cocho, com vasilhas de água que se enchiam automaticamente para a multidão. Trancamos a porta e partimos.

O impacto do que tinha acontecido começava a ser vivenciado. O que a polícia não podia fazer diretamente, conseguiu com essa tática de busca. Os contatos que Stephen jurou proteger seriam encontrados em uma análise nos arquivos do computador dele. Nossos registros financeiros não existiam mais. Endereços eletrônicos e anos de contatos reunidos não eram mais acessíveis. Para mim, e para o grupo de mulheres mais incentivador que já conheci, não havia nenhuma privacidade — nossos medos mais íntimos e doenças mais pessoais foram revelados. E o trabalho não existia mais — manuscritos, trabalhos em andamento, discursos, memórias da fazenda, poemas ruins —, até o discurso fúnebre que escrevi para meu pai.

— O que eles fizeram com você é inacreditável — Eddie Greenspan falou para Stephen. — Mas, quando encostaram nas coisas de Marsha, passaram dos limites. Eles vão ver.

Após três dias na cidade um amigo publicitário nos resgatou e nos convidou para a cabana dele ao norte de Quebec. Era uma clássica cabana familiar, que ficava em uma montanha com vista para um lago cristalino e acessível somente por barco. Não podíamos ter pensado em melhor refúgio ou em anfitrião mais genial. Tudo era perfeito, desde a música-tema da cabana, *Ghost Riders in the Sky* (Viagens dos fantasmas pelo céu), às paredes com estantes que iam do chão ao teto com milhares livros e a tela contra mosquitos que envolvia toda a varanda da frente.

Wally teve de ficar separado de uma bassê idosa chamada Pandora, que era a grande dama do lugar. A idade a tinha deixado lenta e seu focinho pontudo estava ficando grisalho, mas ela sabia que aquele era seu território e não estava a fim de tolerar nenhuma tolice de um pirralho. A velhinha querida era a reunião de todos os bassês da minha infância em um só.

Qualquer coisa nova e diferente chamava a atenção de Wally. Ele subia e descia os degraus para o lago como um ioiô, cheirando o píer e perseguindo esquilos nos vidoeiros. A água no final do cais era funda, escura e perfeita para nadar. Wally não nos seguia dentro d'água, mas latia para nossas cabeças, o que deve ter sido para ele como se estivéssemos boiando, separados, na água.

Levados pela correnteza, boiando e olhando para o céu, as nuvens transformaram músculos encaracolados em brinquedos de mola. Andamos pela floresta, e um plano começou a nascer.

Eu tinha um ex-namorado que virou amigo tempos depois que conhecemos nossos companheiros. Bruce era um advogado nascido na cidade de Kansas, que devotou sua vida ao jazz e à preservação de sua história. Junto à produção de seus próprios filmes, ele também atraiu a atenção da lenda do cinema e aficionado por jazz Clint Eastwood. Isso virou uma amizade e uma relação de trabalho que beneficiou os dois e permitiu que Bruce crescesse como artista fazendo algo que amava.

Residente de West Village, em Manhattan, por quase toda a vida, Bruce agora morava em Boston, próximo à universidade onde lecionava. Um pouco rabugento quanto a criar filhos tardiamente, ele se encontrou, como Clint, cativado por um bebê, e adotou uma filha chinesa. Mesmo assim, eu conhecia Bruce bem o suficiente para saber que ele precisava ficar com um pé na cidade de Nova York e imaginei se o apartamento que ele tinha ocupado por quase três décadas estava vazio. Deixei uma mensagem em sua secretária eletrônica pelo celular pesado e velho que era a única forma de comunicação com o mundo fora da cabana.

Bruce me ligou de uma mansão em Bel-Air, onde estava trabalhando na música de um filme, e era continuamente interrompido por pessoas que vinham entregar-lhe algo, estagiários e limpadores de piscina. Parecia quase cruel e anormal conversar tão rápido, tomar conta do nova-iorquino e colocá-lo no coração da ilha perfeita. O projeto era para Marty (Scorcese), e Jay (McShann) viria atuar. Eles esperavam pegar Dave (Brubeck) de surpresa em Monterey (festival de jazz). Ninguém conhece tantos nomes quanto um nova-iorquino na indústria de filmes.

Tudo o que Bruce precisava ouvir era que nós estávamos em fuga, e as chaves do apartamento seriam nossas. Na verdade, ele tinha dois apartamentos, um ao lado do outro, e um deles servia de escritório. Ele estaria na Califórnia durante meses. Aproveitem.

35

O fugitivo

A vida com Stephen nunca foi entediante, mas agora ela tinha ricocheteado de maneira mais insana do que qualquer bola de Wally. Que lugar melhor para quicar do que na Big Apple?

O apartamento — numa rua ao lado da Avenue of the Americas, de três pistas — era quase equidistante entre o rio Hudson, o Washington Square Park, os bares gays da Christopher Street e os vendedores anunciando bolsas Louis Vuitton. Um espaço clássico de um quarto do tamanho da cozinha da minha fazenda tinha uma cama queen-size, tevê a cabo, uma minicozinha e a vista da janela para as paredes de concreto do vizinho. Aumentamos o ar-condicionado e deixamos o passado para trás.

O edifício de cinco andares era também a casa de muitos cachorros, desde bichon frises com olhos de botão a weimaraners cinza-prateados. Com pernas longas, modelos/atrizes/garçonetes magrelas carregavam yorkshires terriers do tamanho de xícaras de chá em seus bolsos, e crianças eram puxadas por "cachorros projetados", como puggles (a mistura de pug com beagle). Nunca vi tantos buldogues fora do ringue de um concurso.

Gradualmente, exploramos a vizinhança a pé, com medo de movermos nossa picape da vaga que achamos de graça do outro lado da rua, em frente ao apartamento. Ter um lugar para ficar de graça em Nova York é sublime; ter uma vaga de estacionamento de graça é um presente dos céus. Além disso, Nova York é uma cidade feita para se andar a pé. Como o escritor misterioso protagonista do romance de Paul Auster, Quinn, descreve em *A trilogia de Nova York*: "Nova York era um espaço inesgotável, um labirinto de passos sem fim, e não importa o quanto andasse, não importa o quanto conhecesse as vizinhanças e ruas, sempre deixava nele a sensação de estar perdido."

Nós nos orientarmos pela vizinhança era um exercício em se perder. Em direção ao oeste, andávamos com Wally ao lado do rio, onde as traves e os cabos altos da escola de trapézio de Nova York permitiam que as Janes e os Joes tivessem chance de realizar fantasias em cima de uma rede de segurança. Ao sul, em direção ao SoHo, nos revezávamos para ficar na calçada com Wally, enquanto um de nós entrava nas lojas de antiguidades que vendiam móveis alemães originais e castiçais de cristal. Eram algumas quadras de distância da colorida MacDougal Street até o Washington Square Park, com as mesas de xadrez embutidas e o arco de mármore. Wally olhou longamente para o chão sem cercado do parque; até o parque para cachorros sem coleira era coberto de cascalho e terra.

Andar para o norte era o mais difícil para Stephen, pois significava passar pelo seu lugar preferido de Nova York, um restaurante da moda com comida da Toscana, que se estendia por um pátio enorme na rua. Limusines aguardavam a alguns metros por clientes celebridades, enquanto garçons em camisas brancas moviam-se entre as mesas amontoadas.

Bruce tinha nos levado ao Da Silvano uma década antes, quando estivemos em Nova York após o lançamento do seu primeiro livro. Não tinha mudado muita coisa, exceto que agora tinha um pôster enorme de um dos espaguetes de Clint Eastwood ao lado do bar com seis lugares.

Estávamos com o dinheiro contado, algo quase impossível de se lidar em Manhattan. Martínis enfeitados, vinhos deliciosos e nhoque com lagosta no Da Silvano não estavam nos planos. Em vez disso, descobrimos o açougue Ottomanelli's na Bleecker Street, onde algumas fatias do maravilhoso *prosciutto* envelhecido eram uma delícia, e as carnes mais baratas supriam as necessidades de Wally, assim como as nossas.

Os irmãos açougueiros do Ottomanelli's amavam Wally, que se esticava na coleira para seguir as carcaças de cabrito que entravam na loja pela porta da frente. Eu pedia ossos para cachorros, e eles ficavam tentando competir um com o outro, trazendo ossos melhores e maiores a cada dia. Às vezes, eram tão grandes que eu me sentia como um homem das cavernas carregando-os para casa.

Prover ossos para Wally mastigar era o mínimo que eu podia fazer, já que ele não podia brincar com bolas no apartamento. O chão era de madeira, e rolar e quicar bolas teria feito com que as pessoas do andar de baixo se sentissem vivendo sob uma pista de boliche. Também escondemos os enormes bichos de pelúcia da filha de Bruce. Wally parecia pensar que a boneca Raggedy Ann e o Bob Esponja eram cadelas no cio.

Apesar de ele caminhar bastante conosco, eu me sentia mal por Wally não ter com o que brincar dentro de casa. Como concessão, comprei um travesseiro barato de espuma com uma capa de ovelhas de veludo e deixei que ele ficasse tentando transar com o travesseiro por meia hora, o que ele adorou, e completou com efeitos sonoros que competiam com furões no cio. O olhar em sua cara quando puxei aquele travesseiro para fora do armário foi positivamente lascivo. Os cachorros gostam de prazeres simples.

Por si só, Nova York é um constante entretenimento. Andar pela Times Square num fim de semana é como ser um glóbulo vermelho pulsando em uma válvula do coração, varrido na rapidez de uma montanha-russa viva que não pode parar. Até em sinais de trânsito a multidão parece surgir e agitar-se em antecipação. Não existe silêncio, e o ar tem um cheiro esquisito de fumaça de carro e pretzels. A euforia do lugar é intoxicante, sufocante, e sacia com uma estranheza subatômica.

Acredito que a maioria das pessoas nesse tipo de multidão nunca tenha ficado em uma floresta cheia de neve e ouvido o quebrar dos galhos e o futebol dos alces.

O grande pianista de jazz McCoy Tyner fez um concerto aberto no Lincoln Center. Era de graça. Estávamos a fim de sair. Quando li que o "saxofonista colossal" Sonny Rollins ia tocar em um concerto de graça no Central Park, chegamos cedo em uma tarde fresca de verão com nossos sanduíches de pão francês e nosso vinho contrabandeado. Nossos assentos eram a poucos metros do palco. Do calipso de abertura à cadência final, nada é melhor do que aquela apresentação ao vivo de Sonny Rollins. Nossos problemas pareciam estar muito longe.

Ocasionalmente, eu checava a fazenda. Minha mãe ia lá visitar toda semana com sua amiga Aileen. Elas alimentavam os gatos e colhiam tomates. Greg cortava a grama e cuidava dos animais, contentes em seus pastos verdes.

Antes de deixarmos a fazenda, um doador nos deu um computador para viajarmos. Stephen ligou-o no apartamento, e eu usava o computador de Bruce no apartamento/escritório na porta ao lado. A questão era o que escrever; nossos pontos de referência não existiam mais.

Stephen passou a maior parte do tempo enviando discursos para o editor dele, que estava tirando vantagem da situação escandalosa escondendo-se com todos os lucros do livro *Karla* — centenas de milhares de dólares —, dos quais nem um centavo veio parar nas mãos do autor.

Conseguimos juntos todo o dinheiro que poderíamos conseguir. O programa de rádio para onde eu havia cedido textos por mais de 12 anos tinha um arquivo com minhas intervenções. Liguei e escrevi para eles, procurando por cheques e também por colunas sobre Nova York. Ninguém respondeu.

Mesmo com o dinheiro apertado, Stephen ainda me persuadiu a entrar no Da Silvano somente para tomar um drinque, "por amor aos velhos tempos". O dono, Silvano Marchetto, nos cumprimentou como se fôssemos amigos de longa data. No espaço de alguns minutos, soubemos de tudo o que estava acontecendo na vida dele, incluindo o inferno absoluto de pintar o apartamento no verão.

Nós nos empoleiramos no bar, longe do pátio, embaixo de um vento de ar gelado.

Uma atendente jovem veio até nós. Ela era uma morena magra com uma pele perfeita e olhos grandes e brilhantes. A atriz Cameron Diaz guardava lugares do outro lado do restaurante, e modelos altas como jogadoras de basquete esticavam suas pernas sem fim em direção à rua, mas nenhuma delas era tão bonita quanto a jovem atrás do balcão.

— Então você gosta do Tennessee Williams — ela disse, apontando para a biografia do autor que Stephen tinha pego na biblioteca de Bruce. — Você sabia que ele morreu entalado com a tampa de um dos seus recipientes de comprimido, no hotel Elysée na rua 54?

Seu nome era Jessica, e ela tinha um diploma em literatura inglesa. Era filha de um pescador de Long Island e cresceu em praias onde milionários hoje competiam para construir a maior mansão. É claro, ela também era atriz e cantora, e escrevera uma comédia, que fora exibida. Trabalhar em um bar era entediante, mas pagava as contas.

Ela era também uma ótima ouvinte. Minimamente incomodado, Stephen pôde contar como fomos parar em Nova York narrando com uma tensão dramática que fazia valer o sobrenome Williams. Ele bancou o fugitivo para Jessica. Ela estava cativada, horrorizada, e precisava, absolutamente, ler os livros dele. Toda vez que dizíamos que precisávamos de ir embora porque só queríamos mesmo tomar um rápido drinque e não tínhamos muito dinheiro, como consequência de estarmos em fuga, ela fazia um "não" com a cabeça, enchia nosso copo e perguntava mais detalhes. Quando finalmente fomos embora, ela nos apresentou uma conta de vinte dólares, piscando os olhos e fazendo biquinho com os lábios.

Comecei a gaguejar, tentando dizer algo em protesto. Jessica permaneceu serena.

— Acredito que o Sr. Willis cobriu muito mais do que isso — ela disse, referindo-se a outro Bruce que estava no restaurante.

Jessica colocou um papel com seus horários de atendente do bar e com seu e-mail dentro da biografia de Tennessee Williams, e disse para trazermos os livros de Stephen no próximo dia em que ela estivesse trabalhando. Viva o doce pássaro da juventude

Eventualmente, Jessica e a maioria dos garçons do Da Silvano liam as cópias cheias de orelhas dos livros de Stephen que circulavam pelo restaurante. Quando Jessica estava trabalhando durante o dia, levávamos Wally, e ele sentava do lado de fora da porta com sua própria vasilha d'água e uma eventual bola de carne da cozinha. Nós jamais comemos o nhoque de lagosta (o preferido de Jack Nicholson), mas os garçons sempre traziam provas divinas da cozinha, como alcachofras grelhadas, carpaccios, queijos de ovelha da Toscana e massa ao molho de limão. A conta era sempre igual.

Algumas vezes, Silvano vinha até nós, passava o braço por trás de nossos ombros e falava para Jessica: "Um drinque de graça para meus amigos", e ela respondia com um sorriso generoso.

Toda celebridade que aparecia na Page Six do *New York Post* passava pelo restaurante, e Jessica nos dava as informações sobre cada um. Ela odiava a pretensão, mas amava o talento, e repugnava egos tão cheios que sugavam o ar do salão. Jessica estava escrevendo um roteiro. Um dia eles responderiam a ela. Eu acreditava nisso.

"Fora de minha casa e do meu escritório, Da Silvano é meu lugar preferido entre todos os lugares", escreveu Graydon Carter, o editor-chefe da *Vanity Fair*. É exatamente isso.

36

Sobrevivendo em Nova York

Parar no Da Silvano estava em nossa lista de coisas para fazer no dia em que acabou a luz. Estávamos no apartamento e achamos que algo que fizemos queimara um fusível. Então, ouvimos vizinhos no corredor do lado de fora e vimos que o prédio inteiro estava sem luz. Pegamos Wally e nos juntamos ao rio de pessoas e cachorros descendo as escadas, agradecendo aos céus por não estarmos presos no microelevador.

A Avenue of the Americas estava cheia de pessoas andando para o centro da cidade entre o tráfico caótico, com os telefones celulares colados em suas orelhas. A primeira coisa que soubemos é que não era um ataque terrorista, o que já era suficiente para uma comemoração. A segunda coisa que ouvimos foi "Foi culpa do Canadá". O blackout não era só em Manhattan. Mais de 9 mil quilômetros quadrados ao norte da América do Norte estavam sem eletricidade, incluindo nossa distante fazenda.

Ao analisar nossa situação no apartamento, cheguei à conclusão de que Bruce nunca havia se programado para um apagão. Ele não tinha sequer uma lanterna. Sem ar-condicionado, o apartamento já sentia o efeito da temperatura de 33°C do lado de fora. Precisávamos de água, gelo, pilhas, enlatados e velas. Pronto.

Na loja de conveniência da esquina, as pessoas entravam em grupos, uma de cada vez. Manuel me conhecia e me deixou entrar na mesma hora, enquanto Stephen e Wally esperavam do lado de fora, no meio da confusão. Eu conhecia bem a loja e rapidamente enchi minha cestinha de compras. Todos procuravam por velas. Eu as achei em uma prateleira baixa com produtos de limpeza. Como tudo em uma loja de conveniência, os preços eram inconvenientemente altos, e eu não queria gastar todo nosso dinheiro lá. Em um gesto puro e egoísta de sobrevivência, coloquei duas caixas de velas em minha cesta e escondi mais três no fundo de uma prateleira de pastas de dente. Se o blackout durasse, teria uma reserva de velas. Senti-me tão culpada que chamei uma vizinha do prédio que reconheci (a dona de um schipperke) e mostrei a ela as velas restantes.

A loja estava cobrando um preço mais alto pelas pilhas, mas Manuel me deixou pagar o preço normal. Sempre nos demos bem. Sempre que eu tentava falar espanhol com ele, ele tapava as orelhas e ria, dizendo que eu tinha um sotaque horrível. Agora eu estava feliz por tê-lo feito sorrir.

— *Usted tienne hielo?* — perguntei vagarosamente, sabendo que todo mundo estava procurando gelo. Ele apontou com os olhos para a porta dos fundos da loja.

— Encontro você lá fora — ele respondeu.

Atrás de mim, uma mulher que estava com a maquiagem derretendo reclamava da falta de suco de laranja. "E como eu vou fazer um coquetel?"

Entreguei algumas garrafas d'água para Stephen, com uma sacola grande de comida, e disse a ele que voltasse ao apartamento com Wally. Eu estava em uma missão. Na porta dos fundos, Manuel me encontrou com três sacos de gelo enrolados em um saco de lixo.

Meu *muchas gracias* foi do fundo do coração.

— Ei, mantenha o cachorro gelado — ele disse sorrindo. Deixei um dos sacos para um casal idoso do prédio. Eles estavam bem e tinham uma despensa de verdadeiros mórmons.

Jantamos sob luz de velas e levamos Wally para passear pelo quarteirão com nossa lanterna nos guiando. Em todos os lugares, as pessoas reuniam-se em varandas e compartilhavam notícias que tinham ouvido, felizes por ser somente uma hidro *schlamozzle* e confiantes de que acabaria em breve. Alguns bares e restaurantes da vizinhança ficaram abertos. Os avisos eram de CERVEJA GELADA ATÉ QUANDO DURAR.

No dia seguinte, precisávamos de mais gelo, e a ideia de comer um frango assado nos consumiu. Um taxista do final da rua disse a Stephen que tinha eletricidade em Nova Jersey. O único problema em atravessar o Holland Tunnel era o medo de perder a vaga.

Estávamos estacionados ao lado de uma caçamba de construção, zona de guerra para as pessoas que moravam na rua. A atriz Sarah Jessica Parker (do seriado *Sex and the City*) e seu marido, Mathew Broderick (ator de *Os Produtores*), tinham comprado uma mansão de pedra que estavam renovando há milênios. Dentre outras coisas, esse trabalho envolvia remover toneladas de terra do porão — uma tarefa realizada com viagens em um balde de vinte litros, feitas por trabalhadores que não faziam nada, a não ser cavar, transportar e esvaziar, o dia inteiro, enquanto trabalhadores no andar de cima martelavam o dia todo, uma distração diferente em um bairro silencioso.

A confusão da construção em frente à casa ocupava duas vagas — mais uma coisa irritante em uma cidade onde livros inteiros já haviam se dedicado a achar vagas de estacionamento. Toda quinta-feira de manhã, entre 9 horas e 11 horas, qualquer pessoa que tivesse um carro estacionado na rua tinha de estar preparado para removê-lo para dar acesso ao limpador de rua. Era uma fraternidade bizarra de donos de carros que acontecia toda quinta. Algumas pessoas contratavam motoristas simplesmente para sentar dentro do carro e esperar pelo limpador de rua, guardando a vaga sagrada. Já havia muitas semanas que o limpador não vinha, mas a rotina nunca mudava.

Um dia, Stephen tirou a picape da vaga e estava voltando para ela quando o empreiteiro de Sarah Jessica Parker manobrou atrás em sua picape e apontou para nossa vaga. Eu estava na calçada com Wally e entrei no modo "guerreira", ocupando a vaga e levantando as mãos.

— Sai fora daí — gritei, com a cara firme. — Você vai ter que passar por cima de mim para estacionar aí, amigo.

Guardei meu espaço como uma verdadeira nova-iorquina. Do outro lado da rua, o homem amável que vendia flores aplaudiu. Depois desse dia, o empreiteiro me cumprimentava como se fôssemos amigos de longa data quando me encontrava na rua.

Agora, as ferramentas da obra dele eram superúteis para nós.

Stephen retirou a picape da rua e puxei um pedaço emprestado de madeira compensada da construção, colocando dois cones laranja em cima, dando a aparência de perigo embaixo. Nós voltamos e encontramos nossa vaga segura. Eu estava começando a achar que poderíamos sobreviver em Nova York.

E, então, passamos o verão lá, indo a shows gratuitos, explorando lojas requintadas, comendo e bebendo de graça. Wally andava para todos os lugares conosco e aceitou o fato de não haver nenhum "verde" para ele encostar. Ele virou um cachorro de meio-fio, capaz de dividir a calçada com outros cães e deixá-los cheirá-lo impunes.

Nós éramos parte disso. Nova York foi uma terapia que desmanchou "a melancolia da nossa pequena cidade".* Agora era hora de voltar para casa e lutar.

Os açougueiros do Ottomanelli's despediram-se de Wally dando-lhe um osso maior do que sua cabeça, e passamos nossa última noite em Nova York andando pela cidade com a querida Jessica.

---

*Referência à música *New York, New York*, de Frank Sinatra. (*N. da T.*)

37
Chacoalhando gaiolas

Quando voltamos para a fazenda, havia 12 gatinhos rodeando os três gatos malhados. Era impossível saber quais filhotes eram de qual mãe. Se um gatinho quisesse leite, ele procurava a teta mais próxima de qualquer fêmea e mamava. Tínhamos um gatil comunitário.

O jardim foi invadido por ervas daninhas e abobrinhas do tamanho de canoas. Abóboras apareceram em trepadeiras que serpenteavam os campos de milho. Girassóis cresceram mais de 2,5m. As ovelhas estavam gentilmente interessadas em meu retorno e os cavalos empinavam e davam coices de fome.

Wally ficou louco no jardim, correndo atrás das bolas, perseguindo esquilos, colocando baldes na cabeça e correndo por entre as árvores. Ele precisou marcar e remarcar seu território. O processo de estabelecer os perímetros do Forte de Wally foi tão prolongado que achei que ele fosse uma bexiga e não um cachorro.

Arrumei minha casa da melhor maneira possível. Nosso provedor do computador chegou com um computador pague-quando-puder para eu usar. Um monte de cartas gentis esperavam por respostas. Autores amigos estavam chocados com o fato de a polícia poder praticamente roubar a vida de uma pessoa e não ser obrigada a responder por isso. Decidi enviar essa questão para os meios públicos. Já era hora de mostrar minha raiva.

Festivais literários são acontecimentos adoráveis. De vez em quando, um poeta conhecido como "um homem louco" diz algumas rimas, ou uma romancista, em seu estilo específico, "vomita" fluxos de consciência descritivos e entra em colapso em meio a saias hippies. Normalmente, são autores sorrindo docemente e lendo seus trabalhos com a paixão que conseguem transmitir. E, então, as pessoas comem, bebem e conversam, o que é normalmente o que todo mundo se lembra.

Eu estava entre três leitores, com um público de 150 pessoas espalhadas numa ladeira. Li algumas histórias engraçadas sobre a fazenda, e o público me acalentou. Depois comecei a ler trechos de meu novo romance inacabado — somente alguns parágrafos, que descreviam a vida de uma criança nos cultos presbiterianos escoceses do século XIX. Parei. Folheando as novas páginas que eu tinha em mãos, disse ao público que a polícia havia confiscado o restante do livro quando se apoderaram do meu computador. Expliquei as circunstâncias e deixei claro que, apesar de sentir orgulho do livro de Stephen, ele não era meu, e eu não sabia que escrever sobre a Igreja Presbiteriana era um crime. Falei dos meus sentimentos de perda e das coisas que eu tinha realmente perdido — não apenas profissionalmente, mas também pessoalmente, pois eu não tinha motivos para apresentar provas e nenhuma solução em mente.

O desafio estava lançado: "Sinto-me invadida, violada e privada da capacidade de fazer o que amo: escrever. A batalha jurídica para recuperar meu computador talvez me custe minha fazenda, que sempre foi meu refúgio mágico. E por que eu seria penalizada tão injustamente? Parece, para mim, que se resume ao simples pecado de amar e estar próxima ao autor que se recusou a dar o braço a torcer e entregar os nomes de suas fontes."

Eu esperava profundamente ouvir Wally latindo em aprovação do local privilegiado de onde ele assistia, ao lado de Stephen. Em vez disso, ouvi palmas nervosas que foram crescendo, e ambos os meus colegas autores me deram um abraço.

Eddie Greenspan estava certo. Em termos humanísticos, uma coisa era a polícia destruir um autor que examinava crimes de corrupção e a incompetência da polícia, mas outra coisa era destruir a carreira de uma humorista de ovelhas de meia-idade com tendências presbiterianas.

Meus comentários correram no jornal da Writers' Union [União dos Autores], e corriam boatos de que eu exigia a devolução do meu trabalho. Eddie caracterizou a invasão de "total e completamente escandalosa". Estávamos chacoalhando gaiolas, e as tropas se uniram. Não só a Union, mas agora as editoras, a PEN [associação internacional de escritores] e os jornalistas em prol da liberdade de expressão percebiam que algo estava radicalmente errado, algo que poderia atingir qualquer escritor se as autoridades conseguissem me penalizar da maneira como tinham feito.

E, então, tinha o não invejável sargento-detetive que me dera o cartão de trabalho no dia da busca, incluindo seu e-mail. Divulguei para as mais de duzentas mulheres em meu grupo de apoio ao câncer que estavam preocupadas com a invasão da privacidade delas nos meses em que a polícia tinha passado, supostamente, olhando cada documento, cada e-mail e cada imagem no meu computador.

"Como você se sentiria se sua mulher fizesse parte do grupo de apoio e as informações pessoais dela fossem lidas?", perguntou Carol de West Virginia.

Deb, na Geórgia, ecoou os sentimentos de muitas mulheres quando acusou o sargento-detetive de ser um "pervertido", e ofereceu uma oração para mim. "Rezamos pela nossa irmã, Marsha, para que ela seja não só inocentada da sua agressão pessoal (e ela NÃO é a autora, seus idiotas), mas que também Deus retribua a vocês a injustiça que fizeram com ela."

Do Colorado, Laurie fez um comentário sábio e questionou algo que não obteve resposta: "Quando ouvi sobre essa apreensão pela primeira vez, presumi que os oficiais responsáveis pela execução da lei iriam folhear o material e guardar qualquer informação que achassem pertinente para a investigação e depois devolveriam o restante intacto para a participante do nosso grupo de apoio. Será que vocês seriam bondosos o suficiente para explicar por que isso não aconteceu após esses meses todos?"

Ao mesmo tempo, estávamos agitados. A Writers' Union nos ofereceu uma doação para nos suprir, e outros grupos de escritores benevolentes que normalmente dão assistência a autores inativos por motivo de doença ou acidente nos encaminharam os fundos que evitariam nossa falência.

Apesar de Stephen ter registrado uma queixa contra seu editor ladrão, o dinheiro que ele deveria receber pelas vendas do seu livro não existia mais. Mais uma vez, um fundo de defesa foi estabelecido, e os mesmos bons amigos nos apoiaram.

Ainda estávamos desconfiados de passar os fins de semana na fazenda. Amigos que estavam viajando frequentemente nos emprestavam suas casas, e quando a diretora executiva da Union nos viu apavorados, nos ofereceu sua casa do lago particular.

Chegar a cada um de nossos destinos era um exercício com Wally. Eu tinha de checar as mesas baixas para retirar as coisas que ele poderia danificar com uma espanada de seu rabo ou engolir somente porque pareciam comestíveis. Um amigo tinha um quarto com uma coleção de sapos de pelúcia — desde Caco, o personagem do seriado *Muppet Show*, de Jim Henson, ao personagem Jeremy Fisher da autora britânica Beatrix Potter. Wally deu uma pequena olhada nesse quarto, mas quando ouvi um som muito alto no andar de cima, naquela tarde, encontrei-o batendo com o nariz na porta fechada.

Voltamos a nos hospedar no hotel Metropolitan quando a mídia pagava nossas despesas. Era como passar a semana numa velha casa, com todas as brigas de sempre para levar nossas malas e jogar futebol com Wally. A gerência nos enviou uma garrafa de vinho, morangos com chocolate e biscoitos em formato de osso para o "príncipe Wally".

A infâmia resultou em diversos convites para jantar, e passamos nossa primeira noite de volta ao Metropolitan em uma reunião irreverente de amigos no Bistrô 990. Após um verão de *amuse-bouche* italianos, a despretensiosa comida francesa foi bem-vinda. Evitamos a realidade em favor da diversão até a hora de o restaurante fechar.

De volta ao hotel, as luzes estavam acesas, e a clássica fita com a música *Night Train*, de Oscar Peterson, estava tocando, pois a tínhamos deixado para o prazer de Wally. Presumindo que ele estava dormindo na cama, peguei a coleira dele para um breve passeio no parque. Porém, foi difícil encontrá-lo embaixo das penas.

Elas estavam em todos os lugares. Ao abrir a porta do quarto, as penas voaram. Wally sentou-se, totalmente acordado, com plumas enfeitando suas orelhas e saindo de seu nariz. Ele abanou o rabo, enviando uma nuvem de penas para o tapete.

— Onde está meu Wally? — Stephen falou, sem saber da catástrofe no outro quarto.

Wally rastejou ao ouvir o som da voz de seu dono. Seus lábios rosados transformaram-se em um sorriso maldoso e as penas do ambiente agarraram em seus dentes. Tentei segurar Stephen, mas ele adentrou o quarto.

— Mas que m...!

Wally correu para os braços de Stephen, simultaneamente soltando um pum que acho que poderia ser ouvido pelos turistas ingleses no quarto do outro lado do corredor.

Tentamos manter as penas dentro do quarto, mas Wally as carregava para lá e para cá, soprando-as para fora do nariz etc. Fiz o melhor que pude escovando-as para fora do edredom de penas e colocando-as em uma sacola da lavanderia do hotel, mas elas pareciam agarrar-se ao tapete e esconderem-se entre as camadas de cortina. Sentia-me como se estivesse coberta de penas, da sobrancelha até os dedos do pé. Nunca use veludo preto se um pato que está mudando as penas estiver próximo.

Dormimos com a cabeça debaixo do edredom naquela noite. Wally urrou, roncou e engasgou quando uma pena ficou presa em sua garganta.

De manhã, chamei a arrumadeira para fazer a confissão. Não mencionei Wally. Não precisava. Tantos funcionários do hotel visitaram o quarto que achei que precisasse de uma fita amarela usada nas cenas de crime. Até o porteiro abandonou seu posto para servir de testemunha ao travesseiro de penas.

Quanto a Wally, ele não demonstrou vergonha alguma e não assumiu nenhuma culpa. Fiel às tradições de um bull terrier, ele entendeu que se podia tentar transar com um travesseiro em Nova York poderia fazer o mesmo com todos os travesseiros futuros que aparecessem. Eu assumi a responsabilidade e, morrendo de vergonha, paguei os oitenta dólares referentes à aventura sexual de Wally.

38
Se você for exagerado, vai se dar mal

Qualquer barulho que ouvíssemos na entrada da fazenda sinalizando a passagem de um objeto estranho fazia com que Stephen e eu corrêssemos para a janela para ver quem estava invadindo nosso espaço. Normalmente, era o amigável emissário da FedEx ou algum leitor inocente querendo um autógrafo. Porém, na segunda-feira, dia 20 de outubro de 2003, era outro carro da polícia.

Somente um. Que estranho, pensei, imaginando quando a cavalaria chegaria. Que todos se danem. O que aconteceu agora?

O policial veio entregar duas intimações que comunicavam um processo contra nós dois por duas acusações criminais cada um: por falta de cuidado e armazenamento impróprio de armas de fogo. Se condenados, a sentença máxima pelos dois crimes era de quatro anos de prisão. Fiquei tão brava que queria cuspir, mas Stephen me abraçou e me guiou de volta para casa.

O rifle e o revólver apreendidos na busca nunca foram devolvidos, e começamos a sentir falta deles. Wally tinha caçado uma raposa no meio do dia havia algumas semanas. Ele a sacudiu com tanta força que pequenas veias de sangue estouraram na orelha direita dele, resultando em sangue pisado entre a pele e a cartilagem que forma a estrutura da orelha. Como normalmente acontece nos hematomas, era pequeno e não necessitava de intervenção cirúrgica, e voltaria ao normal deixando uma pequena ondulação na orelha dele.

Com o passar dos anos, tive uma vaca contaminada com raiva. Coiotes e lobos tinham atacado ovelhas e carneirinhos. Na primavera, raposas e racuns geralmente matam patos e gansos no lago. Tais coisas fazem parte da natureza, porém, em minha fazenda, sempre pareceu ter uma parcela de predadores bem maior do que o esperado. Um campo de golfe com 32 buracos, um campo aberto de acampamento e o desenvolvimento residencial ao redor da fazenda alastraram-se durante os anos, eliminando a vida selvagem e enviando os fugitivos para minhas montanhas e clareiras no mato.

Após fazer um curso sobre segurança com armas de fogo e instruções para caça, fiz algumas tentativas com gansos. Foi mágico sentar no canto de um campo de milho no amanhecer do outono frio e ouvir os gansos gransnando a distância, aproximando-os de mim com os chamados de ganso, até que as asas deles batessem sobre minha cabeça. Nada jamais caiu do céu para mim. Aprendi que não tinha estômago para matar, e ficar no canto do campo de milho foi meu troféu. Entretanto, eu protejo os meus, se preciso for. Acontece que Stephen sabe fazer isso melhor do que eu.

Agora seríamos presos por sermos fazendeiros e fazermos o que os fazendeiros precisam fazer, às vezes. O que mais me incomodou era o fato de ser uma acusação totalmente fictícia. Está escrito nas leis da terra que armas de fogo podem ser guardadas da maneira que as mantínhamos — sem munição, mas prontas para serem usadas quando precisássemos delas, "para controle dos predadores". Nossas armas foram adquiridas legalmente e tínhamos licença de posse delas.

Eddie Greenspan reconheceu imediatamente a natureza repressora das acusações e providenciou para que tivéssemos nossas fotos e impressões digitais tiradas na hora, em vez de esperarmos para que eles nos levassem algemados. Acusar-nos de posse ilegal de armas de fogo sujaria nossos nomes e criaria ainda mais estresse em nossa relação. Era um golpe baixo do pior tipo, mas eles queriam dividir, conquistar e disseminar ainda mais confusão na mente de um público já confuso.

Eddie também acabara de ser avisado de que as autoridades iriam acrescentar algumas acusações ao caso de Stephen em uma sessão do tribunal no final da semana.

— Quantas são "algumas"? — perguntou Stephen.
— Não sei — respondeu Eddie. — Algumas; cinco ou seis.

Na hora marcada, fomos à delegacia local para sermos registrados e fichados. Tentei esconder meu olhar furioso enquanto eles tiravam as fotos. Cada vez que o oficial rolava um de meus dedos sobre a tinta e depois sobre o papel, eu batia com minha cintura em sua arma. Para fazer o tempo passar mais depressa, imaginei que meu pai dentista era o Dr. Christian "anjo branco" Szell, do jeito que Laurence Olivier o representara em 1976, no filme *Maratona da morte*, usando seus equipamentos para torturar as pessoas responsáveis por seu assédio deliberado.

Depois de liberada, juntei-me a Stephen na varanda ensolarada da delegacia. Antes de trocarmos uma única palavra, o celular dele tocou. Era uma rede de tevê nacional perguntando sobre as novas acusações.

— Como é que vocês descobriram sobre a acusação das armas? — Stephen perguntou, já que ele não tinha contado para ninguém.

— Acusação de armas? Que acusação de armas? — o repórter retrucou. — Estou falando da nota liberada para a imprensa que recebemos da polícia hoje de manhã, anunciando 94 novas acusações de violação da lei contra você.

— O quê? — berrou Stephen, como se um travesseiro de penas tivesse explodido sobre a cabeça dele.

Quando chegamos em casa, meia hora depois, havia dois caminhões de transmissão por satélite e equipes de tevê esperando no jardim para filmar nossa chegada, enquanto meia dúzia de repórteres de rádio com gravadores na mão andavam em círculos. A secretária eletrônica estava lotada de pedidos de entrevista da imprensa.

As ovelhas e os cavalos reuniram-se no portão para assistir ao circo. Wally entrelaçou-se entre os labirintos de fios e cabos de luz que as equipes de filmagem trouxeram para dentro de casa para as entrevistas. Ele tinha um talento para derrubar quase — somente quase — tudo com o que entrasse em contato, incluindo os próprios entrevistadores.

Quando assisti a cobertura mais tarde naquele dia, dava para escutar uns barulhos esquisitos ao fundo, quando Stephen falava em pé na frente da casa. Era Wally trazendo a bola para jogar. Quando as equipes de tevê acabavam de filmar Stephen, elas filmavam um pouco Wally, só por diversão. Expectadores que viam um cachorro com o focinho cheio de ondulações correndo com uma bola dentro de um balde ficavam, de forma justificável, confusos devido ao caráter sério da reportagem.

— Isso é, obviamente, uma tentativa de me transformar em demônio e influenciar a opinião pública e qualquer juiz ou jurado que possa se envolver — Stephen disse à imprensa.

Eddie Greenspan era mais parecido com Wally, só que alegre. "Algumas" acusações adicionais só serviriam para o público como mais provas para confirmar que Stephen era um escritor barato, da escória, e culpado, que deveria ser enforcado e esquartejado como um porco entalado, por escrever livros tão asquerosos e desprezíveis. O anúncio de quase cem acusações adicionais era tão fora da realidade que qualquer pessoa pensante leria: vingança.

— Nunca defendi ninguém com tantos delitos em minha vida — concluiu Eddie com certa alegria, comparando com a ação da polícia de processá-lo por dirigir acima da velocidade permitida e levar multas a cada 150km.

— Falando de uma forma gentil, se você exagerar, vai se dar mal — ele disse, acrescentando que, se Stephen não começasse a ficar quieto e discreto, as acusações poderiam chegar a duzentas. — Já estamos próximos ao recorde do *Guiness*.

Enquanto a polícia tentava achar justificativas para as acusações de todas as maneiras, Eddie declarou que tudo aquilo era para oprimir um autor que criticou e expôs as ações de políticos, da polícia e de promotores. "Se ele tivesse escrito um livro a favor do governo, não estaríamos aqui", ele falou, e prometeu uma "enorme batalha".

Por mais que tentasse, a polícia não conseguia desfazer o nó que havia começado. Após avisarem solenemente para a editora do primeiro livro de Stephen que ela estava distribuindo um material sujeito a acusações criminais, eles recusaram-se a especificar as alegações. Completamente frustrada, a editora disse à imprensa que achava que a polícia deveria dedicar seu tempo para investigar o que havia acontecido com a criança que desaparecera há três dias, em vez de ficarem acusando um autor. E, então, ela mandou imprimir mais uma edição de exemplares.

Todas as organizações associadas à liberdade de expressão e a assuntos relativos à escrita estavam mobilizadas, e o procurador-geral foi bombardeado com pedidos de averiguação.

Quando fomos ao tribunal alguns dias depois, o juiz desistiu de ler todas as acusações devido ao tempo que seria gasto. Eram 28 acusações alegando que nomes de vítimas protegidas por lei apareceram no site, mesmo que brevemente. Cinquenta e oito acusações referentes ao primeiro livro de Stephen, *Invisible Darkness*, um livro lançado havia sete anos que já fora objeto de investigação policial, culminando na absolvição de Stephen três anos antes. Oito das acusações referiam-se ao novo livro, *Karla*. Uma acusação era contra a empresa pela qual administrávamos nossas negociações com as editoras.

— O que eles vão fazer? Colocar a empresa na prisão? — Eddie pensou alto enquanto novas condições de fiança eram negociadas.

No corredor, o sargento-detetive de cabelo grisalho, que estava recebendo longas cartas de sobreviventes de câncer enraivecidas de diversas partes, aproximou-se de mim com um olhar fulminante e estendeu a mão.

— Como você está se sentindo? — ele perguntou. — Você está bem?

Espero ter olhado para ele com o mesmo olhar hostil e incrédulo que aparecia em minhas fotos na delegacia. Esse era o homem que tinha supervisionado a busca na fazenda e ignorado o aviso de Eddie Greenspan para deixar meu escritório e meu computador em paz. Ele era também o ignorante que havia mandado confiscar as armas de fogo na minha fazenda, facilitando minha prisão.

E agora ele queria saber se eu estava "bem"?

No final das contas, eu estava bem melhor do que Wally.

39
Ainda ali

Pensávamos em Wally como um cão indestrutível — músculos nas patas e uma cabeça dura como pedra. Apesar do episódio da enfermidade do "intestino sacana", ele nunca ficara doente, somente machucado, devido às aventuras malsucedidas. Tenho um problema no coração no mesmo nível que o dele, e isso nunca interferiu em minha vida.

Ele não estava fazendo nada fora do comum quando começou a sentir dor. Deslizou com a pata da frente para descer do sofá e ganiu. Talvez tivesse feito uma aterrissagem esquisita, ou uma unha agarrara no tapete.

Wally era um cão estoico, quase nunca ele gania. Uma das poucas vezes em que o ouvi expressar dor foi quando o bode deu uma pancada nele.

Bodes não são meus animais favoritos, principalmente os da espécie *billy goat*, quase tão fétidos quanto camelos. Tentei convencer a mim mesma a adquirir um bode quando uma fiel leitora alegremente me contou que tinha feito como eu, mudado da cidade para uma fazenda no interior, só que em vez de criar ovelhas ela havia decidido criar bodes.

Eu disse a ela que o único bode que me interessava era o raro bode que desmaia do Tennessee, uma estranha criatura cujas patas ficam rígidas quando se assusta ou faz exercícios demais. O enrijecimento faz com ele desmaie como se estivesse morto. Após alguns segundos, a criatura boba volta a fazer o que quer que estivesse fazendo antes, como se nada tivesse acontecido. Essa condição é chamada de miotonia, pois tem a ver com falhas nos canais de cloreto nas membranas dos músculos que interferem na transmissão de impulsos elétricos. Isso não machuca os bodes. Eles simplesmente caem como insetos.

Por sorte, essa pessoa recebera exatamente esse bode na primeira remessa de bodes Bôer que ela comprara no Oeste. O vendedor colocou-o no meio "por diversão". Ela me ofereceu um bode de graça, e não resisti. Mya, a cabra miotônica, chegou bem na hora de parir um filhote. Eu já tinha o começo de um rebanho.

Mya era uma cabra gentil de várias cores — marrom, cor de canela, preta e branca. Seus olhos âmbar carregavam uma pergunta constante, e seus chifres curvavam-se para trás, como em seu filhotinho preto. A marca em seu quadril era resultado de um cruzamento acidental com um bode pigmeu chamado Larry, o louco, e sua filhote fêmea levou ao pé da letra o nome dele. Enquanto Mya era dócil, a pequena e bege Toni caía no chão correndo, saltando e escalando, e nunca parava. Mya nunca tentou passar por baixo das cercas, pois somente este pensamento deixava-a tão afetada que as patas dela enrijeciam e ela caía no chão. Toni, por outro lado, gostava de escalar as paredes e sapatear no telhado do celeiro.

O confronto entre cabra e cachorro começou quando Toni foi longe demais. Entretida com os dois e sem ver nenhuma nuvem escura no horizonte, eu os deixei sair do cercado durante o dia. Ocasionalmente, eles acharam o caminho até a varanda da frente, que é de domínio de Wally. Toni deleitou-se em se apoiar nas patas traseiras, empinando como um leve cavalo Lipizzaner garanhão e mordiscando as folhas de uma aveleira no canteiro da entrada da casa.

Wally protestou. Ele parecia estar tão entretido quanto eu pelos truques fantásticos da cabra. Uma manhã, Wally estava sentado em seu lugar, apoiado na porta como um velho assistindo a uma partida de boliche no gramado, quando Toni saltou na varanda e deu-lhe um cutucão. Mya colocou na sua cabeça feminista que Wally precisava de uma lição. Ela correu até ele e esmagou-o contra a porta antes de ele ter chance de reagir.

Aqueles chifres não são nem um pouco flexíveis. Wally caiu e começou a gemer — gemidos finos de dor. Stephen carregou-o para dentro de casa, onde ele continuou a choramingar como um bebê. Ele deitou em sua cama, tremendo e resmungando durante meia hora, enquanto eu ligava para o veterinário.

Após um longo exame, o veterinário não conseguiu encontrar nada quebrado. Wally parou de reclamar algumas horas mais tarde, mas recusava-se a sair de casa. Durante semanas tivemos de colocar a coleira nele e induzi-lo a ir lá fora fazer suas necessidades. O primeiro sinal da cabra deixava-o tremendo.

Ele gradualmente superou a fobia extrema e foi comigo plantar sementes no jardim, fazendo a dança do *hucklebutt* nas minhas fileiras de ervilhas, cenouras e vagens cuidadosamente plantadas, e transformando tudo mais em um jardim de pássaros do que em um esforço. Ao mesmo tempo, ele tinha um "terceiro olho" treinado para os bodes.

Um dia, Wally e os bodes perambulantes surpreenderam-se na estrada. Toni correu veloz como um bode, empinando por cima da cerca de ferro e caindo no campo. Mya andou três passos e caiu desmaiada. Naquele momento, Wally percebeu uma falha crítica em seu poder de ataque.

Três dias depois, Wally estava no jardim da frente quando Mya virou a esquina. Com o instinto de predador latente, ele a seguiu, segurando-a pelo rabo que balançava. Os gritos de Mya foram ouvidos por toda a vizinhança. Ela desmaiou, e Stephen tirou Wally de cima dela. Com animais de fazenda, até gatos de celeiro, Wally sempre fora um cara do tipo "viva e deixe viver". Mas seu comportamento com Mya demonstrou claramente que ele não levava desaforo para casa. Até onde Wally sabia, ela o havia atacado sem razão alguma, premeditadamente com malícia, machucando-o de verdade, e ela iria pagar por isso.

Após o incidente, eu tinha que manter os bodes e o cachorro em isolamento rígido ou arriscar um confronto. Mya entendeu muito bem o poder dos chifres, mas Wally sabia que podia fazer uma cabra veloz cair. Toni, quem ele não conseguiu pegar, com o chifre satânico em sua testa, agia como agente provocador entre eles. As ovelhas podem até ser sorrateiras, e os bodes podem até ser metódicos, mas os bodes pigmeus são agitadores demoníacos.

Os ganidos de dor da antiga pancada da cabra repetiram-se nos gemidos de Wally naquela noite em que escorregou do sofá. Ele não conseguia achar um lugar confortável na cama e chorou a noite inteira.

Choramos com ele. Às 8h, levamos Wally para a emergência da clínica universitária. Obviamente, era domingo. Raios X rudimentares não mostraram fratura alguma. Voltamos para casa com remédios para dor para ele, mas no meio da noite ele estava com uma dor tão terrível que os comprimidos não adiantavam. Stephen já estava exausto de preocupação, então, levei Wally para o quarto de hóspedes e o segurei durante uma noite de choros e lamúrias que me comoveram. As patas da frente dele doíam tanto que não podíamos nem encostar nelas, e o sangue estava fervendo. Voltamos com ele para a clínica assim que conseguimos acordar alguém para abrir as portas. Ele foi admitido imediatamente. Pouco tempo depois, ele estava na UTI.

O que aconteceu em seguida foi uma rápida série de testes que os bilionários da indústria de óleo no Texas esperavam poder pagar: exames de sangue completos e painéis biomecânicos, exame de urina, ultrassom do corpo inteiro, ecocardiograma, exames nas articulações e consultas neurológicas. Especialistas tentavam resolver a misteriosa dor torturante de Wally. O diagnóstico foi inconcludente — as especulações iam de meningite a tumores invasivos —, mas, no final, eles não faziam a menor ideia do que era. Em algum lugar lá dentro foi vista uma possível lesão no baço de Wally. Nada que oferecesse risco de vida, mas o tipo de ferimento que poderia ser causado por contato com um objeto duro, como um chifre de bode, por exemplo.

No fim da tarde, Wally estava estabilizado, cheio de remédio para dor, mas sem previsão de saída. Não havia palavras para a tristeza e a frustração de Stephen. Eu só o tinha visto assim uma década antes, quando um contato breve fora estabelecido com a filha desaparecida há tempos, que já era uma mulher adulta e formada em estudos medievais em Berkeley, na Califórnia. Ela estava ligando porque fora diagnosticada com um câncer devastador. Stephen queria ir encontrá-la, mas ela disse que seria doloroso demais para sua mãe. Graças a Deus, ela viveu e prosperou. Nada ia separar Stephen de Wally, do jeito que acontecera com sua única filha.

Vi os veterinários reunidos e sabia que eles estavam falando do sofrimento de Wally. A dor dele estava em meus ossos, mas ele ainda estava ali quando olhamos olho no olho. Prometemos não desistir.

Levei os sintomas do "mistério do diagnóstico" do meu cachorro para o fórum de especialistas em bull terrier na internet, ruminando os resultados dos testes que eu não entendera perfeitamente. A resposta foi clara e firme: verifique as doenças transmitidas por picada de carrapato, como a doença de Lyme e outras, e dê a ele um antibiótico específico imediatamente.

O veterinário de Wally estava trabalhando na UTI naquela noite. Vendo Wally enfraquecer aos poucos, sentiu-se impotente. Stephen falou com ele ao telefone por volta das 2 horas. Eu havia imprimido as informações sobre os sintomas das doenças transmitidas por picada de carrapato e o antibiótico usado para o tratamento. Apesar de cético, pois tais doenças eram raras em nossa área, o veterinário concordou prontamente que valia a pena tentarmos, quando Stephen lembrou-o de que Wally era um cachorro viajante.

Doze horas mais tarde Wally estava abanando o rabo para tudo o que valia a pena e caminhando sobre as patas fracas. Mais uma noite na UTI e ele estaria carregando equipamentos veterinários pelo corredor.

Tínhamos nosso garoto de volta, sem nenhum diagnóstico conclusivo. Eu devia a sobrevivência dele a pessoas que eu não conhecia. Eu devia a conta do hospital a minha mãe, que pagou a metade que eu não tinha.

Meu pai sempre amou Wally.

40
Um "terrierista" no escritório

Felizmente Wally estava em casa descansando no dia de dezembro em que a picape explodiu. Era nosso velho Ford Bronco, que fora relegado a andar pela fazenda transportando comida e madeira.

Estávamos na metade do caminho para casa, voltando do celeiro de um vizinho com 12 fardos de feno, quando sentimos um cheiro acre elétrico e vimos algumas fagulhas saindo da coluna de direção. Já na entrada de casa, uma faísca atingiu as calças de moletom de Stephen e ela começou a pegar fogo. Decidimos que era hora de evacuar o carro. Arremessar bolas de neve não teve efeito algum. Logo, a chama já era visível embaixo do painel. Deixei Stephen tirando os fardos de feno e corri para ligar para os bombeiros.

Em pouco tempo, uma fumaça preta saía da picape. Fiquei na montanha com Stephen olhando a entrada da casa. Uma rajada de vento poderia ter espalhado as chamas para a plantação de sumagre ou para a cerca de madeira e ferro que contorna a entrada da fazenda, mas a calmaria se estabeleceu e começou a nevar. Stephen franziu a testa quando me viu segurando o extintor de incêndio da cozinha. Já estávamos bem longe daquilo. A distância, ouvimos as sirenes, e os vizinhos já estavam saindo com suas picapes para ver o que tinha acontecido.

O tanque de gasolina estava na metade. Quando explodiu, parecia que tínhamos uma ilha de mísseis no jardim.

Era o momento de nos sentirmos desprotegidos. Tudo o que sobrou do Bronco foi uma carcaça carbonizada.

Não tivemos energia nem vontade de cortar uma árvore naquele Natal. Nosso único presente — e tudo o que realmente precisávamos — era Wally conosco. Na noite de Natal, amarramos um laço nele. Ele estava roendo um osso do tamanho daqueles que comprávamos no Ottomanelli's, enquanto minha mãe, de visita, tomava um banho de espuma na Jacuzzi, que Stephen me dera de presente em tempos melhores.

— Meu Deus, estamos lavando sua mãe para o Natal — Stephen falou, rindo. Tínhamos que voltar à normalidade e às brigas.

Logo no início do Ano-novo, a polícia começou a responder a sério às solicitações de Eddie Greenspan quanto às provas. Volumes e volumes de documentos encadernados apareceram em seu escritório. Alguns tinham mais de trezentas páginas. Tinham CDs com fotografias da fazenda e fitas de entrevistas de "testemunhas", que também foram transcritas. Milhares de ordens judiciais foram coletadas, junto com todas as entrevistas que Stephen dera em jornais, em rádios e em canais de tevê nos últimos dez anos.

Em termos de quantidade, era informação demais para Eddie examinar detalhadamente. Algumas coisas deviam ser relevantes, mas a maioria era repetitiva e não tinha importância alguma na defesa do caso. Banalidades como as condições da estrada em determinados dias, onde o comandante da polícia almoçara e o quanto ele tinha cobrado do governo por horas extras raramente são relevantes. Porém, às vezes, encontramos revelações nessas banalidades. Kirk Makin, um colega jornalista investigativo, uma vez apurou as provas que envolviam um assassino condenado, Guy Paul Morin, e descobriu que os policiais criaram cadernos duplicados e incluíram informações mentirosas que ajudaram, erroneamente, a colocar o homem inocente na prisão. Tais anomalias fazem com que seja prudente examinar todo o material apresentado e depois verificar se as informações se encaixam, como num cubo mágico, ou se têm algo suspeito.

Tínhamos de ir frequentemente aos escritórios da Greenspan Partners para revisar o volumoso material. Por meio de um acordo com o promotor, as provas não podiam sair do escritório e não podiam ser xerocadas. Para que pudéssemos analisar o material, tivemos de deixar a fazenda por algumas semanas no meio do inverno, e contar com o apoio de um funcionário e dos vizinhos para cuidar do rebanho.

Por coincidência, um amigo estava passando um mês em Berlim. Ele permitiu que ficássemos em seu apartamento — um grande labirinto de livros e incontáveis objetos com que um bull terrier adoraria brincar, derrubar ou deixar no limbo. Nós não podíamos deixar Wally sozinho lá enquanto trabalhávamos com Eddie. E, também, Eddie tinha pavor de cachorros, pois já fora mordido por um chamado de "terrierista" quando era pequeno. Já adulto, ele queria transformar o livro de Stephen King, *Cujo*, em um documentário.

Apesar de ser capaz de pensar em argumentos claros e inequívocos contra a legislação de raças específicas, Eddie não convive com caninos. Ponto final.

Quando levantamos a questão de trazer Wally pela porta dos fundos e escondê-lo na sala enquanto trabalhávamos, os olhos da gerente do escritório arregalaram, como se estivessem presos com palitos, e as mãos giraram na frente dela como se fizessem mímica sem controle. Nenhum cachorro jamais entrara no escritório, e palavras associadas às coisas caninas eram completamente aniquiladas, exceto se relativas a fêmeas desprezíveis. A proibição não era limitada a cachorros; os gatos eram tratados com o mesmo desprezo. Na realidade, se não fosse humano e engatinhasse, se arrastasse ou por ora ocupasse o espaço, Eddie preferia que fosse levado para outro lugar. Ele tinha um aquário de água doce em seu escritório e parou de nomear os peixes quando um deles morreu.

— Tinha um gato que viveu por um ano no porão — alguém nos contou.

Um dos advogados que trabalhava no segundo andar do prédio do banco histórico achou um gatinho congelando na rua e levou para o escritório. Ele morou no porão, no meio de uma catacumba de caixas onde arquivos de clientes ficavam guardados em um ambiente com controle climático. Também tinha um ginásio lá embaixo para os funcionários, mas a única vez que Eddie se aventurou ao porão foi quando o barbeiro dele veio cortar seu cabelo na sua própria cadeira.

O gato vivia exatamente embaixo da sala de Eddie, até que um dia, tarde da noite, ele resolveu dar uma volta no andar de cima enquanto Eddie preparava um caso. Eles se cruzaram, e isso criou um pandemônio que Eddie mal conseguiu descrever no dia seguinte. O gato foi embora do prédio, e o advogado que deu abrigo a ele provavelmente também. Eddie é absolutamente centrado na lei, mas às vezes confunde um pouco os rostos das pessoas. Muitos estagiários combinavam passar por ele pelos corredores só para ouvirem ele perguntar "Você trabalha aqui? Eu conheço você?".

Essas histórias me deixaram sem esperanças de levar Wally para o escritório disfarçado de um advogado júnior baixinho e gordinho.

Stephen implorou como um terrier implora por guloseimas de fígado, e finalmente permitiram que nós infiltrássemos Wally enquanto Eddie tirava uma soneca. O *click, click, click* das unhas dele no chão de mármore soavam como pedaços de gelo sendo levados para uma geleira. Ele tinha entrado, e nosso trabalho estava bem à nossa frente.

A jovem advogada que Eddie colocara para trabalhar conosco, Vanessa Christie, nos disse o que precisávamos procurar e o que precisávamos anotar para ajudá-los. Ela era uma mulher pequenina e loira, com os cabelos caindo pelas costas no estilo *Alice no País das Maravilhas*. Tinha olhos ovais e azul-acinzentados, que encaravam alternadamente e brilhavam com alegria quando mencionava qualquer coisa que tivesse a ver com seu seriado preferido, *Welcome Back, Kotter*. Ninguém que conhecesse Vanessa na sala de audiência jamais suspeitaria que ela gargalhava com a frase: "Up your nose with a rubber hose."* Ela adorou Wally no mesmo instante, e supus que, se ela tivesse pensado nisso antes, seu próprio rotweiller teria uma cama embaixo de sua mesa também.

---

*Expressão da língua inglesa utilizada como resposta a uma pergunta indesejada. Em tradução livre, "no seu nariz com uma mangueira de borracha". (N. do E.)

41
Os problemas estavam se desfazendo

Wally tinha uma cama do lado de fora da sala em que trabalhávamos no escritório de Eddie Greenspan. As leis entediam os cachorros. Eles nem sequer sabem que precisam de licenças.

Não éramos diversão alguma para Wally, sentados a uma mesa, lendo e fazendo anotações. Quando ele queria nos mostrar que a vida era melhor do que aquilo, deitava de costas e rolava no chão, batendo com a cabeça e resmungando do fundo da garganta. Fechávamos a porta do corredor e a sala ficava à prova de barulhos, caso contrário qualquer advogado que passasse pela sala pensaria que éramos os clientes mais animados que eles tinham.

O material para leitura era frustrante, porém hilário algumas vezes, especialmente quando investigadores de homicídios eram designados a escrever análises dos livros de Stephen.

Normalmente, ficávamos no escritório até tarde da noite. Eu guardava a comida de Wally na geladeira do andar de cima, onde tinha uma cozinha e uma sala de jantar. Ninguém nunca perguntou quem comia carne moída todo dia. Na verdade, eu estava esquentando a comida de Wally no micro-ondas um dia quando um advogado júnior disse, melancolicamente, que aquele cheiro o fazia se lembrar de casa. O mesmo ocorria comigo.

O estresse aterroriza uma pessoa. Pela primeira vez em minha vida meu colesterol estava alto o suficiente para eu tomar remédios. Stephen estava rangendo os dentes. À noite, levávamos Wally para longas caminhadas pelas ruas cobertas de neve do bairro de nosso amigo, onde casas eram reformadas e tudo estava se modernizando.

Eu espiava na janela daquelas casas e imaginava como era a vida das pessoas que viviam lá. Por que eles pintaram a sala de estar naquele tom de marrom-chocolate? Será que a cama deles ficava embaixo daquele globo chinês de papel no quarto do segundo andar? As folhas amarelas significavam que eles colocaram água demais na *ficus benjamina*.

Não era voyeurismo no sentido clássico, somente uma maneira de fugir de minha própria mente e dos meus pensamentos. Era como meditação transcendental; levava-me para outro lugar. Às vezes, me dava vontade de sentar e escrever, mas essa disciplina estava longe de acontecer.

No ritmo normal do inverno, Wally estaria mergulhando em montinhos de neve intactos. Na cidade, ele não conseguiu encontrar sequer um montinho para atacar. Encarou a situação como um verdadeiro cachorro e descobriu que, quando estava no escritório, um simples chorinho ou uma ameaça de latido resultava em um biscoito.

Ao terminar o trabalho na primavera, tínhamos analisado milhares de páginas de material jurídico repetitivo, à maioria marcada com um forte lápis preto. Por uma dessas coincidências que parecem quase predestinadas, acabei assistindo a um quadro sobre remoção de manchas no programa de tevê da Martha Stewart. Borrachas de vinil que apagam giz de cera também funcionam com esse tipo de lápis. Foi como desvendar um código. Fui capaz de revelar informações suficientes para sabermos que o caso de Stephen era eminentemente vencível. Senti-me extremamente esperta, como Nancy Drew, a heroína detetive da minha infância que desvendava mistérios com seu cachorro malandro emburrado ao seu lado — o bull terrier Togo.

Voltamos para a fazenda para aproveitar o verão, com a ajuda do dinheiro cedido pela Human Rights Watch, uma ONG americana que administra os bens da autora Lillian Hellman. A ONG criou um prêmio anual em nome dela e de seu companheiro, Dashiell Hammett, para apoiar autores perseguidos, normalmente nos países com sistema de governo totalitário, como Irã, Nigéria e China. Como uma mancha negra em um governo democrático, o anúncio do prêmio foi capa de todos os jornais nacionais, e o primeiro a homenagear uma autora canadense.

Wally foi notícia naquele verão também, pelo menos nos jornais locais. Após nove audiências, as acusações sobre as armas apresentadas contra nós foram retiradas. O promotor finalmente admitiu o óbvio — não havia chance alguma de condenação. Mesmo sabendo que seríamos absolvidos, foi como se um peso enorme saísse de nossas costas. Aquilo também fora uma preocupação para minha mãe, e liguei para ela para dar a boa notícia assim que saímos do tribunal.

— Ah, que bom — ela disse. — Agora posso morrer e você poderá ir ao meu funeral, em vez de estar presa.

Wally fez a dança do *hucklebutt* na coleira do lado de fora da corte judicial, enquanto Stephen concedia uma entrevista improvisada para a imprensa. Um fotógrafo de um jornal nos colocou sentados, os três, em um montinho de grama para tirar uma foto. O editor dele amava fotografias com cachorros. Sorrimos para a câmera, mas apareci levemente atordoada na foto.

Isso é porque eu estava atordoada. Segundos antes de a foto ser tirada, Wally me deu uma cabeçada e acertou meu lábio superior. Foi somente um daqueles movimentos que quer dizer "Estou me divertindo". Logo antes da foto meu lábio começou a sangrar muito. Dez minutos depois eu parecia uma tainha de lábios carnudos. Deixa para lá, era um dia para celebrar. Levamos Wally para almoçar: quarteirão com queijo. Nada de mostarda, molho ou picles para o cachorro.

O milho já estava maduro quando recebemos uma ligação do Greenspan Partners para irmos ao escritório para um anúncio especial.

Eddie brincava com um suspensório enquanto nos contava a história. A promotora sênior do caso ligou para ele de repente. Ela disse que estava no bairro e perguntou se podia ir até lá. Em termos de pôquer, essa atitude amigável era uma "pista", já que ela raramente aventurava-se a sair de seu escritório ao norte da cidade e normalmente viajava na companhia de dois ou três promotores jovens que a acompanhavam para todos os lugares, como coroinhas da Bene Gesserit.*

A oferta era de reduzir as acusações para uma única. Todo o resto seria anulado. Milhões de dólares foram gastos, e por isso o governo queria que Stephen fizesse 75 horas de serviço comunitário. Ironicamente, ele acabou escrevendo roteiros educacionais sobre agressão.

---

*Misteriosa sociedade feminina do romance de ficção científica *Duna*, do americano Frank Herbert, publicado em 1965. (*N. da T.*)

Enquanto o acordo era feito, levamos Wally para pescar na ilha Manitoulin. O lago Manitou é o maior lago de água doce numa ilha do mundo. A ilha Manitoulin, na baía Georgiana, é tão extensa que tem muitos lagos enormes. Para mim, sempre foi uma imensidão em forma de enseada, como um milagre na Terra. Vamos para lá há anos e ficamos numa cabana rústica de madeira no Wee Point Cottages, onde o papel de cozinha tem desenhos de navios naufragados no Caribe e um tapete com um cervo bordado na parede atrás do sofá. O lugar é autêntico, e as pessoas são felizes com quem são.

Nunca se pode ficar muito tempo passeando de barco com um cachorro. Amarramos um salva-vidas em Wally e fomos navegar pelo lago Manitou, a casa de trutas de rios, lúcios, robalos e percas gigantes. Se uma pessoa não consegue pescar um peixe no lago Manitou, está amaldiçoada ou acompanhada de Wally.

Enquanto Mingus e Diva passavam a maior parte do tempo tomando sol numa toalha perto da caixa de equipamentos nos botes de alumínio de primeira classe, Wally estava numa agitação só. Ele sentou na proa, encaminhando-se para nosso canto de pesca, com as orelhas apontadas para trás devido ao vento e com a língua rosa caindo pela lateral da boca.

Desligamos o motor e deslizamos para uma baía silenciosa, de água cristalina, onde havia um cardume de robalos refugiados, cujos filés não caberiam em um prato grande. Nossas linhas estavam equipadas com anzóis grandes de borracha que aparentemente assemelham-se a comida de peixe, e nós as lançamos na água. Elas cantaram pelo lago e afundaram nas profundezas. Com cada arremesso, Wally cantava também. Ele fazia "Auuu, auuu, auuu" tão alto que acordou a tartaruga dorminhoca que veio à superfície dar uma olhada. Tive de cobrir a cabeça dele com uma toalha para fazê-lo calar a boca, mas isso fez com que ele dançasse, batendo com as unhas no chão como se fosse um código Morse para os peixes, anunciando que estávamos ali.

Isso não teve importância. Com ou sem peixe, os problemas estavam se desfazendo.

42
Faça esse dia durar para sempre

Quando finalmente chegou o dia, não vou dizer que ele foi ótimo no tribunal, mas foi um ótimo dia para terminar. O caso de Stephen tinha finalmente chegado ao fim. Agora podíamos seguir com nossas vidas. Tinha até sinais de que eu poderia recuperar os arquivos do meu computador.

A fazenda voltara a ser nosso lar, com noites de inverno passadas embaixo de lençóis de flanela. O tempo estava instável; alguns dias, as temperaturas eram congelantes; em outros, estavam tão agradáveis como jamais havíamos visto. Wally entrava no modo preguiçoso, roncando ao lado das rachaduras da lareira.

A primavera estava tão próxima que alguns gansos canadenses retornaram à residência no lago derretido quando minha velha fêmea palomino, Lady, escorregou em um banco de neve e não conseguiu sair. Ela estava presa, com suas patas traseiras aparentemente paralisadas. Os vizinhos vieram ajudar, e nós tentamos tudo para içá-la, até que não restava mais nada que pudéssemos fazer.

Passei uma longa noite com Lady, enquanto ela deitava enrolada em mantas. Como o fazendeiro Hoggett no filme *Babe, o porquinho atrapalhado*, cantei para ela aquelas músicas doces compostas por John Hodge para a 3ª Sinfonia em Dó-menor para órgãos, cantada por Camille Saint-Saens, sobre tornar um dia especial para alguém que amamos, com uma manhã "dourada e verdadeira" e uma noite banhada pela lua:

"Eu faria esse dia durar para sempre."

Wally sentou conosco por um instante. Ele lambeu minhas lágrimas salgadas e deitou sobre meus pés. Eu estava sentada num monte de palha. Como uma estátua, ele ouvia enquanto eu conversava com Lady, apoiando minha cabeça no pescoço quente dela e ouvindo seus últimos suspiros. Na manhã seguinte, cedo, o veterinário chegou, e ela voltou para a Terra dos Unicórnios, de onde sempre achei que ela havia vindo. Minha querida e velha menina estava com 33 anos, a mesma idade que tinha o cavalo de Roy Rogers, Trigger, quando morreu.

Enterramos Lady na sombra de uma árvore em uma parte elevada do terreno, para que ela pudesse olhar os campos por onde havia perambulado durante todos os anos em que vivera na fazenda. Vida e morte são a realidade da fazenda, mas nada as torna fáceis. Logo chegava a temporada dos carneirinhos darem cria, e o celeiro borbulhou com novas vidas, enquanto botões de lilases se abriram e as chuvas de abril levaram embora o inverno.

Quando o ritmo normal da natureza começou a se estabelecer, Wally nos colocou novamente no "modo crise" com uma recaída virulenta da doença transmitida por picada de carrapato. O colapso foi completo, e o pesadelo dos berros voltou. Uma doença totalmente insidiosa, apesar dos numerosos esforços que Wally fez em nossas viagens, que nunca saiu do corpo dele — somente ficou incubada, esperando por um momento oportuno para reaparecer. Dessa vez, ela também abriu as portas para uma reação autoimune que apareceu em forma de uma artrite debilitadora.

De novo, o antibiótico funcionou perfeitamente. Em alguns dias, Wally já estava mancando pelos corredores da clínica, e seus passos deliberados pareciam ainda mais com os de um bull terrier em missão. Para acabar com o inchaço nas juntas, deram para ele um esteroide chamado prednisona.

Como normalmente acontece, a dosagem inicial de esteroides foi grande, assim como a reação de Wally. Os veterinários disseram que ele beberia muito mais água e faria xixi na mesma proporção. E também teria um aumento do apetite.

"Aumento" não define o que aconteceu. Os bull terriers, naturalmente, levam as coisas ao extremo; se colocá-los sob o efeito de esteroides, ficam ligados na tomada. Wally não somente bebeu água como absorveu as vasilhas cheias em goles gigantescos. Ele não passava por uma poça sequer na entrada da fazenda sem querer drená-la. O resultado foi chamado de "xixi de dois minutos". Eu ficava andando para cima e para baixo com ele durante a noite, como uma mãe com um filho recém-nascido. Carregar uma vasilha e uma garrafa d'água na bolsa virou um hábito, e os horários foram adaptados às necessidades de Wally. Quando viajávamos, acrescentávamos meia hora na estrada devido às paradas necessárias, e ele não podia ser deixado sozinho por nenhum segundo sem querer um passeio do lado de fora.

O tipo de esteroides que os atletas normalmente estão usando quando pegos no antidoping causam o mesmo efeito urinário, e eu fiquei imaginando como eles conseguem aguentar longas partidas de beisebol ou corridas de bicicleta por montanhas sem aliviarem-se. O teste é simples: é só procurar pelo atleta que está sempre no banheiro.

As demandas de comida eram constantes e incessantes. Wally já estava grande e não precisava crescer mais. Compramos biscoitos dietéticos para cachorros e distribuímos a ração diária em três levas. Em todos os meus bolsos tinha um biscoito ou migalhas de biscoito. Ciente disso, Wally podia ser encontrado mastigando o bolso de qualquer roupa, ou arrancando-as do cabide.

Ele também virou um cão de caça lavadeiro, especificamente um conhecedor de roupas íntimas. Como éramos bastante vigilantes, ele deu um jeito de pegar uma calcinha de uma mala de viagem que tínhamos levado para um fim de semana em um concurso para cachorros. Não há muito o que se fazer com roupas íntimas estragadas, e uma vez que o mal foi feito não adianta culpar ninguém, mas posso dizer que estava faltando uma parte crítica de uma peça bem grande.

Passei as 24 horas que se seguiram rezando para que Wally expelisse a bola de algodão, mas nada saía dele, e ele estava ficando pálido. Fomos para a clínica, onde a ficha de Wally era tão grossa quanto uma Bíblia. O veterinário que o examinou podia seguir a massa imóvel em seu intestino. Wally teria de se submeter a uma cirurgia.

Conheço vários bull terriers que obstruíram o intestino e sobreviveram ao bisturi. Porém, com Wally não seria fácil. O veterinário explicou que a dosagem alta de prednisona que ele estava tomando podia prejudicar as suturas internas e dificultar a cicatrização. Não havia nenhuma garantia. Visitá-lo na UTI foi tão difícil quanto dizer adeus.

Dirigimos para casa e esperamos durante intermináveis horas por informações. Eu sabia exatamente o buraco negro em que

Stephen estava, porque eu estava nele também. Pensei em como havíamos ficado próximos, e era tanto que palavras não eram necessárias. Quando Wally estava em casa, às vezes parecia que nós tínhamos nossa própria linguagem secreta.

"Wally está aí com você?", Stephen perguntava pelo telefone que ligava nossos escritórios.

"Está jogado como uma bola de boliche em seu lugar", eu respondia.

Tradução: "Wally está em minha sala, sentado com as patas entre as minhas pernas, em sua cama."

Especialistas estudaram intensamente as habilidades de comunicação dos cachorros, e chegaram à conclusão de que os cachorros podem aprender o significado de até duzentas palavras. Qualquer dono de cachorro poderia ter dito isso a eles. Wally entende até palavras soletradas, como *b-i-s-c-o-i-t-o*, *b-o-l-a* e *f-o-r-a*.

Nós também éramos treinados para entender a língua de Wally. Quando os esteroides transformaram-no em um monstrinho, a regra dele era que a qualquer hora que alguém abrisse a porta da picape o dízimo do biscoito tinha de ser pago ao colega peludo do banco de trás. Ele conhecia tão bem a estrada para a cidade que fez alguns marcos em seu pedágio particular de biscoitos. Na placa de PARAR da travessa O'Dwyer's, ele exigia um biscoito. O sinal na fazenda de Andrews Berry era um ponto de exigência automática de biscoito. Em casa, ele sentava e fitava o jarro, balançando o bumbum e resmungando para si mesmo, como se desejasse que o jarro escorregasse da prateleira e ele pudesse render sua presa.

Ele era Wallman, Walnuts, Wallmeister, Wallaroo e Wallawalla-ding-dong. No Natal, ele ganhou mais cartões do que nós, de seus amigos bull terriers do mundo todo, alguns deles simplesmente endereçados a "Wally, o Cão Fantástico". A moça do correio cansou-se de tanto entregar cartas postadas para ele.

Como Winkie Mackay-Smith prognosticara, ele se tornou "indistinguível de uma criança de 3 anos fantasiada de cachorro". E ele era nosso.

43
Sempre confie na sua capa

A cirurgiã abriu Wally na mesa de operações, onde contemplou o intestino saliente. Era uma coisa fácil, a qual ela fora treinada para fazer, que era cortar a barriga, retirar o fragmento de roupa e costurar os pedaços de volta. Em vez disso, ela pensou de outra maneira.

A obstrução era entre o intestino delgado e o intestino grosso. O *Introdução à anatomia canina* indicava que a maior batalha fora vencida, já que a calcinha tinha se movido por entre as alças e voltas do intestino delgado, que tem cerca de seis metros de comprimento e é maior do que o tamanho do animal.

A cirurgiã resolveu fazer uma tentativa com massagem, pacientemente empurrando o pedaço de pano para o intestino grosso, onde teria espaço para descer, eventualmente chegando ao mundo do lado de fora. A médica-residente que explicou o processo encostava o dedo indicador no polegar repetidamente, e descreveu-o como "é como trabalhar com carne de salsicha dentro do invólucro".

Quando fomos buscar Wally no dia seguinte, ela perguntou se queríamos o pedaço da calcinha. Eles a guardaram em um pote. Nós só queríamos Wally.

Ele deixou a clínica como uma estrela do rock. Veterinários e especialistas saíram das salas de exames para afagá-lo e desejar melhoras. Wally sabia onde estava cada pote de biscoito na clínica e começou a fazer uma ronda, incluindo até uma visita ao departamento de finanças.

Com o corte na garganta fechado com grampos de metal, o estômago de Wally parecia algo como um xilofone. Eu o encontrei arrastando-se na grama no período de recuperação, mas os grampos se mantiveram firmes. Uma nova regra na casa determinava que as roupas íntimas iriam diretamente para a máquina de lavar.

A saúde de Wally foi monitorada de perto desde então. Ele tomava mais suplementos naturais do que eu, uma dose pequena de aspirina para controlar um coágulo de sangue que fica no lugar onde a cabra o atingiu e comprimidos para pressão sanguínea que melhoram o funcionamento de seus rins. Aquele focinho cartilaginoso dele pode até estar ficando grisalho, mas seu pelo é reluzente e seus olhos, brilhantes. Olhá-lo passar com a bola dentro do balde pode fazer com que ele pareça ter a metade da idade que tem.

Cinco anos é um marco para sobreviventes de câncer, e eu cheguei lá, sem nenhum cigarro.

Parei de criar ovelhas, após determinar que meus anos lutando contra o rebanho estavam contados. A filha da palomino Lady, Karma, e Mya, a cabra com desmaios do Tennessee, têm o pasto inteiro para elas. Mais animais encontrarão seu refúgio aqui, não tenho dúvidas. Se comerem, não poderei virar as costas.

Após dois anos confiscada, uma seleção dos arquivos do meu computador foi finalmente devolvida em um único CD. Parecia tão pequeno em minha mão, considerando que aquilo era o restante de uma vida inteira de escrita.

Pela primeira vez em dois anos olhei para o romance em que vinha trabalhando. Gostei do que li, mas fiquei imaginando quem seria o autor. Parecia ser uma pessoa diferente de mim. Tentei me conectar ao trabalho, voltar à forma de novo, como todos me encorajavam a fazer. Nenhuma das palavras que vieram pareciam corretas.

No passado, eu fazia uma média de um livro por ano, e nunca tinha consciência do processo de ter uma ideia e transformá-la em uma história. Agora parecia que quando eu tentava escrever saía em forma de código. Escrever não é somente uma questão de audácia, mas tem a ver também com o momento e com cada passo. Quando a polícia levou meu computador e todos os arquivos, fui interrompida abrupta e irrevogavelmente. De alguma maneira, eu tinha de achar meu caminho de volta para aquele lugar que eu começava a acreditar que estava perdido para mim. Era uma coincidência.

Uma amiga perdera a companheira de 17 anos, uma vira-lata adorável chamada Daisy, que ela encontrou perdida. Todos os cachorros dela eram vira-latas, e ela se permitiu escolhê-la e amá-la. Mas ao conhecer Wally ela sentiu-se cativada pela raça bull terrier do mesmo modo que o romancista John Steinbeck. Ela tinha de ter "um desses". Steinbeck esperou dois anos para ter seu filhote, Angel, de um criador em 1965. Eu não queria que minha amiga tivesse que esperar tanto, e me ofereci para ajudá-la a encontrar um filhote de um criador renomado através de meus contatos no mundo dos bull terriers. Logo, os tambores rufaram e encontramos um filhote de criação e temperamento impecáveis.

Não se adquire simplesmente um bull terrier; ganha-se uma enorme experiência. Tive inveja da aventura em que minha amiga estava embarcando, e sabia que isso mudaria muito a vida dela, para melhor. Quando ela conheceu seu filhote branco, Obie, eles se uniram para sempre.

Levamos Wally para brincar com o jovem pretensioso, e ele voltou a ser um filhote, tentando pegar brinquedos de filhotes e empurrando Obie para trás do sofá. Naquele dia, foi difícil acreditar que Wally estava conosco por quase uma década.

A caminho de casa, flashes dos anos com Wally passaram pela minha cabeça. Como eu havia lidado com os anos sem ele, sem ter aquele bobo para quem sorrir toda manhã? Quando as piores coisas aconteceram, ele nunca hesitou. Quando as coisas mais engraçadas ocorreram, ele estava no coração delas.

Pensando em minha vida, dei-me conta de que nunca estive sozinha na fazenda, nunca ficara sem um cachorro. Os cachorros, sempre os cachorros, foram uma constante em minha vida.

A boxer Lady abriu um mundo de histórias em minha cabeça. Sim, eu me lembrava dela muito bem. Sentei no computador. Minhas pernas estavam trêmulas, e fiquei inquieta na cadeira. Lembro-me de quando eu trabalhava numa revista, e meu amigo Ernest veio até minha mesa, parou e perguntou: "Você sempre dança quando escreve?" Sim, acho que sim, quando Wally não está dormindo aos meus pés.

Digitei o título de um primeiro capítulo: "Os cães sempre existiram", e comecei a escrever. Qualquer desânimo que tivesse se instalado em mim antes — intimidação, depressão, medo — foi embora completamente. Eu tinha o otimismo da criança de 8 anos na música de Guy Clark, *The Cape*,* que acha que pode voar e tenta provar batendo os braços e pulando

---

*Em português, "A capa". (*N. da T.*)

da garagem para a maioridade. No final, era um salto de fé, e como a música dizia:

"Sempre confie na sua capa."

Minha capa confiável de palavras voltara para mim. Ainda faltava o último passo. Como sempre, consegui alcançá-lo com Wally.

Nosso livro precisava achar um caminho para atingir os leitores. Eu tinha de conhecer livreiros e bibliotecários, e o local perfeito para isso era a BookExpo, uma enorme convenção onde as editoras mostram suas mercadorias e gabam-se de seus autores. Nós estaríamos lá.

Maquiei o "nariz de bola" de Wally e vesti meu uniforme de autora. Minha bolsa estava repleta de biscoitos, bolas, uma vasilha e uma garrafa d'água.

Preso no trânsito e atrasado, Stephen nos deixou lá. Entramos correndo pelo lobby, com meus saltos altos e as unhas de Wally fazendo barulho no chão. Eu já tinha ido a essas coisas antes, mas nunca com meu coração acelerado.

Vi então a escada. Ela subia na diagonal, atravessando o pátio iluminado em direção a uma parede de janelas três andares acima, onde a convenção estava fervilhando.

Wally nunca subira em uma escada rolante. Ele nunca vira pessoas moverem-se em direção ao céu sem terem de andar. Os seguranças nos advertiram, e fomos encaminhados para o primeiro andar quando ele entendeu a situação. Ele caiu na base da escada, e recusou-se a seguir, enquanto as pessoas atrás de nós começaram a se amontoar. Ajoelhei e olhei dentro daqueles olhos encrenqueiros triangulares.

— Ei, Wally — implorei. — Por favor. É hora do show!

Ele me deu aquele sorriso de "entendi" e deu o último passo na escada. Ele tinha um caminho livre na frente e não perdeu tempo. Subindo as escadas com muita pressa, segurei a coleira extensiva, Wally correu e colocou o focinho dentro da saia de uma bibliotecária. O susto dela e o latido de surpresa dele alertaram a todos para o fato de que "Wally estava no recinto".

Nós nos encontramos no topo da escada e respirei fundo enquanto nos encaminhávamos para os estandes. Andando em minha frente como um poderoso Winston Churchill, Wally parecia saber exatamente onde ia e o que tinha de fazer.

Nos estandes, uma fila nos aguardava sob um enorme poster de Wally, com o coração preto e esfarrapado ao redor de suas narinas e um olhar desafiante, que fazia imaginar o que se passa dentro daquela cabeça oval.

Eles chamaram o nome de Wally e aplaudiram quando ele quicou bolas de tênis em seu nariz para eles. Uma bola foi para o meio da multidão, e ele foi atrás dela, enrolando a coleira nas pernas das pessoas na fila. Ao tentar resolver esse problema, tive momentos íntimos com membros da convenção.

Enquanto eu autografava livros, Wally ficava sentado ao meu lado pedindo biscoitos ou tentava levantar a mesa à procura de tornozelos para lamber. Ele era verdadeiro, um bull terrier autêntico cuja missão era se divertir.

44

Um brinde à vida

> Irmãos e irmãs, eu aconselho vocês a dar seus
> corações para um cachorro partir.
>
> *Rudyard Kipling — "O poder de um cão"*

Wally e eu fizemos muitos amigos através do livro "dele". Todos nós tínhamos cães de algum tipo em comum, mas me surpreendi com a quantidade de pessoas que quebraram algum membro do corpo na infância tentando voar. Também conheci uma legião de fãs de Roy Rogers que se vestia em roupas de caubói para assistir ao programa de tevê dele, e ainda se lembram da letra de *Happy Trails*. Mas a maioria das pessoas que conhecemos tinha alguma história para compartilhar sobre um cachorro, um gato, um papagaio, um furão e até sobre porcos barrigudos. Wally sempre ganhou o crédito de ser o cachorro que salvou nossas vidas, por ser ele mesmo e recusar-se a deixar que passássemos um só dia sem sorrir.

Fomos a todos os tipos de festivais de cachorros, de Woofstock a Slobberfest. Quando se escreve um livro sobre um cachorro, fica-se sujeito a comparecer a locais inconvenientes para a maioria dos autores. Por exemplo, tem a Bênção dos Animais anual que ocorre em outubro, para comemorar a festa de São Francisco de Assis. É difícil recusar um convite que celebra um santo ecologicamente amigável, que se deslocou de sua cabana porque um burro precisava de abrigo. Uma vez abençoado, Wally se esticou no gramado da frente da igreja e observou os gatos recuarem quando a água sagrada espirrava neles. Mais de um cachorro confundiu um aquário com uma vasilha d'água.

Fui convidada a comparecer a um concurso para cachorros perto de Niagara Falls e a participar de uma passeata em homenagem aos bull terriers que foram resgatados após serem abandonados, abusados ou ficado órfãos de suas famílias por circunstâncias lamentáveis. Como alguém pode abandonar um bull terrier deliberadamente (ou qualquer outro companheiro fiel) eu não sei, mas as histórias tristes iam de cães encontrados semimortos de fome com indícios de serem usados como iscas para batalhas de cães a cachorros abandonados quando os donos descobriram que eram surdos. Passeatas de resgate de qualquer raça sempre têm homens, mulheres e crianças sorrindo atrás de lágrimas. Esses são cães que conseguiram dar a volta por cima e encontrar seu final feliz, às vezes depois de meses de reabilitação e cuidados carinhosos e pacientes.

Antes de irmos para o concurso, refleti sobre o breve tempo de Wally num ringue, lembrando o quão bem-tratados e mimados aqueles cachorros eram. Eles vivem em um mundo raro que me fez pensar no lado oposto da situação: os cachorros que não têm casa e terminam em abrigos onde uma sentença de morte pode estar programada, e eles não terem culpa nenhuma. Talvez pudéssemos fazer algo para ajudar esses cachorros.

Procurei os abrigos de animais na vizinhança e fiz alguns telefonemas. Como eles funcionam com uma verba mínima e possuem listas de necessidades que vão de clipes de papel a caixinhas para gatos, os abrigos ficavam mais do que felizes em receber algo. Tive a ideia de fazer a "Semana de Wally". Era uma ideia bastante simples: todas as pessoas que adotassem um cachorro em um abrigo específico durante a Semana de Wally ganhavam uma cópia de O mundo de Wally em uma sacola com diversos suprimentos úteis para ajudar aos donos adotivos e aos adotados a adaptarem-se à sua nova vida juntos — desde xampu para cachorros a brinquedos para mastigar. Mais rápido do que imaginei, já tínhamos patrocinadores, desde donos de pet shops a donos de hotéis para cachorros, e também conseguimos o patrocínio da empresa fabricante dos biscoitos preferidos de Wally.

Sempre que chegávamos a um abrigo carregando toneladas de sacolinhas, tinha uma oportunidade de tirar uma foto que terminava na capa dos jornais. Nenhum editor conseguia resistir à careta de Wally. Onde quer que fôssemos, conhecíamos voluntários de corações enormes, gatos mascotes e cães que queriam desesperadamente alguém para amar.

A emoção da vida nos abrigos é tão palpável quanto alguns dos aromas, e não são somente odores de cachorro. Existe um cheiro que só pode ser descrito como "medo". Alguns abrigos não tinham ossos, e possuíam gaiolas com barras de ferro que pareciam pequenas celas de cadeia. Outros eram modernos, com o chão aquecido, portas de acrílico, claraboias e corridas no jardim individuais. Alguns dos locais externos para gatos imitavam rampas e camas de gato amontoadas, onde os felinos encaracolavam-se juntos e ronronavam. Mais de um gerente me contou que, algumas vezes, era difícil convencer as pessoas a adotarem gatos, pois donos em potencial achavam que eles pareciam estar muito confortáveis. Em outros abrigos lotados, tinha mais de 125 gatos em condições tão precárias que armários haviam sido convertidos em salas para filhotes largados na porta do abrigo em caixas ou encontrados em lixeiras, ou em lugares piores. O estresse estava sempre perto. Um cachorro late e influencia todo o resto do canil.

Viajamos para todo canto com a Semana de Wally. O Cão Fantástico se acostumou a viajar como uma antiga estrela do rock, esparramado em sua manta azul no banco de trás da picape, roncando e descansando a cabeça no ombro de Stephen, como se os dois dirigissem o carro. Quando eu amarrava a bandana com seu nome escrito em dourado na cabeça dele, Wally sabia que era hora do show, e ele saía por aí para cheirar traseiros como um cão sem dono, ou para dar uma demonstração da arte do futebol às equipes de tevê. Ele sabia que era uma estrela, e sabia que era especial.

Mesmo assim, às vezes, pessoas tímidas afastavam-se de Wally, insistindo em dizer que "pit bulls como esse não deveriam poder sair na rua". Essa atitude de medo cresceu nas manchetes exageradas da mídia, resultando em ataques devastadores de cachorros que jamais ocorreriam se um dono responsável estivesse a um metro de distância do outro lado da coleira. A verdade é que todos os cachorros podem morder, mas os políticos gostam de culpar raças específicas e restringi-las, como um tipo de doença para as massas, em vez de se preocuparem com os problemas reais da sociedade que levam a crueldade animal e a negligência descuidada à submissão das leis locais.

Em um mundo louco, qualquer raça ou coisa parecida é um alvo em potencial para discriminação. A Itália baniu mais de noventa raças de cachorro, inclusive pembroke welsh corgi, collie e são-bernardo. A legislação de raças específicas estigmatizou todas as raças, de rotweillers a chow chows, de dobermans a pastores alemães, de wolfhounds a deerhounds escoceses. Mais particularmente, toda variação de bull e de terrier — não importa se de raças puras ou misturadas — foi intitulada de "bomba-relógio". Um bando de egoístas. Até na província de Ontário, no Canadá, onde moro, os Staffordshire terriers americanos, os Staffordshire bull terriers, e os chamados pit bulls, ou qualquer cachorro que uma autoridade pense que lembra um deles, são obrigados a usar mordaças, são confinados e castrados, ou podem ser presos e sacrificados, ou até enviados para laboratórios de pesquisa. Os políticos que criaram essa lei alegaram que foi a legislação mais popular que já aprovaram. Eles estavam orgulhosos de matar centenas de cachorros e filhotes que eram entregues ou recolhidos.

Wally nunca precisou usar uma focinheira, e nunca tivera medo de ser arrastado da varanda de casa, mas a única razão pela qual bull terriers não são banidos é o terrível medo que os políticos canadenses têm de serem prejudicados pelo comentarista de hóquei e técnico do Boston Bruins, Don Cherry, cujo bull terrier Blue foi uma das minhas inspirações para pesquisar sobre a raça. O Sr. Cherry é muito querido, e foi eleito o sétimo dos "Canadenses mais incríveis" em uma eleição em massa da tevê aberta, à frente do inventor de inúmeras coisas Alexander Graham Bell e da lenda do hóquei Wayne Gretzky. É uma pena não terem comentaristas de hóquei na Itália.

Wally, o Cão Fantástico, virou um embaixador na campanha contra a legislação de raças específicas. Como alguém que o conhecia podia imaginar a necessidade de colocar uma focinheira naquele focinho grisalho romano batedor de bolas? Não seria possível apreciar aquele sorriso irresponsável através de uma máscara de couro digna de Hannibal Lecter; e as bolas de tênis não quicariam direito.

Atingimos nosso auge quando Wally foi enviado a uma recepção benevolente com a realeza britânica. Eu me senti imediatamente confortável diante do duque e da duquesa de Hamilton, quando eles pediram que os chamasse de Kay e Angus, e quiseram passar mais tempo brincando com Wally do que conversando comigo. Na Escócia, seu país natal, o casal estava envolvido no resgate dos Staffordshire bull terriers, a raça preferida da duquesa. Na verdade, ela fora detida durante horas numa ocasião em que as autoridades suspeitaram que ela e seu marido quebraram as regras resgatando um cachorro confinado.

— Eu não disse nada a eles — a matrona com cara de fada me disse, sorrindo, enquanto dava um gole em seu chá e tirava os pedaços de bolo da manga de seu casaco cor de pêssego. — Só exigi que meu advogado estivesse presente. Não é isso o que dizem que temos que fazer no seriado *Law & Order*?

Angus me mostrou com orgulho a faca da Marinha suíça que ele usou para quebrar os cadeados quando invadiram essas "prisões de cachorros" carregando filhotes de Staffordshires ou outros pit bulls sentenciados à morte por nada além do que sua aparência. Eu encontrara exemplos de pessoas que podiam seguir o movimento antianglicista e voltar aos costumes de Roberto I.* Wally prontamente lambeu as mãos reais que o alimentavam de biscoitos por baixo da mesa. Preocupei-me que ele pudesse tentar lamber os tornozelos da duquesa, mas acho que Kay talvez tenha gostado.

---

*Roberto I, ou Roberto Bruce, foi rei da Escócia de 1306 a 1329. Foi um dos maiores reis da Escócia e um dos mais famosos guerreiros de sua geração. (N. da T.)

Algumas semanas após o encontro com os membros da casa real percebemos que Wally estava mancando com a pata direita. Os passos dele pareciam mais arqueados do que antes. Era uma coisa mínima, nada que alguém que não passasse uma grande parte do tempo observando-o pudesse reparar. Massageei as costas dele, vendo se tinha alguma parte tensa, e então encontrei um caroço do tamanho de uma noz abaixo de seu ombro. Era duro e imóvel, diferente das bolinhas de gordura que já tinha visto em cachorros mais velhos que só causam tristeza para a aparência. Um calafrio correu pelo meu corpo.

Tivemos sorte na clínica veterinária universitária, pois a residente que cuidara de Wally durante a crise de artrite estava lá, e ela assumiu o caso dele com total conhecimento de seu longo histórico. Nos raios X, uma massa borrada parecia estar colada à articulação do fêmur, onde havia uma ponta irregular no osso normalmente em formato de bola. Então, as palavras despencaram dos especialistas reunidos: *tumor, agressivo, câncer nos ossos,* e, como sempre, *mais testes.* Ninguém que carregava a ficha de Wally grossa como uma Bíblia queria nos olhar nos olhos, e os nossos já estavam cheios de lágrimas.

As coisas que os cachorros não mostram são uma de suas bênçãos. Wally andou até Stephen e empurrou sua panturrilha com o focinho, um pedido nada sutil de biscoito. Qualquer biscoito que ele quisesse era dele por direito. Marcaram uma biópsia. Alguém disse algo sobre amputação, e minha mente fechou-se.

Em casa, Wally brincou de atacar o brinquedo estridente que tinha pegado emprestado da coleção de seu amigo Obie na última visita. Era uma bola verde-limão com protuberâncias que a faziam quicar de uma forma esquisita. Eu raramente o deixava brincar com aquilo, com medo de que ele quebrasse algo, como era de costume quando era filhote. Ao olhá-lo brincar, pensei "Qual é o meu problema?". Se ele sente prazer em ouvir o barulho de um brinquedo, eu deveria deixá-lo fazer isso o dia inteiro, todo dia, e apreciar a oportunidade de observá-lo.

Stephen e eu passamos o fim de semana imaginando Wally com três patas e projetando nossos próprios medos. Toda minha pesquisa dizia que a maioria dos cachorros aceita as novas condições e segue com sua vida, como os cães fazem. No domingo à tarde, Wally seguiu uma bola de futebol até uma rua vazia e empurrou-a para um riacho que corre mesmo em temperaturas gélidas. E ficou na ponta de um banco de neve — abanando o rabo, com a língua rosada caindo do lado da cara, enquanto eu lutava para recuperar a bola, utilizando um galho para trazê-la até mim. Wally me reverenciou como se eu fosse uma heroína em ação. Eu tentei imaginá-lo como um tripé e pensei em como ele sairia de um monte de neve ou carregaria um enorme e redondo fardo de feno.

No dia seguinte, esperamos durante seis horas de testes. O ultrassom estava bom, e os raios X não mostravam problema nenhum nos pulmões. Então, o cirurgião começou a biópsia do "tumor", e quando ele fez a incisão o que veio a ser tecnicamente descrito como "massa gelatinosa" apareceu. Seguiu rapidamente para a patologia, onde nenhum rastro de células cancerígenas foi encontrado. Os danos na articulação foram considerados degeneração natural do osso em um cachorro com artrite que gostava de brincar correndo. A substância era somente o fluido da articulação. Não havia explicações. Wally, o cachorro-que-os-faz-especular, havia conseguido novamente.

Essa coincidência não foi em vão para mim. Chamei a veterinária e mostrei a ela um caroço atrás do meu joelho, do tamanho da metade de um ovo cozido. Era duro, mas não doía quando tocado, e não interferia em meus movimentos, então eu o ignorei. Os diagnósticos dizem que é um cisto poplíteo, apesar do termo "joelho de padeiro" ser usado na linguagem coloquial, o que acho totalmente injusto, já que nunca dominei a arte de fazer coberturas folheadas em tortas.

Lembrei-me das palavras do juiz do último concurso para cachorros que eu e Wally conhecemos no ringue: "Você está cada vez mais parecida com seu cachorro, senhora."

Wally roncou durante todo o caminho de casa, deitado de costas, expondo a barriga raspada novamente, onde as pás do ultrassom tinham mapeado seu próprio caminho de deslize durante os anos. Ouvimos uma de nossas músicas preferidas de Joe Williams, *Here's to Life*,* e consideramos profundamente a esperança que a música sugere "para sonhadores e seus sonhos", que todas as tempestades sejam acalmadas:

"E tudo o que é bom fica melhor."

Não posso supervalorizar todo o bem que Wally trouxe para nossas vidas e para as vidas das pessoas que ele encontrou. Não importa se ele estava esperando do lado de fora do chuveiro para lamber os joelhos de Stephen ou se estava saltando sobre a mangueira do jardim para fazer voltar a água, ele inspirava vida. E apesar de ele não gostar de relâmpagos e trovões, nos ajudava a acalmar nossas tempestades, sempre com um coração generoso e um sorriso feliz sobre a pinta preta perfeitamente centralizada em sua bochecha.

Perdemos nosso menino muito cedo e muito de repente, alguns meses depois de seu décimo aniversário. Nossos amigos San-

---

*Em português, "Um brinde à vida". (*N. da T.*)

dra e Harvey vieram nos visitar em um fim de semana calmo de Ação de Graças, acompanhado de televisões em todos os cômodos e lençóis excelentes nas camas. Tínhamos tudo para agradecer. O livro de Wally tinha vendido bem na América do Norte, e estavam chegando ofertas do mundo inteiro. Eu tinha fotos espalhadas por todo o meu escritório de cachorros desabrigados que haviam encontrado donos devido à nossa lembrança de suas necessidades. Stephen e eu estávamos escrevendo, e a colheita fora ótima.

Wally estava com os olhos brilhantes e brincalhão, interrompendo conversas com longos barulhos de água espirrando de sua vasilha, seguidos de arrotos de bar. Andamos pela floresta por caminhos ensolarados e cercados de galhos de pinheiros, onde Wally corria atrás de suas bolas amarelas e laranjas. Era "Olhe para mim. Olhe eu fazendo isso. Jogue de novo. Não pare nunca".

Saciados e descansados, Sandra e Harvey foram embora em uma tarde fria de outono. Algo no comportamento de Wally havia mudado. Sabíamos cada nuance de seus passos e viradas de cabeça. Caramba, eu sabia a temperatura média dele, mas não sabia a minha. Sempre sensível com as questões estomacais, Wally vomitou um pouco de grama que cercava um pedaço de madeira, e pensamos que ele estava expelindo o que quer que o estivesse incomodando. Mas não era isso.

Logo antes de amanhecer Wally me acordou e desceu para sair de casa. Como sempre, o Oráculo-do-que-vai-sair seguiu com uma lanterna. Dessa vez, vi sangue em suas fezes, uma ocorrência que eu nunca tinha visto. Wally voltou com esforço lá para cima e afagou Stephen para deixá-lo entrar embaixo da coberta. Ele nunca reclamava, mas eu sabia que tinha algo muito errado.

Saímos com ele depressa para a clínica veterinária, onde nosso amigo o Dr. John Reeve-Newson determinara que Wally seria tratado em um lugar que permitisse dar continuidade ao tratamento ideal para um cachorro velho. O Dr. John também adora bull terriers e é qualificado para julgá-los, assim como seu companheiro, o psiquiatra Richard Meen. Eles são o primeiro "casal gay em um concurso para cachorros" que se assumiu no Westminster Dog Show. Aconteceu na televisão, quando o Dr. John estava julgando o Melhor do Concurso. Algumas pessoas acharam que era uma sequência do filme *O melhor do Show*.

"Wally, você já se drogou mais do que Judy Garland", o Dr. John brincou, após a primeira vez que olhou a ficha dele. Quando ele viu Wally naquela manhã, não teve brincadeira. Rezamos para que o cão letárgico e com dores na mesa de exames fosse um caso de "imprudência alimentar" que poderia ser resolvido com fluidos eletrólitos, antibióticos e analgésicos para dor. Beijando-o na ponta do nariz, confiamos Wally aos braços aquecidos do Dr. John.

No final da tarde, a melhora esperada não ocorreu. Fizemos uma visita e Wally sorriu para nós, mas devido ao efeito da medicação não reconheceu sua bola. Ele precisava de supervisão a noite toda, então o levamos para a clínica de emergências 24 horas do Dr. John, onde uma equipe esperava por ele. Wally puxou a coleira para sair da jaula onde havia passado a tarde toda deitado. Ele ficou impaciente, esperando para entrar em sua picape. O que ele queria, eu sabia, era ir para o hotel dele, onde Paul abriria a porta da picape e daria as boas-vindas ao príncipe Wally, e ele subiria para o vigésimo andar no pequeno cômodo que se movia. Quando estacionamos em outra clínica veterinária, senti que o estava traindo.

Ninguém leva seu animal amado para uma clínica de emergência sem saber que as coisas não estão como deveriam, e talvez nunca fiquem novamente. Segurei a carinha de Wally e olhei dentro de seus olhos. Ele estava ali, mas não estava feliz. Nós o vimos andar com dificuldade com o novo veterinário. Então, eu o vi olhar para cima, para o novo amigo sorridente ao seu lado, e o velho chute de Wally apareceu, assim que ele se deu conta de que tinha um novo público para cativar e novos potes de biscoito para descobrir.

Se dormi naquela noite, não lembro. Logo após amanhecer o telefone tocou. Era a clínica avisando que eles marcariam um ultrassom, pois Wally não estava melhorando. O Dr. John tinha ido lá para visitá-lo durante a noite. Queria também ter ido lá.

Não havia nada conclusivo após uma série de testes. Não havia nada a fazer, a não ser operar. Nós corremos para ficar ao lado dele.

Wally ganhara um espaço particular sem cortinas na UTI. O bipe dos monitores e o barulho das mesas de aço inoxidável rolando pelo corredor me lembraram da minha cirurgia.

— Como você está, filho? — Stephen perguntou.

A cabeça ergueu-se, e Wally olhou para nós. A luz de "enfim, vocês" apareceu em seus olhos, e seu nariz afundou na manta, ao lado da pata com os controles dos monitores. Deitei no chão com a cabeça ao lado da cabeça dele. O focinho dele tremeu, e eu imaginei se ainda existia algum espinho tentando sair pelos seus lábios de couro. Já tinha acontecido antes. Enquanto Stephen falava com o veterinário, fiz carinho nele, o confortei, e murmurei a música *Wally menino Wally* que tinha surgido do nada quando ele era filhote.

Stephen agachou-se e esfregou seu cachorro atrás das orelhas, naquele lugar onde o pelo é macio como o céu.

— Você vai ficar bom, e nós vamos estar esperando por você — ele disse, com uma voz mais firme do que eu conseguiria.

Wally havia se desviado de tantos tiros que certamente poderia esquivar-se desse também.

Antes de sairmos, dei uma última olhada através da cortina, e meu olho fitou a mancha branca de pelo sobre as listras marrom-alaranjadas das costas dele. Achei que meu coração fosse sair pela boca.

Nunca as horas passaram tão devagar. Nenhuma espera foi tão longa.

Quando o telefonema do veterinário chegou, ouvi cada palavra como se fosse um sonho surreal. Wally estava na mesa de operação e dentro dele havia uma catástrofe. Eles tinham removido a vesícula biliar dele, pois estava bloqueada com bile. Então, outras revelações começaram. O estômago dele estava torcido, e dera uma volta nele mesmo, sabe-se lá de que maneira. Isso é algo que ocorre em raças com o peitoral grande, como Great Danes, bloodhounds e até labradores retrievers, sem qualquer razão definitiva ou defeito. Apesar do estômago de Wally ter voltado ao normal, no meio do processo o fluxo sanguíneo fora bloqueado, e dois terços de seu estômago tinham sido danificados de maneira irreparável.

Medicamentos veterinários e os melhores cuidados de nossa parte tiveram sucesso, mas o pâncreas de Wally também fora atingido, um problema de calcificação. Não serviu de consolo ouvir que era incrível Wally ter conseguido andar pelo corredor da clínica quando chegou. Só havia 15% de chance de ele sobreviver à cirurgia, e nenhuma garantia depois disso, exceto que teria de ser alimentado através de tubos e confinado por semanas, com possibilidades de recorrentes dores e torcimentos.

Eu queria estar com ele. Queria enfiar seu intestino de volta para dentro e trazê-lo para casa comigo — longe dos bisturis, das luzes e dos bipes. Mas eu sabia que era hora de deixar Wally partir. Tomar aquela decisão foi a coisa mais difícil para Stephen; uma decisão sobre a qual uma pessoa se questiona pelo resto da vida. Não há nenhum "homem na neve". Não há. Não para mim.

Enterramos nosso querido com seus baldes e bolas ao lado do campo de futebol na fazenda, onde ele brincou por todos os seus dias para nossa felicidade eterna.

W. H. Auden captou o sentimento de maneira muito eloquente no triste poema "Blues Fúnebres":

Era meu norte, meu sul, meu leste, oeste,
Enquanto viveu, meus dias úteis, meu fim de semana,
Meu meio-dia, minha meia-noite, minha fala e meu canto;
Quem julgue o amor eterno, como eu fiz, se engana.

Um amigo terminou a biografia de sua infância dizendo: "A memória é, finalmente, tudo o que temos." Talvez seja, mas tive tantas coisas mais da vida com Wally, o Cão Fantástico. Não sei onde eu estaria se Wally não tivesse existido em minha vida. Stephen sempre teve a coragem de suas convicções para seguir vivendo, mas nós dois sentimos falta de ter uma família. Com Wally, nós éramos uma. Para mim, ele está em tudo o que faço e em todos os cachorros que encosto. Ele me ensinou a apreciar a política dos cachorros e a desafiar a ignorância e a infâmia. Ele me ensinou a procurar por algo bom em cada dia, e a inventar, caso eu não conseguisse enxergar. Nunca mais vou ouvir um arroto sem sorrir.

Nunca existirá "outro ele", mas não sei viver sem um cachorro. Um dia, antes do que almejo, espero que outra miniatura de rinoceronte apareça em meus sonhos e vire realidade, responsabilidade, e um terceiro mosqueteiro para rir conosco pelo resto dessa aventura extraordinária.

Um brinde à vida.

Este livro foi composto na tipologia Electra LH,
em corpo 11/15 e impresso em papel off-white 80g/m²
no Sistema Cameron da Divisão Gráfica da Distribuidora Record.